EUROPA BAUEN

Eine Reihe der Verlage
C. H. Beck, München · Basil Blackwell, Oxford
Crítica, Barcelona · Laterza, Rom-Bari
Le Seuil, Paris

Herausgegeben von
Jacques Le Goff

ULRICH IM HOF

Das Europa der Aufklärung

VERLAG C.H. BECK
MÜNCHEN

Die Deutsche Bibliothek – CIP-Einheitsaufnahme

Im Hof, Ulrich
Das Europa der Aufklärung / Ulrich Im Hof. –
München : Beck, 1993
(Europa bauen)

ISBN 3-406-37091-8

ISBN 3-406-37091-8

Satz: Fotosatz Janß, Pfungstadt
Druck- und Bindearbeiten: Franz Spiegel Buch GmbH, Ulm-Jungingen
Gedruckt auf alterungsbeständigem (säurefreiem) Papier,
gemäß der ANSI-Norm für Bibliotheken
Printed in Germany

Europa bauen

Europa wird gebaut. Getragen von großen Hoffnungen. Doch erfüllen werden sie sich nur, wenn sie der Geschichte Rechnung tragen. Ein geschichtsloses Europa wäre ohne Herkunft und ohne Zukunft. Denn das Heute entstammt dem Gestern, und das Morgen entsteht aus dem Vergangenen. Dieses Vergangene soll die Gegenwart jedoch nicht lähmen, sondern sie befähigen, bei allem Bewahren eine andere und im Fortschritt eine neue Gestalt zu gewinnen. Unser zwischen Atlantik, Asien und Afrika gelegenes Europa besteht ja schon seit sehr langer Zeit, so wie die Geographie es gezeichnet, die Geschichte es modelliert hat, seit die Griechen ihm diesen Namen gaben, der stets beibehalten wurde. Auf dieses Erbgut, das seit der Antike, ja seit prähistorischer Zeit dieses Europa befähigt hat, gerade wegen seiner Einheit und Vielfalt einen solchen Reichtum an Kulturgut, eine solch außergewöhnliche Kreativität zu entfalten, muß sich die Zukunft stützen.

Die aus der Initiative von fünf Verlegern unterschiedlicher Sprache und Nationalität entstandene Reihe «Europa bauen» will die Gestaltung Europas und seine nicht zu unterschätzenden Erfolgschancen erhellen, ohne die überkommenen Schwierigkeiten zu vertuschen. Daß dieser Kontinent in seinem Streben nach Einheit so manch internen Zwist, so manchen Konflikt, so manches Trennende und Widersprüchliche erst überwinden mußte, soll in dieser Reihe nicht verschwiegen werden, denn wer sich auf das Unternehmen Europa einlassen will, muß die gesamte Vergangenheit kennen und eine Zukunftsperspektive besitzen. Daraus erklärt sich der «aktive» Titel unserer Reihe. Es scheint uns in der Tat nicht an der Zeit, eine Universalgeschichte Europas zusammenzufügen. Wir wollen das Thema mit Essays umkreisen, die von den besten zeitgenössischen Historikern stammen, wobei es für uns unerheblich ist, ob sie Europäer oder Nicht-Europäer, ob sie schon berühmte oder noch kaum bekannte Autoren sind. Sie werden die entscheidenden Themen europäischer Geschichte aufgreifen – im wirtschaftlichen, politischen, sozialen, religiösen, kulturellen Bereich – und sich dabei auf die lange, von Herodot begründete historiographische Tradition und zugleich auf die in Europa entwickelten neuen Konzeptionen stützen, die die Geschichtswissenschaft im zwanzigsten Jahrhundert und insbesondere in den letzten Jahrzehnten von Grund auf erneuert haben. Durch ihr Bemühen um Klarheit sind all diese Essays für jedermann verständlich.

Wir setzen unseren ganzen Ehrgeiz darein, all denen, die am Aufbau und Ausbau Europa beteiligt sind, aber auch jenen in der Welt, die sich dafür interessieren, Bausteine zur Beantwortung der fundamentalen Frage «Wer sind wir? Woher kommen wir? Wohin gehen wir?» zu liefern.

Jacques Le Goff

Inhalt

I.
Das Zeitalter
Seite 11

II.
Die Gesellschaft im Wandel
Seite 19

III.
Europa und seine Staaten
Seite 78

IV.
Die Träger der Aufklärung
Seite 95

V.
Utopie und Reform
Seite 139

VI.
Die große Öffnung in die weite Welt

VII.
Emanzipation – die Befreiung aus alten Zwängen

VIII.
Die Radikalisierung der Aufklärung und deren Abwehr

IX.
Der Weg ins 19. Jahrhundert

Anhang

Aufklärung

I.
Das Zeitalter

1. Aufklärung und neues Licht

Aufklärung ist der Titel eines Kupferstichs von Daniel Chodowiecki, jenes so fruchtbaren deutschen Künstlers des 18. Jahrhunderts. Auf dem Bild bewegt sich im Vordergrund ein Lastwagen hinter einem Fußgänger und einem Reiter einsam auf einer Landstraße im Schatten eines dunklen Waldes einer schloßartigen Siedlung entgegen, von der ein größerer und ein kleinerer Turm hinter Bäumen versteckt sichtbar sind. Die Siedlung ist schon in ein helles Licht getaucht, das von der hinter fernen Bergzügen hervorbrechenden Sonne herstammt, einer Morgensonne, die ihre Strahlen weit in einen noch dämmernden Himmel hineinschickt und die daran ist, den Nebelschleier, der noch hinter der Siedlung lagert, zu verscheuchen.

Chodowiecki kommentiert seine Darstellung der *Aufklärung* mit folgenden Worten: «Dieses höchste Werk der Vernunft ... hat bis jetzt noch kein allgemeines verständliches allegorisches Zeichen (vielleicht weil die Sache selbst noch neu ist), als die aufgehende Sonne. Es wird auch wohl lange das schicklichste bleiben, wegen der Nebel, die immer aus Sümpfen, Rauchfässern und von Brandopfern auf Götzenaltären aufsteigen werden, die sie so leicht verdecken können. Indessen wenn die Sonne nur aufgeht, so schaden Nebel nichts.»[1]

Als weiteren Kommentar zu diesem Kupferstich mit der Sonne der Aufklärung können wir eine andere Formulierung der Zeit wählen, die auf die Reform des Zeitalters Bezug nimmt. «Wir sind immer überzeugt, daß sie zuerst Licht – oft Licht, das gleich der Morgenröte Kälte zu erzeugen scheinet und endlich wohltätige Wärme erzeugen wird.» Wenn dann wirklich Wärme erzeugt worden ist, dürfte man einen englisch formulierten Vergleich beiziehen, in welchem die Vernunft mit der Sonne verglichen wird, «of which the light ist constant, uniform and lasting» – «deren Licht konstant, einheitlich und bleibend ist». Der Begriff des Lichtes erhält im 18. Jahrhundert einen neuen wichtigen Stellenwert. Das Licht wird nun immer wieder angesprochen, so oft man von Vernunft, Freiheit oder Glückseligkeit redet. Er widerspiegelt sich in den Begriffen, mit denen dieses Jahrhundert bezeichnet wird.

Enlightenment, der englische Begriff, taucht zwar als solcher erst im 19. Jahrhundert auf, konkurrierend mit der Bezeichnung *Age of Reason.* In der Zeit selbst spricht zum Beispiel der Philosoph Berkeley von «that ocean of light, which has broke in and made his way, in spite of slavery and superstition» – von «diesem Meer von Licht, das eingebrochen ist und seinen Weg machte, trotz Sklaverei und Aberglauben». Ein anderer Engländer sagt, dieses Jahrhundert sei «enlighten'd beyond the hopes and imaginations of former times» – «aufgeklärt über die Hoffnungen und Vorstellungen früherer Zeiten hinaus». Schließlich erklärt der Dichter Alexander Pope – souverän hinweisend auf die große philosophische und naturwissenschaftliche Synthese des Ganzen:

> «Nature and Nature's laws lay hid in night.
> God said, let Newton be! and all was light.»[2]

> «Die Natur und die Gesetze lagen in Nacht verborgen.
> Gott sagte, laßt Newton sein! und alles ward Licht.»

Seither darf man wohl sagen: Ex occidente lux! – Aus dem Westen, nicht mehr aus dem Osten kommt das Licht – nicht nur aus dem freiheitlichen Großbritannien, sondern auch aus dem sich vom Absolutismus emanzipierenden Frankreich.

Lumières ist der französische Begriff. Lumière – Licht – bedeutet «intelligence, connaissance, clarté d'esprit», das heißt «Einsicht, Wissen und Geistesklarheit». Lumières werden zum spezifischen Zeitbegriff: «Les seules lumières de la raison naturelle sont capables de conduire les hommes à la perfection de la science et de la sagesse humaine» – «Nur das Licht der natürlichen Vernunft ist fähig, die Menschen zur Perfektion der Wissenschaften und der Techniken zu führen.» Um 1750 sagt der Philosoph und Politiker Turgot: «Enfin toutes les ombres sont dissipées; quelle lumière de toutes parts ... quelle perfection de la sagesse humaine.» – «Endlich sind alle Schatten zerstreut, welch ein Licht von allen Seiten! ... welche Vollendung der menschlichen Vernunft.» In poetischer Form heißt es:

> «Et ce qu'avait produit l'ignorance grossière
> Disparait au grand jour d'un siècle de lumière.»

> «Und was die grobe Ignoranz produzierte, verschwindet im hellen Tage eines Jahrhunderts des Lichts.»

Die meisten Zitate sind späteren Datums als die englischen. Das ist wohl kein Zufall, denn erst als am Sarg Ludwigs XIV. das Wort des großen Predigers Massillon verhallt war: «Gott allein ist groß», so brach alles hervor, was das königliche Gottesgnadentum hätte zähmen wollen. Europa, das französische Eleganz, Sitte und Sprache zu imitieren begonnen hatte, wurde auf den gleichen Wegen von einem teils sehr kalten Licht erhellt, das vor keinem noch so dunklen Winkel Halt machte. Die schlimmsten und pietätlosesten Dinge wurden nun auf französisch und nach französischem Vorbild formuliert, sei es durch eine fürstlich deutsche Mätresse oder durch einen italienischen Abbé.

Aufklärung – der deutsche Begriff, der zuerst nur meteorologische Bedeutung hat, wird anfänglich im Sinn von *erleuchten* und in ähnlichen verbalen Formen verwendet. Von den achtziger Jahren an ist er als Epochenbezeichnung – *im Zeitalter der Aufklärung* – faßbar. Er wird aber erst im Laufe des 19. Jahrhunderts endgültig angenommen.

Der Begriff Licht ist parallel in verschiedenen Kombinationen anzutreffen: *Aufklärung und Licht, Freiheit und Licht,* «Aufklären heißt ... wegräumen die mancherlei Hüllen und Decken vor den Augen, Platz machen dem Licht in Verstand und Herz, daß es jenen erleuchte, dieses erwärme, und eintreten in die Gebiete der Wahrheit und der Ordnung, wo die Bestimmung des Menschen, die wahre Glückseligkeit thront.» Wieland spricht von Freiheit des *Denkens und der Presse,* «welche für den menschlichen Verstand das sind, was das Licht für unsre Augen». Wenn der junge Herder sein Zeitalter charakterisiert, so nennt er es *«unser erleuchtetes Jahrhundert, dieses lichteste Jahrhundert».*

Illuminiso – der italienische Begriff – ist in dieser Form neu, erst im 20. Jahrhundert wird er geläufig. Im 18. begnügte man sich mit *luce i lumi illuminato,* was nach Übernahme aus dem Französischen aussieht. «Un secolo così illuminato come il nostro» – «ein Jahrhundert, so erleuchtet wie das unsere» oder «La legislazione, il commercio, la pubblica gloria e sicurezza dipendono da'lumi delle nazioni ...» – «Die Gesetzgebung, der Handel, der öffentliche Ruf und die Sicherheit hängen von der Aufklärung (lumi) der Nationen ab.» Darf man Italien in einem Zug gleich neben England, das Frankreich, das Deutschland dieses Jahrhunderts der Vernunft, des Lichts, stellen? Es ist zu bedenken, daß Italienisch noch eine Sprache ist, die der gebildete Europäer zu kennen hat und besser beherrscht als das Englische. In Italien sind die freien Zeiten der Renaissance noch nicht vergessen!

Spanien verwendet den neueren Begriff *Illustración,* der den älteren des *Iluminismo* abgelöst hat. Allerdings gilt Spanien in Europa als Beispiel der Rückständigkeit, aber es besitzt seine bedeutenden Aufklärer und entsprechende Reformbestrebungen kluger Verwaltungsmänner der bourbonischen Monarchie. Ein Spanier muß aber damals von der Situation der Intellektuellen sagen, «que ... estudian a Newton en su cuarto y explican a Aristóteles en su catedra».[3] Zu Hause, im Privatbereich, da forscht man nach der Methode des englischen Naturforschers, nach Newton, aber um nicht unnötige Schwierigkeiten zu haben, erklärt man die Dinge im offiziellen Universitätsbereich immer noch nach Aristoteles; eine Situation, die überhaupt in manchen katholischen Ländern anzutreffen ist. Immerhin stellt Rousseau fest, daß im Vergleich mit den Franzosen, den Engländern und den Deutschen «der Spanier der einzige von diesen Vieren ist, der – wenn er wieder zu Hause ist – von dem, was er gesehen hat, etwelche für sein Land nützliche Beobachtungen zurückbringt».

Die Aufklärung, das Licht der Vernunft, breitet sich natürlich auch in anderen Sprachbereichen aus. Sogar im Portugal eines Marquis von Pombal, das als erstes den Jesuiten den Prozeß macht. Wir könnten von der Schweiz sprechen, die ihre reformiert-vernünftigen französischen und deutschen Möglichkeiten zum Spielen bringt, oder von den Niederlanden, die noch vor England schon längst eine Welt reger geistiger Freiheit geworden waren. Es sollten die nördlichen Königreiche erwähnt werden, die französische und deutsche Anregungen zu eigenständigen Formen entwickeln, oder das freimaurerisch beeinflußte Polen und schließlich das Rußland der Katharina II. Es wären die beiden Amerika nicht zu vergessen, wo sich das Licht auf spanische, portugiesische und angelsächsische Art zu verbreiten beginnt.

Es handelt sich um die Welt des weißen Mannes, die auf einer christlich-antiken Grundlage beruht, die sich allerdings national und konfessionell schon seit mehreren Jahrhunderten sehr differenziert hat.

Es galt nun, mit neuem Licht – wir nehmen die zitierten Stellen noch einmal auf – «mancherlei Hüllen und Decken» wegzuräumen. Das Licht soll «Sklaverei und Aberglaube» beseitigen, es soll die «Schatten» verscheuchen. Die Fanatiker aber, so der antiklerikale Italiener Pilati, «wollen die Finsternis, die Blindheit, die Ignoranz erhalten, und sie hassen das Heraufkommen des Lichts».

Wenn man auf die vor dem 18. Jahrhundert liegenden Zeiten zurückblickte, schien es tatsächlich so zu sein, daß die früheren Zeiten dieses Licht entbehrt hätten. Die Geschichte der Menschheit erschien nun als langsamer Gang von primitiven Anfängen zu einem immer entwickelteren Dasein und nicht mehr ein unausweichlicher Weg zu Weltuntergang und Jüngstem Gericht. Um die Mitte des Jahrhunderts unternahmen es Voltaire, Ferguson und Iselin, die Geschichtsbetrachtung des menschlichen Fortschritts zu entwickeln. Sie stehen am Anfang einer langen Reihe von ähnlich gerichteten geschichtsphilosophischen Unternehmungen, die über Wieland, Home, Herder, Lessing, Mably, Kant bis zu Condorcet reichen.

Licht sollte jedoch nicht allein die geistigen Vorstellungen des Jahrhunderts neu erhellen, sondern überhaupt alle Gebiete von menschlichem Tun und Lassen durchdringen. Wir haben schon jene italienische Meinung zitiert, daß Gesetzgebung, Handel, die öffentliche Sicherheit von den *lumi* der Nationen abhängig seien. Ähnlich lobt Wieland jeden Beitrag zur «Staatswirtschaft, Politik, bürgerlichen und militärischen Verfassung, Religion, Sitten, öffentlichen Erziehung, Wissenschaften und Künsten, Gewerbe, Landwirtschaft (der) in jedem Teile unseres gemeinsamen Vaterlandes ... einiges Licht verbreitet». Wieland gibt hier eine eigentliche Übersicht der Domänen, in denen *einiges Licht* verbreitet werden soll.

Das *allegorische Zeichen,* das Chodowiecki als Stimmung der Morgendämmerung festhält, hat schon Montesquieu beglückt: «Ich erwache am Morgen mit einer geheimen Freude, das Licht zu erblicken. Ich sehe das Licht mit einer Art von Entzücken, und für den ganzen Rest des Tages bin ich zufrieden.»[4]

2. Das 18. Jahrhundert als Hintergrund der Aufklärung

Die Bewegung der Aufklärung fällt in ein bestimmtes Zeitalter. Jede Bewegung muß mit den Gegebenheiten einer oft gegenläufigen historischen Epoche rechnen: der Humanismus etwa mit der allgegenwärtigen Kirche und ihren religiösen Vorstellungen, der Liberalismus mit dem gewaltigen Aufbruch militaristisch-nationalistischer Kräfte, die Aufklärung selbst mit den herkömmlichen Traditionen weltlicher und geistlicher Herrschaft.

Dennoch prägt die Aufklärung wie eine Stimmung ihr Jahrhundert. Man redet und man schreibt anders als vorher und wird noch eine Zeitlang so reden und schreiben. Ein noch so despotischer Fürst tut gut daran, sich aufgeklärt zu geben, lieber als «Schulmeister» denn als «Tyrann» aufzutreten.

Die Aufklärung bringt den Übergang von der Theorie in die Praxis, von der Kritik zum verbessernden, reformerischen Handeln, sowohl in der Erziehung wie in der Haushaltführung, im geselligen Umgang wie in der Politik. Sie macht den Absolutismus aufgeklärt und bringt die zwei großen Republiken in Nordamerika und in Frankreich hervor.

Die Aufklärung ist Reaktion auf Barock, Orthodoxie, Gegenreformation. Die unterschwellig noch existierenden Strömungen des Humanismus erasmischer Prägung, des offenen Redens und Schreibens, der an der Antike orientierten Kritik treten erneut an die Oberfläche. Im Sinn etwa der Prägung eines Albrecht von Haller: «Wer frei darf denken, denket wohl.»

Die Aufklärung bringt eine ungemeine Dynamik in überkommene und erstarrte Formen. Man schaut vorwärts, nicht zurück oder, wenn zurück, auf die vorbildliche Aufbruchszeit der Renaissance und des neu zu entdeckenden antiken Griechenlands, wenn nicht gar auf das glückliche Idyll des *guten Wilden*.

Man sucht aber auch eine neue Stabilität nach den Krisen des 17. Jahrhunderts, nach den letzten Pestzügen oder der letzten Massenvertreibung Andersgläubiger. Es setzt «die Suche nach neuer Stabilität ein – auf Grundlage vernünftiger Regelungen des gesellschaftlichen und politischen Lebens von der individuellen Moral bis zum Verhältnis der Staaten untereinander. Die empfohlenen, geplanten und zurückgelegten Schritte werden durchaus nicht immer im Sinne eines expliziten Aufklärungsprogramms, sondern um der besseren Erkenntnis und der Kritik an der Tradition willen getan. Erst die Vielheit solcher Schritte aus unterschiedlichen Motiven, ihr spannungsreiches Zusammenwirken und die daraus resultierende Dynamik konstituierten den Prozeß der Aufklärung.»[5]

Der Gedanke, der Stil, die Haltung des aufgeklärten Zeitalters äußern sich natürlich nicht nur im Schreiben, in ideologischen und in literarischen Formulierungen, sondern sichtbar und hörbar in den Künsten des Zeitalters. Lebendig ist heute noch und heute mehr denn je die Musik der Zeit. Die Werke der Corelli, Vivaldi, Albinoni, Händel, Bach und seiner Söhne, Telemann, Rameau, Stamitz, Haydn, Mozart, Gluck und Boccherini – um nur einige zu nennen – jedes Jahr entdeckt man wieder irgendwo in einer Bibliothek versteckte Noten dieses Jahrhunderts. Durch das Concerto, die Sinfonia, das Menuett mit ihrer leichten, oft sangbaren Tonführung, mit ihren klaren Strukturen, findet man wohl am unmittelbarsten Zugang zum Zauber dieses Zeitalters.

Die Malerei kann als Vorspiel zu den Impressionisten betrachtet werden, seien es die Stilleben eines Chardin oder die Porträts von Lawrence, Gainsborough, Latour oder Graff – oder die Landschaften in ihrer verspielten Genauigkeit, wenn nicht die heiteren Szenen eines Watteau und eines Fragonard. Die dargestellte Welt ist nicht dunkel und geheimnisvoll, gewaltig und überhöht wie zur Zeit barocker Malerei. Das Rokoko wandelt gleichzeitig die Architektur, in der Form nur scheinbar noch barock. Es sind die gleichen Kirchenräume in ihrer Grundstruktur, aber sie geben sich leichter, sind in lichten Farben gehalten, wie ein ewiger sonniger Abendhimmel ohne schwarze Wolkenungetüme. Und die kleinen Putten tummeln sich leichter, kecker und leichtfertiger rund um die vergoldeten Schnörkel herum. Sie spielen tändelnd mit Buch, Trompete und Harfe, ja mit den fürstlichen Insignien, mit Krone und Zepter.

II. Die Gesellschaft im Wandel

1. Die Welt der Monarchen

Die Könige

Mit Krone und Zepter regieren seit Menschengedenken Könige über die Schicksale dieser Welt. Sie waren schon immer da, als Statthalter Gottes auf Erden für deren irdische Belange, letztlich Erben der Kaiser des altrömischen Imperiums.[1]

Die Kronen dominieren im 18. Jahrhundert in Europa. Ein Dutzend Monarchen tragen Kaiser- oder Königskronen. Am besten hatte es Ludwig XIV. von Frankreich für mehr als ein halbes Jahrhundert verstanden, königliche Pracht und Herrlichkeit vorzuleben und auch durch reale Machtentfaltung spürbar zu machen. Er und sein Hof zu Versailles waren zum Vorbild für so gut wie alle Monarchen geworden. Seine Herrschaft endet zu Beginn des Jahrhunderts. Ludwig XV. löst ihn ab und regiert wiederum für ein gutes halbes Jahrhundert. Als er stirbt und Ludwig XVI. auf den Thron kommt, ist vieles anders geworden und Frankreich nicht mehr allein erste Macht in Europa.

Ludwig XIV. hatte dafür sorgen können, daß sein Haus, das Haus Bourbon, in einem weiteren Königreich regierte. Es hatte in Spanien die Habsburger abgelöst (1700/1714). Auf Philipp V. folgen Ferdinand VI., Karl III. und Karl IV. Das Regime der letzteren beiden lebt weiter in den Werken Goyas. Die spanisch-bourbonische Herrlichkeit findet ihre Repliken in den Vizekönigreichen über den Meeren, in Mexiko, Peru, Neu Granada, La Plata und den Philippinen. Als Sekundogenitur besitzen die Bourbonen außerdem das Königreich beider Sizilien, mit dem königlichen Hof in Neapel, mit Karl III. und Ferdinand IV.

Bis zum Beginn des 18. Jahrhunderts hatten die Habsburger von Wien und Madrid aus einen Teil der Welt kontrolliert, nun saß zwar immer noch ein Habsburger in Wien, als Kaiser des

Heiligen Römischen Reiches Deutscher Nation in alter Herrlichkeit. Kaiser war er, also erster Herrscher vor allen anderen, wenn sich auch die Könige schon längst nicht mehr um dieses Vorrecht kümmerten. Er trug immer noch die alten Königskronen von Deutschland, Burgund und Italien, auch wenn Burgund schon hundert Jahre lang in der Hand des französischen Königs war und in Italien nur noch Restbestände von Wien aus kontrolliert wurden. Realität lag im Königstitel von Ungarn und in demjenigen von Böhmen, Realität auch in der Herrschaft über die südlichen Niederlande, das heutige Belgien, über die schmal gewordene Lombardei und die Toskana. Mühselig versuchte man in Wien, wo das schwere spanische Zeremoniell noch weiterlebte, Karl VI. das Überkommene zu wahren und vor allem seiner Tochter Maria Theresia die Nachfolge zu sichern. 1740 ereignete sich aber das längst Gefürchtete, daß ein anderer deutscher Fürst, der Kurfürst von Bayern, als Karl VII. zum Kaiser gewählt wurde (1742–1745). Indessen ging die Kaiserkrone gleich nach dessen Tod wieder an Habsburg, an den Gatten der Maria Theresia, Kaiser Franz I. Maria Theresia selbst aber behauptete sich in ihren Landen, und als *Kaiserin* sollte sie Wien erneut Bedeutung verschaffen.

Paris und Wien waren unbestritten die großen Höfe mächtiger Staaten. Zu ihnen gesellten sich die anderen Höfe, teils älteren Datums. In London residierte der König, der die Kronen Englands, Irlands und Schottlands trug. Seit 1714 – nach dem Aussterben der protestantischen Stuarts – waren es die George aus dem deutschen Hannover. Hier war die kaufmännische Großstadt wichtiger und interessanter als der königliche Palast von St. James.

In Kopenhagen erholten sich die dänischen und gleichzeitig norwegischen Könige – der vierte und der fünfte Friedrich wie der sechste und siebente Christian – von vergangenen Heldenzeiten, was auch in Stockholm die schwedischen Monarchen, die Königin Ulrike Eleonora, Friedrich und Adolf Friedrich taten. In beiden Residenzen verstand man es, elegant eine nordische Variante des französischen Hofstils aufzubauen.

Nachdem man sechzig Jahre lang von Madrid aus regiert worden war, erfreute man sich in Lissabon seit 1640 wieder eines einheimischen Hoflebens unter den Königen aus dem Haus

Braganza: Im 18. Jahrhundert sind es Johann V., Joseph I. und die Königin Maria.

Das 18. Jahrhundert hatte zwei neue Könige kreiert: Der Kurfürst von Brandenburg war König in Preußen (1701) geworden und der Herzog von Savoyen König von Sardinien (1720); königliche Höfe befanden sich jetzt auch in Berlin und in Turin.

Schließlich gab es immer noch einen König in Polen – in der ersten Jahrhunderthälfte waren es die Wettiner, die Kurfürsten von Sachsen (1697–1763), und somit konnte sich der entsprechende Glanz in Dresden entwickeln. Und weit weg im Nordosten war der russische Kaiser, der Zar, allmählich zu einer europäischen Größe geworden.

Unter diesen Kaisern und Königen sind heute noch vier als «große» Monarchen bekannt; bekannt, weil sie vor allem brachen mit dem überkommenen Bild des absoluten Königs von Gottesgnaden à la Ludwig XIV., weil sie effektiv und nicht durch ihre Minister regieren wollten. Alle überstrahlte der «Aufsteiger» Friedrich II. (1740–86), der «Große» von Preußen, der «Philosoph von Sanssouci» – sein Schloß in Potsdam war mehr Arbeitskabinett als Hof. Er mokierte sich über die überkommene monarchische Pracht und Hofwelt. Von ihm konnte man sagen: «Der König liebt weder die Jagd noch ein teures Vergnügen.» Er gab sich als *«Erster Diener» des Staates.* Er war sein eigener Premierminister. «Seine Theologie ist die Vernunft und sein kanonisches Recht liegt in den Zeughäusern»[2], denn er war auch sein eigener Feldherr. Parallel aber verstand es Kaiserin Maria Theresia (1740–80) in einem anderen, aber ebenfalls nicht ludovicischen Stil die Monarchie zu führen, als Landesmutter im alten Sinn, was sie nicht daran hinderte, klug zu erneuern. Ihr Sohn, der «gekrönte Revolutionär» Joseph II. (1765–90), ein eigenartiges Gemisch von monarchischer Autorität und «demokratischem» Gehabe, war ein Arbeiter wie Friedrich II., aber hektischer mit seinen überstürzten Reformen, vor welchen sich der Preußenkönig wohlweislich hütete. Und schließlich ist die Prinzessin Sophie von Anhalt-Zerbst zu nennen: Aus einem recht kleinen deutschen Fürstentum gelangte sie durch Heirat mit Zar Peter III. nach St. Petersburg, wo sie als Katharina II. in ihrer Regierungszeit (1762–96) Europa erstaunte, mit einem aufklärerischen Programm, das seinesgleichen suchte.

Die vier genannten Monarchen führten *persönliches Regiment,* darin versuchten sich auch die Savoyer in Turin, zumindest Victor Amadeus und Karl Emanuel III., aber in altväterlicher Weise. Aufgeklärter taten dies auch Stanislaus Augustus von Polen und Gustav III. von Schweden, ohne dabei Glück zu haben. Auch Georg III. (1760–1820) von Großbritannien machte sich zu Beginn seiner Regierung an ein *persönliches Regiment.* Großbritannien hatte sich jedoch seit der *Glorreichen Revolution* daran gewöhnt, daß sich die *Krone im Parlament* und nicht über ihm befand, und der dritte Hannoveraner mußte mit seinem Programm der *königlichen Freunde* scheitern.

Die meisten Monarchen überließen ihrem ersten Minister unterschiedlicher Qualität oder auch ihren Mätressen bzw. deren Günstlingen die Herrschaft. Besonders deutlich wurde dies im Frankreich Ludwigs XV., wo man vom Regnum der Madame de Pompadour sprechen kann. Jeanne-Antoinette Poisson – von niedriger Herkunft – bestimmte die Geschicke Frankreichs, als *Maitresse en titre,* von 1745 bis zu ihrem Tod. Madame Du Barry folgte, mit geringeren politischen Ambitionen.

Es ist auffallend, daß in diesem Jahrhundert durch den Zufall der Erbfolgen Frauen in vielen Monarchien zum Regiment gelangten, nicht allein die zwei Kaiserinnen Maria Theresia und Katharina II. Das Jahrhundert beginnt mit Königin Anna in Großbritannien (1702–14) und mit Königin Ulrike Eleonore in Schweden (1718–20). Es endet mit Königin Maria in Portugal (1777–1816). Schon vor Katharina II. dominieren Frauen in Rußland, die Nachfolgerinnen Peters des Großen, Katharina I., Anna und Elisabeth. Dann wären einflußreiche Gattinnen von Königen zu nennen, wie etwa Elisabeth Farnese, die Gattin des spanischen Königs Philipp V., Karoline Mathilde in Dänemark, die Gattin des zur Regierung unfähigen Christian IV., oder Maria Karolina im Neapel Ferdinands IV. Frauen hatten schon immer eine wichtige Rolle in den Monarchien gespielt, als Gattinnen der Könige, als deren Mätressen oder als Königinwitwen; doch scheint dieses Jahrhundert, in welchem die Emanzipation der Frau beginnt, auch an den Höfen Frauen günstig gewesen zu sein.

Für einen König gab es noch anderes zu tun, als zu regieren, und viele zogen diese königlichen Beschäftigungen den Mühseligkeiten der Verwaltung vor. Dann widmete sich der Monarch dem Amüsement des Hoflebens und ging auf die Jagd. Nur in Berlin und in Turin legte man weniger Wert auf solche königliche Tätigkeit, dort arbeitete man.

Drei Monarchen befanden sich geistig gestört zeitweise außerhalb dieser Realitäten, die beiden Spanier Philipp IV. und Ferdinand VI. sowie Christian VII. von Dänemark. Georg III. von England zeigte früh schon Anzeichen von Geisteskrankheit, wurde aber erst sehr spät (1811) durch den *Prinzregenten,* den späteren Georg IV., ersetzt.

Der Großteil der Monarchen lebte der Repräsentation, fernab von Regierungsgeschäften und vom zu regierenden Volke, aber nach wie vor getragen von einer unerschütterlichen Tradition der Treue und Ergebenheit; von Gott eingesetzt und nur ihm verantwortlich. Alle zusammen blickten stolz auf einen uralten Stammbaum, und wenn auch in den meisten Staaten die Königshäuser wechseln mußten, wenn kein männlicher Erbe da war, so war die neue Linie doch auch sehr alt, und die Heirat garantierte ebenbürtige Abstammung. Ob jetzt die deutschen Holstein-Gottorp in Schweden regierten oder die französischen Bourbonen in Spanien – durch die Mutter, die Großmutter oder die Urgroßmutter war der Zusammenhang mit der heimischen Dynastie gewahrt. So handelt es sich um eine große Verwandtschaft auf den Thronen, die intereuropäischen Charakter hat. Nur Jonathan Swift war so frech, sich einmal im *Gulliver* ein Dutzend Könige heraufbeschwören zu lassen mit ihren «richtigen» Vorfahren. Dann sah er vor sich, anstelle einer langen Reihe von Gekrönten: in der einen Dynastie zwei Geiger, drei geschniegelte Höflinge, einen italienischen Prälaten und in einer anderen einen Barbier, einen Abt und zwei Kardinäle. Doch bricht Swift diese unerfreuliche Erscheinung mit der Bemerkung ab, er habe eine zu große Verehrung für gekrönte Häupter, als daß er noch länger bei diesem so hübschen Thema verweilen wolle ...

Auch ein Swift wollte nicht an der überkommenen Institution rütteln. Nur wenige dachten daran, die Monarchen irgendwie zur Rechenschaft zu ziehen, wie dies noch in der Mitte des 17. Jahrhunderts mit Karl I. von England geschehen war, den das Parlament hatte hinrichten lassen. Die Erinnerung an diesen schrecklichen Einzelfall verdrängte man. Erst anderthalb Jahrhunderte später ereigneten sich 1792/93 gleich zwei *Königsmorde.* Gustav III. von Schweden wurde auf einem Maskenball das Opfer eines Adelkomplotts, und das revolutionäre Frankreich ließ seinen durch die Republik schon abgesetzten König Ludwig XVI. öffentlich hinrichten.

Doch das geschah zu Ende des 18. Jahrhunderts. Bis zum Beginn der Französischen Revolution war die Welt der Könige unerschüttert. Wenn in Rußland 1762 Zar Peter III. erdrosselt wurde, so lag das außerhalb des Normalen, weitab in barbarischer Umgebung. Wenn die Vereinigten Staaten von Amerika 1776 ihren König Georg III. absetzten, so vollzog sich dies über dem großen Meer, in der kolonialen Welt, und der König blieb König in seinen europäischen drei Königreichen.

Mit dem Dutzend Königskronen war aber diese monarchische Welt keineswegs vollständig repräsentiert. In zwei Ländern, Deutschland und Italien, hatte sich eine Pluralität von Fürstlichkeiten entwickelt. Besonders in Deutschland war sie schier grenzenlos. Begnügte sich Italien immerhin mit nur ein paar kleineren Herrschaften: Großherzogtum Toscana, den Herzogtümern Modena, Parma, Piacenza, Mantua, dem Königreich beider Sizilien und dem Sonderfall des päpstlichen Kirchenstaates, so zählte das Heilige Römische Reich Deutscher Nation seine über 250 Fürstlichkeiten: Neben dem Kaiser und dem König von Preußen sowie den Kurfürstentümern von Sachsen, Hannover und Bayern fand man da alle Varianten von Herzögen, Markgrafen, Pfalzgrafen, Fürsten und gewöhnlichen Grafen, ganz abgesehen von den Fürstbischöfen und den Fürstäbten, die alle Souveränität beanspruchten und so über Hofhalt, Residenz mit Schlössern, Jagden etc. verfügten. Es sind dies die Duodezfürsten des Alten Reiches, Fürsten im Kleinstformat. Einige von ihnen besaßen aber doch so viel Macht, daß sie ihr kleines Versailles ganz nett ausstaffieren konnten – auch wenn sie politisch von geringer Bedeutung waren oder man von ihnen wie Goethe von seinem Herzog zu Sachsen-Weimar epigrammatisch sagen durfte:

«Klein ist unter den Fürsten Germaniens der meine;
kurz und schmal ist sein Land; mäßig nur, was er vermag.

Aber so wende nach innen, so wende nach außen die Kräfte
jeder: da wärs ein Fest, Deutscher mit Deutschen zu sein.
Doch was priesest du ihn, den Taten und Werke verkünden?
Und bestochen schien deine Verehrung vielleicht.
Denn mir hat er gegeben, was Große selten gewähren:
Neigung, Muße, Vertraun, Felder und Garten und Haus.»[3]

Der fürstliche Hof

Abbild fürstlicher Herrlichkeit und Macht war der fürstliche Hof. Er manifestierte sich primär durch das Residenzschloß. Das alte Schloß in der Hauptstadt wird verlassen, denn man will sich freier bewegen können, als dies im Rahmen einer altväterlichen oder einer zu großen Hauptstadt möglich ist. Der stickigen Stadt zieht man die ländliche Natur vor, die allerdings sehr künstlich neu gestaltet wird. So verläßt der französische König im 17. Jahrhundert den Louvre in Paris und zieht nach Versailles, Kaiser und Kaiserin verlassen die Wiener Hofburg und gehen nach Schönbrunn, die Kurfürsten von Hannover nach Herrenhausen und der württembergische Herzog von Stuttgart nach Ludwigsburg, und es wären weitere Beispiele aufzuzählen. Auf dem Land läßt sich nach beliebigem Ermessen planen und bauen, und man ist durch wenig gehemmt in der Ausfaltung. Versailles wird überall kopiert, nicht nur als Bau und als Gartenanlage. Das neue Schloß und sein Park bedingen eine ganz andere Ausstattung an Personal. Bewacht wird das Ganze durch die Palastgarde, in Versailles und anderswo ist es die Schweizergarde mit ihren roten Röcken. In Ludwigsburg sind die *Legioner* des Herzogs nach dem Schnitte der Leibgarde Friedrichs II. gekleidet, in Größe und Gestalt von Pappelbäumen, in roten Fräcken mit schwarzen Aufschlägen, und sie hatten auf den gepuderten Häuptern über den steinharten Zöpfen hohe spitze Grenadiermützen sitzen, die mit gelbem Blech beschlagen waren. Zum königlichen Hofleben gehörten selbstverständlich auch die Truppenparaden als Demonstration der militärischen Macht der Monarchie.

Im Gebäude selbst mit seinen Seitenflügeln nehmen den bevorzugten Platz die Räume ein, die der Repräsentation mit ihrem strengen Zeremoniell dienen. Aber es finden sich viele kleinere Zimmer, in denen eine intimere Geselligkeit möglich war. In Versailles etwa versammeln sich die wichtigsten Mitglieder des Hofes jeden Abend im Zimmer der Madame de Pompadour und bringen lange Stunden zu mit Spiel und Gespräch. Die Neuigkeiten des Tages, vor allem die Ereignisse in Paris, werden mit Vergnügen besprochen. Oft bilden die Gerüchte aus dem Regierungskabinett die Hauptunterhaltung. Die Intimität ist charmant, die Etikette verbannt und die Konversation geht *ohne Handschuhe* vor sich, wie man damals zu sagen pflegte. Ludwig XV. brachte zu diesen Zusammenkünften «ein heiters Gemüt mit, einen Geist frei von Sorgen und eine einfache und offene Gutmütigkeit, nichts erinnerte an seinen Rang».[4]

Besonders glänzend gestalteten sich die Hofbälle. Etwa in Schönbrunn: Bei Kerzenlicht eröffnete im ausgeräumten Speisesaal das Kaiserpaar mit einem Menuett. Dann begannen die höchstrangigen Gäste, zum Beispiel fremde Botschafter, zum Tanz zu bitten. Das Orchester saß an einem Ende des langen, verhältnismäßig schmalen Raumes. Am anderen Ende standen die Fauteuils für die Prinzessinnen und Prinzen. Die übrigen Gäste konnten – wenn sie nicht gerade tanzten – auf Bankreihen oder niedrigen Taburetten Platz nehmen. Die Damen waren in großer Gala gekleidet: An den Armen, am Hals und in den hohen Frisuren glänzte kostbarer Schmuck im Licht der Kerzen. Die Kavaliere hatten Edelsteine als Knöpfe und auf den Schnallen der Schuhe. Wer nicht gerne tanzte, der vergnügte sich an den Spieltischen.

An den Ball pflegte sich ein großes Essen anzuschließen, oft mit strenger Etikette der Sitzordnung und entsprechenden Eifersüchteleien. Mit den Majestäten speisten die Botschafter bzw. die Damen und Herren von fürstlichem Rang. Für Hofdamen und die jungen Leute war die Tafel im unteren Stockwerk gedeckt, und da dürfte es ungezwungener zugegangen sein. Man konnte die Tischordnung je nachdem variieren, hufeisenförmig oder – wenn der Fürst Friedrich hieß – in Form eines «F» anordnen.

Gerne spielte die Hofgesellschaft Theater, denn in der Regel war auch ein kleines Hoftheater im Schloß eingebaut. Da wurden durch die höfische Gesellschaft Ballette, Komödien einstudiert und dargestellt.

Einen ganz besonders gewichtigen Platz nahm die Musik ein. Überall erklingt Musik: «Musik weckte den Kurfürst; Musik begleitete ihn zur Tafel, Musik scholl auf seinen Jagden; Musik beflügelte seine Andacht in der Kirche; Musik wiegte ihn in balsamischen Schlummer, und Musik hat diesen wahrhaft guten Fürsten gewiß im Himmel bewillkommt.» So sagt Daniel Schubart vom pfälzischen Kurfürsten Karl Theodor, der aus seinem Mannheimer Hof ein musikalisches Zentrum machte, das seinesgleichen suchte.

Bis heute lebendig ist die *Wassermusik,* die Georg Friedrich Händel für den englischen König komponiert hatte. König Georg I. und eine große Zahl vom englischen Adel bestiegen am 17. Juli 1717 offene Boote und fuhren von Whitehall die Themse hinauf bis nach Chelsea, um dort zu Abend zu essen. Ein Boot führte fünfzig Musikanten mit ihren Trompeten, Hörnern, Oboen, Fagotten, Querflöten, Blockflöten sowie Violinen und Baßinstrumenten. Die drei Suiten wurden auf der Hinfahrt zweimal wiederholt. Sie gefielen dem König so gut, daß er sie bei der Rückfahrt, die erst nach Mitternacht stattfand, noch dreimal spielen ließ.

Der Hof amüsierte sich also keineswegs nur im Schloß selbst. Der Park war eine weitere große Attraktion mit seinen Wasserspielen. Nachts konnte man alles illuminieren und mit einem großartigen Feuerwerk abschließen. In Ludwigsburg schuf der Herzog Karl Eugen von Württemberg oft «im Winter, in welchen sein Geburtstag fiel, Zaubergärten, ähnlich denen, die in den Erzählungen von Tausendundeiner Nacht vorkommen. Er ließ in der Mitte des Herbstes über die wirklich bestehenden schönsten Orangengärten von 1000 Fuß in der Länge und 100 in der Breite ein ungeheures Gebäude von Glas errichten, das sie vor der Einwirkung des Winters schützte. In dessen Wänden verbreiteten zahllose Öfen Wärme. Das ganze Gewölbe des großen Gebäudes trug das schönste Grün, und es hing so in der Luft, daß man keinen einzigen Pfosten bemerkte. Da bogen sich Orangenbäume unter dem Gewichte ihrer Früchte. Da ging man durch Weingärten voll Trauben wie im Herbst, und Obstbäume boten ihre reichen Früchte dar. Andere Orangenbäume wölbten sich zu Lauben. Der ganze Garten bildete ein frisches Blätterwerk. Mehr als 30 Bassins spritzten ihre kühlen Wasser, und 100 000 Glühlampen, die nach oben einen prachtvollen Sternenhimmel bildeten, beleuchteten nach unten die schönsten Blumenbeete.»

Wenn genügend Schnee vorhanden war, konnte man Schlittenpartien veranstalten. Das ganz große königliche Vergnügen war die Jagd. Hier excellierte insbesondere der spanische König Karl III. «S(eine). M(ajestät). ... bringen den größten Teil sowohl des Vor- als auch des Nachmittags auf der Jagd zu, aus welcher sie sich eine dergestaltige Gewohnheit gemacht haben, daß weder das allerschlechteste Wetter noch der gänzliche Abgang alles auch nur ersinnlichen Wildbrets sie einen Tag im Jahr davon abhalten könnte. S. M. kommen abends spät nach Haus, alsdann bringen sie eine kleine halbe Stunde mit der ganzen königlichen Familie zu.»[5]

Man lebt am Hof in einem Wirbel von Zerstreuungen. Zuerst hat man für die passende Erscheinung Sorge zu tragen, insbesondere die Damen: Reifrock, Frisur – die schon am Vorabend durch die Kammerzofe ins Werk zu setzen ist und mit dem Brenneisen vollendet wird. Die Uhr ist zu reinigen, oder man empfängt Leute aller höfischen Gattung, Offiziere, Beamte, Erzbischöfe. Mit Haube, Muff und Fächer wird man in der Sänfte zur Messe getragen, welcher der König beizuwohnen pflegt. Das Gebetbuch ist nicht zu vergessen. Dann hat man vielleicht einen Moment, um Briefe zu schreiben, an Freunde und Freundinnen, denen man das Neueste von Hofe mitteilen will. Aber es sind auch Antworten an Bittsteller zu verfassen ..., und schon hört man die Trommel der Schweizergarde, welche anzeigt, daß die Zeit zum Diner gekommen ist. Da kann man sich in «brillanter Konversation und charmanter Fröhlichkeit ergehen, ernsthafte Ideen in unbeschwerter Art vortragen und sich an allerhand Médisance erfreuen».[6] So ging es jedenfalls in Versailles zu Zeiten Ludwigs XV. und der Marquise von Pompadour zu.

Nebenbei wird auch noch regiert. Karl III. pflegt, wenn er von der Jagd spät zurückkommt, für kurze Zeit denjenigen Minister zu empfangen, der am betreffenden Tage über seine Geschäfte zu referieren hatte. Das war immerhin bei Maria Theresia anders, die auch in Schönbrunn über die Regierung der großen Monarchie wachte.

Was treibt der Hof, wenn er nicht in diesen großen und kleinen Aktionen tätig ist: Es wird sehr viel gespielt, gewonnen und verloren – und mehrmals kann eine Existenz ruiniert werden. Man trinkt im 18. Jahrhundert weniger als im 17. Das Amüsement ist raffinierter geworden. Der Genuß wird feiner. Man spielt nicht nur, nein man liest, literarisches Leben ist möglich. Es gibt gebildete Fürsten und vor allem gebildete Fürstinnen. War nicht Leibniz von zwei Fürstinnen protegiert, und korrespondierte nicht die Landgräfin Karoline von Hessen mit den besten deutschen Dichtern? Im 18. Jahrhundert gehört es für den Fürsten zum guten Ton, eine Akademie zu stiften. Jede größere Monarchie rühmt sich einer solchen. – Nicht zu vergessen ist die Hofkirche oder die Hofkapelle und der dazugehörige Hofprediger, der nicht unbedingt ein Scharlatan zu sein brauchte. Das Modell des großen Hofes setzt sich bis in kleine und kleinste Höfe fort, auch in die Sekundärhöfe der jüngeren Brüder oder Witwen.

Als Beispiel eines Witwenhofs aus der Zeit nach 1750 nehmen wir denjenigen der Markgräfin-Witwe Sophie Caroline Marie von Brandenburg-Bayreuth in Erlangen: Die Leitung liegt in der Hand eines Kammerherrn, des Freiherrn von Künßberg. Die Markgräfin umgeben zwei Hofdamen und zwei Pagen von Adel, die gleichzeitig an der Universität studieren, und ein Haushofmeister, der Korse Matheo Cella. Der Hof zählt 21 Bediente: Kammerfrauen, Kammerdiener, Kammerlakaien, Läufer, Heiducken, Köche, Kutscher, Bett- und Silbermägde. Dieser Hofstaat von etwa 40 Personen untersteht für kleinere Vergehen der eigenen Jurisdiktion durch die Markgräfin. Das Ganze wird bezahlt aus den Abgaben von vierzehn Ämtern, unter denen sich auch Forstämter und Handelsinnungen befinden.

Mit Erstaunen nimmt ein italienischer Schriftsteller auf einer Reise durch Schwaben, Franken und Westfalen «die Manie zur Kenntnis, mit welcher alle diese kleinen Fürsten und kleinen Herren in Deutschland glauben, ihre Groß-Kammerherren, Groß-Kellermeister, Groß-Mundschenken, Groß-Jägermeister, Groß-Küchenmeister, Gardehauptleute, sowie Kavallerie und Infanterie halten zu müssen – auch wenn die ganze Kavallerie und die ganze Infanterie des kleinen Grafen oder kleinen Barons nur aus drei Husaren, vier Grenadieren und sechs Füsilieren besteht».[7]

Die Höfe, die für Architektur, Gartenbau, für die Künste aller Arten, vom Theater, von der Oper bis zu den Porträtisten viel geleistet haben, brachten Bewegung und Farbe in das Einerlei des Alltags der kleinen und großen Residenzen. Hofdienst war gesucht als Ausbildung in der Eleganz der Welt. Oft ist aber schon damals der Luxus, der Aufwand hart getadelt worden und vor allem das höfische Nichtstun dieser Parasiten, die sich aus den Abgaben eines Fürstentums ohne eigentliche Arbeit ein recht angenehmes Leben gestalten konnten.

Die Höfe konnten Stätten feiner Kultur sein – wie etwa das Weimar der Herzogin Amalia und des Herzogs August zu Goethes Zeiten. Andererseits waren sie auch Orte peinlichster Affären und unerquicklicher Intrigen. Ehrgeizlinge jeder Art konnten hier billig Karriere machen, und raffinierte Frauen konnten vom niedrigsten Stand bis zu hohem Einfluß aufsteigen – nicht nur die Pompadour! Die Skandalchronik der Höfe ist reich an schürzenjagenden Prinzen und ehebrüchigen Prinzessinnen. So und so viele Fürstlichkeiten lebten getrennt, denn ihre ja rein diplomatischen Heiraten waren einem guten Eheleben eher abträglich. Da steht das Rokokoidyll neben Brutalität und Elend.

Opfer waren natürlich in der Regel die Frauen. Doch konnte das Schicksal auch Männer treffen, wie jenen Grafen Königsmarck, der auf dem Weg zur Prinzessin Sophia Dorothea von Braunschweig-Lüneburg erstochen wurde. Dieser Ehebruch der Gattin des späteren Georg I. von England wurde damit geahndet, daß die Prinzessin für den Rest ihres Lebens – für 32 Jahre – ins Schloß Ahlden verbannt wurde. Später verhielt man sich etwas toleranter. So wurde die ehebrüchige Gattin des ebenso ehebrüchigen späteren Friedrich Wilhelm II. von Preußen, Elisabeth von Braunschweig, zwar zuerst auch gefangen gehalten, doch gestattete man ihr bald ein freieres Dasein.

Eine einst bekannte Geschichte, in der manche typischen Züge zusammenkommen, die aber dazu noch einen bestimmten exotischen Reiz besitzt, möge dieses höfische Kapitel beschließen. Es ist die Geschichte der Camila Perricholi, die später von Prosper Mérimée und Thornton Wilder dichterisch gestaltet worden ist. Die Geschichte spielt im fernen Vizekönigreich

Peru, in der eleganten Hauptstadt Lima. Um 1760 macht Mariquita Villegas als Schauspielerin im Limeser Theater Furore. Der Vizekönig Don Antonio Amat verliebt sich in die schöne, temperamentvolle Chola aus dem verachteten Volk der Indios und Mestizen. Die Villegas wird seine Mätresse und beherrscht ihn mit tausend Künstlerlaunen, die dem guten Don Amat einmal die Bezeichnung «perra chola» – Hündin von einer Chola – entschlüpfen lassen. Fortan wird die Favoritin des Vizekönigs allgemein die «Perricholi» genannt. Schließlich will diese Person bei einem Staatsaufzug in der offiziellen Kutsche des Vizekönigs mitfahren. Die ganze aristokratische Gesellschaft von Lima empört sich. Der Vizekönig kann sich nur noch aus der Affäre ziehen, indem er der Perricholi eine goldene Karosse schenkt; und nun kann die Chola in diesem Statussymbol durch die Straßen Limas paradieren. Bei der Rückkehr begegnet die goldene Kutsche einem einfachen Priester, der mit dem Viaticum auf dem Weg zur letzten Ölung ist. Diese Begegnung führt zur Wendung, und die bekehrte Sünderin schenkt ihre goldene Karosse der Kirche, auf daß das Sterbesakrament fortan auf würdigste Weise transportiert werden könne, und sie selbst widmet sich fortan frommen Werken.

Ob die Geschichte sich genau so zugetragen habe, ist weniger wichtig, als daß hier typische Züge des Hoflebens verdeutlicht werden: Der mögliche Aufstieg, die Freiheit in den Beziehungen, die Rolle der ständischen Unterschiede – und schließlich der fromme Hintergrund hinter all dem weltlichen Treiben, denn auch in Lima steht der Palast neben der Kathedrale.

2. Der Adel

Der alte Landadel

Die Könige und Fürsten bildeten die Spitze der ersten Klasse der Menschheit, des Adels. Wir haben schon gesehen, daß in Deutschland der Adel mit den 250 souveränen Monarchien ein weites Tummelfeld hatte. Zu diesen kleinen deutschen Monarchen müßte man aber gesellschaftlich auch den hohen Adel der anderen Monarchien zählen, die englischen und schottischen

Lords mit ihren riesigen Schloßanlagen und ihrem festen Sitz im Oberhaus, die großen Herren in Frankreich, die Rohan, die Condé und die Granden Spaniens. Sie fühlten sich den Königen sozusagen ebenbürtig, denn in ihrem Stammbaum figurieren immer wieder jüngere königliche Prinzen und Prinzessinnen. Ein großer Grundbesitz und einträgliche Hofchargen sowie in katholischen Ländern bischöfliche Würden garantierten die soziale Stellung.

Prinz Eugen von Savoyen – der *edle Ritter* des Volksliedes – aus einer Seitenlinie der savoyischen Dynastie, als Feldherr und Staatsmann Österreichs unbestritten, war das leuchtende Vorbild eines hohen Adligen das ganze Jahrhundert hindurch.

Aber von dieser Höhe ging es eine ganze Stufenleiter von Titulaturen abwärts bis zu den bescheidenen kleinen Adeligen – den Freiherren und Baronen –, die sozusagen zahllos die europäische Bühne bevölkerten. Sie waren die letzten Ritter mittelalterlicher Herkunft und immer noch da mit ihrer kleinen, alten Burg und dem dazugehörigen Dorf. In diesem Bereich waren sie wie biblische Patriarchen Herren über das Gericht und Inhaber der Polizeigewalt; das war ihr Patrimonium. In der betreffenden Landschaft hatten sie traditionellen Anteil an der altüberlieferten Verwaltung. Sie saßen in den Provinzparlamenten und Landtagen, soweit diese Institutionen überhaupt noch existierten. Sie bezogen die von altersher festgelegten Abgaben von ihren Bauern. Sie setzten die Geistlichen ein oder schlugen sie ihrem Bischof vor. Sie verwalteten ihre Güter, und in der Armee ihres Fürsten bekleideten sie die Offiziersstellen. In ihrem bäuerlichen Bereich pflegten sie adlige Sitte mit den benachbarten Herren. Mit ihnen ritten sie aus, mit ihren Töchtern gingen sie zum Tanz, mit ihresgleichen übten sie sich in der Fechtkunst und gingen mit ihnen zusammen auf die Jagd.

Gerade die Jagd war eigentliches Zeichen des Standes. Wolf Hermhard von Hohberg hat in seinen *Georgica curiosa oder Adeliches- und Feldleben* schon 1682 auf die tiefere Bedeutung der Jagd aufmerksam gemacht. Was er da sagt, das gilt bis zum Ende der alten Zeit. Es ist «das Jagen eine tapfere und ritterliche Uebung und dem Adel gleichsam ein Praeludium belli (ein Vorspiel des Krieges), darinnen sie lernen ein wildes Tier mit List und Geschwindigkeit anfallen, bestreiten und fällen, zu Fuss und zu

Pferd ihre Waffen und Gewehre geschicklich brauchen, Kälte, Hitze, Regen und Ungewitter, sowohl als der Sonnen heisse Strahlen ertragen und dulden, Durst und Abmattungen zu erleiden, die Gegend und Nachbarschaft von schädlichen, reissenden Tieren zu erledigen. Darum die Jagd von grossen und berühmten Potentaten allzeit geliebt und getrieben worden; dann sie ist eine Gemütserquickung, eine Schwermutsvertreibung, eine Feindin des Müssiggangs und aller deren daraus entspringenden Laster, eine Ernährerin der Gesundheit, Uebung des Leibs, Vorspiel und Spiegel des Kriegs und eine gute und reiche Küchenmeisterin, die unsere Tafeln mit guten und herrlichen Speisen versorget.»

Auch in diesen Kreisen – nicht nur am Hofe – organisierte man gerne Festlichkeiten, oft auch mit den Bauern zusammen. Die Junker frönten dem Spiel, dem gemeinsamen Trunk und machten die Gegend unsicher für Bauernmädchen und Edelfräulein. Man war Kavalier, und Bildung war nicht ausgeschlossen. Wenn gelesen wurde, dann nach dem Modell des *Gentilhomme,* das heißt Genealogisches, Besitz- und Privilegiengeschichte der Familie oder des Staates, Biographien und Militärgeschichte. Dafür verfertigten späthumanistisch-gelehrte universal- oder landesgeschichtlich arbeitende Historiker bis ins beginnende 18. Jahrhundert ihre schwerfälligen Darstellungen. Manche Burgen wiesen eine gut zusammengestellte Bibliothek auf, und Gemälde zierten die Räumlichkeiten. Mit dem Ortsgeistlichen konnte man auf vertrautem Fuße stehen, man hielt sich einen Kandidaten der Theologie als *Hofmeister,* als Privatlehrer für Söhne und Töchter.

Allerdings wurde oft die finanzielle Basis, die rein landwirtschaftlich war, kleiner. Es gab ausgesprochen verarmte Adlige. Heinrich Heine spricht von der *mageren Ritterschaft.* Bei Erbteilungen reichte oft die standesgemäße Ausstattung nicht mehr für alle Kinder. Es gab wenig Möglichkeiten anderwärtigen Auskommens. Man hatte ja keinen Beruf im bürgerlichen Sinn; nur Hofdienst und Militär war standesgemäß. Überzählige Söhne und Töchter konnte man in katholischen Ländern im Kloster unterbringen, wo sie Abt oder Äbtissin werden konnten. Für protestantische deutsche adelige Töchter waren die einst säkularisierten Damenstifte da. Eine der besten und ehrenhaftesten Möglichkeiten bot das Heer mit seinen vielen Offiziersstellen, und da konnte man es bis zu hohen Kommandantenstellen bringen.

Der Typus des kleinen Adligen variierte natürlich von Land zu Land. In England war die Gentry, der Kleinadel, der im Land herum den Boden besaß, die mächtige landwirtschaftliche Schicht; jener Squire im gemütlichen, nicht mehr burgartigen *Manor House,* trinkend und konversierend mit dem anglikanischen Dorfgeistlichen. Im Parlament bevölkerte diese Schicht das Unterhaus. In Frankreich allerdings wurde infolge der Konzentration auf Paris dieser kleine Adel, der nur noch in den Parlamenten der Randprovinzen eine gewisse politische Funktion ausübte, in seinem Gewicht geschwächt. Besonders stark war die politische und wirtschaftliche Stellung der *Krautjunker* östlich der Elbe, der großen Gutsherren der preußischen Krone. Im Königreich Polen saß jeder Adlige – er konnte noch so arm sein – im Reichstag und bestimmte mit über Wohl und Wehe dieser Adelsrepublik. Die landbesitzenden Schweizer Patrizier – besonders diejenigen in Bern und Freiburg – mit ihren kleinen Gerichtsherrschaften nähern sich in republikanischer Abwandlung dem Typus der Gentry oder der deutschen Junker.

In der ritterlich-freiherrlichen Schicht herrschte immer noch ein starkes Standesbewußtsein. Freiherr sein hieß, gegen oben und unten frei zu sein im kleinen lokalen Bereich. Wenn man an den Hof ging, wurde man eben Höfling, der zwar Karriere machen konnte, aber seine Unabhängigkeit verlor.

Die Revolution sollte diesem Adel teilweise den Boden entziehen, ihn politisch egalisieren. Er ist trotzdem nicht ganz ausgestorben, auch in Frankreich nicht. Im östlichen Deutschland, in Österreich-Ungarn und in England sollte diese Schicht als konservative Agrarpartei sich noch lange halten können. Fontanes *Stechlin,* Galsworthys *Charwells of Condaford Grange* und d'Ormessons *Au plaisier de Dieu* zeugen vom zähen Weiterleben im 19. und sogar im 20. Jahrhundert!

Der neue Verwaltungsadel

Neben dem alten Adel war etwa seit dem 16. Jahrhundert aus den Bedürfnissen der sich entwickelnden Staaten allmählich ein neuer *Beamtenadel* entstanden. Bürgerliche Juristen begannen in die Verwaltung einzudringen, denn ein Studium wurde nötig; man mußte Latein können, um das Römische Recht verstehen zu können, das allmählich das nicht mehr genügende alte Gewohnheitsrecht zu ergänzen oder zu ersetzen begann. Diesen Juristen mußte man den Adelstitel geben, denn man konnte sich bei den Fürsten einen Nichtadligen in so hohen Funktionen nicht vorstellen. So entstand die *Noblesse de robe,* der neue Adlige in der Robe des Magistraten, der als «Parvenu» neben die *Noblesse d'épée,* den alten ritterlichen Adel, trat. In manchen Fällen zog der alte Adel denn doch nach und begann seine Söhne an die Universitäten zu schicken, wo sie oft den trinkenden und duellierenden Bodensatz der juristischen Fakultät bildeten. Fritz Wagner sagt vom Beamtentum dieser Übergangszeit: «Der lange verschlungene Weg vom Amt als Pfründe zum Amt als besoldetem Staatsdienst hat nicht einmal in Preußen vom patrimonialen Charakter ganz weggeführt. Die Schicht staatlichen Beamtentums blieb überall dünn, nicht nur in England, sondern der gesamte Erdteil zeichnet sich durch unzählige Formen von Selbstverwaltung, wenn auch oft rudimentärer Art, aus. Es blieb bei Mischungen von staatlichem und ständischem Beamtentum, wobei die regionalen Einflüsse durch die Forderung des *Indigenats,* die Verwendung Eingeborener und Ansässiger, eine große Rolle spielen.»

Das oben genannte Beamtentum setzte sich vor allem im Frankreich Ludwigs XIV. durch. Ein Beobachter des spätern 18. Jahrhunderts spricht noch voll Bewunderung von den französischen Gerichtshöfen, den *Parlaments,* vom «Anstand, der Würde und Vornehmheit, welche die Pariser Advokaten in ihre Plädoirs legen, von der Kraft ihrer Argumente und von der Beredsamkeit, die sie zu entwickeln verstehen».[8]

Das Spanien der Bourbonen folgte dem französischen Beispiel, spät auch das Österreich der Maria Theresia. In Preußen geschieht der Übergang unter König Friedrich Wilhelm I. (1713–40). Man beginnt im 18. Jahrhundert Spezialschulen für Beamte zu errichten, im Reich nennt man sie Ritterakademien oder Kameralschulen. Bekannt geblieben ist die vom württembergischen Herzog Karl Eugen auf seinem Schloß Solitude errichtete Hohe Karlsschule, die Schule, der sich Friedrich Schiller durch seine Flucht entzog.

Die Laufbahn eines deutschen Beamtenadligen verlief in der Regel nach folgendem Muster: Sohn eines Beamtenadligen, der in der Landesverwaltung steht, juristisches Studium an der Landesuniversität und eventuell noch weiteren Hochschulen – mit Vorliebe Göttingen –, dann Übergang in den Fürstendienst; möglicherweise eine Zeitlang in Wien in der kaiserlichen Verwaltung, schließlich bei einem deutschen Landesfürsten. Hier – als Minister – der Versuch, Ordnung in die altväterliche Rechtstradition zu bringen und die Finanzen auf eine solide Basis zu stellen, ja wirtschaftliche und soziale Reformen zu verwirklichen. Wenn man Glück hat, so bleibt einem der Landesfürst stets gewogen, und man kann sein begonnenes Tagewerk zu Ende führen; hat man aber Unglück, so kommt der Moment, wo der aufgeschlossene Fürst verstirbt und man dem Nachfolger ausgeliefert ist, der, vom Hof und seinen Intrigen beeinflußt, einen mit Schmach und Schande entläßt.

Varianten dieses Beamtenschicksals hat besonders der württembergische Jurist Johann Jakob von Moser (1701–85) erlebt. Aus altem württembergischen Juristenadel stammend, ist er erst für kurze Zeit Professor der Jurisprudenz in Tübingen und Frankfurt. 1747 tritt er in den Fürstendienst beim Landgrafen von Hessen-Homburg, dann wird er Landschaftskonsulent in Stuttgart, d. h. Rechtsberater der württembergischen Stände. In dieser Stellung versucht er vergeblich, den absolutistischen Tendenzen seines Landesherrn, Karl Eugen, Einhalt zu gebieten. Der Konflikt geht so weit, daß ihn der Herzog 1759 bis 1764 auf dem Hohentwiel interniert, bis er durch Reichsintervention befreit wird, um weiterhin unentwegt die Arbeit am Versuch, das *alte Recht* mit moderner Landespolitik zu verbinden, fortzusetzen. In seinen ungemein zahlreichen juristischen Publikationen finden sich die für diesen Juristenadel maßgebenden Sätze:

«In meinen Ämtern und Schriften bin ich nie kein Parteigänger gewesen und habe mein Lebtag den Grundsatz nie angenommen: Wessen Brot ich esse, dessen Lied singe ich; sondern Recht ist bei mir Recht, und Unrecht ist Unrecht, es mag meinen Herrn, meine Prinzipalen oder sonsten treffen, wen es will; dahero ich mich auch weder in meinen herr- noch landschaftlichen Diensten, weder durch Versprechungen habe bewegen, noch durch Befehle nötigen oder durch Drohungen schrecken lassen, etwas zu verteidigen, so ich für ungerecht oder übertrieben halte.»

«Unter einem ehrlichen Mann verstehe ich hier einen solchen der sich zu allen Zeiten, in allen seinen Handlungen ohne einige Ausnahme rechtschaffen, aufrichtig und gerade bezeugt, mithin jederzeit ohne Falsch, ohne interessierte oder andere Nebenabsichten, ohne Menschengefälligkeit oder Furcht nach bestem Wissen und Gewissen handelt.»

Die Reihe der bedeutenden Vertreter des Beamtenadels ist lang. Sie finden sich an fast allen Höfen, kleinen und großen. Man denke nur an die harte und undankbare Rolle der aufgeklärten Minister im bourbonischen Spanien unter den an sich offenen Monarchen Karl III. und Karl IV. Zu nennen wäre etwa der große ökonomische Reformer Campomanes, der Inspirator der *Sociedades de los amigos del país,* oder Aranda, in welchem sich Freidenkertum, Fortschrittswille und der Glaube an die Sendung des Adels verbinden, der aber nach kurzer Wirksamkeit im Bildungs- und Finanzwesen auf den Botschafterposten nach Paris abgeschoben wird.

Zu den Beamtenadligen gehört derjenige, der bis heute am bekanntesten geblieben ist, Montesquieu, eine Zeitlang Präsident des hohen Gerichtshofes, des *Parlaments* von Bordeaux, der die Summe seiner praktischen und theoretischen Überlegungen im *Esprit des lois,* dem *Geist der Gesetze,* 1748 einem begeisterten Publikum vorlegte. Hier versuchte er für Frankreich eine gesetzmäßige und nicht von der Persönlichkeit des Königs abhängige Ordnung zu entwerfen.

Man könnte auch einen anderen Franzosen erwähnen, René-Louis d'Argenson (1694–1757), aus altem Pariser Amtsadel – der Vater Polizeichef von Paris, der Großvater Staatsrat Colberts –, er selbst ebenfalls Staatsrat, eine Zeitlang im obersten Finanzrat und Außenminister; als Beamter nicht sonderlich glücklich zwischen seinen klugen Ideen und den Hofkabalen. Seine 1764 nach seinem Tod erschienenen *Considérations sur le gouvernement ancien et présent de la France* wirkten wie ein zweiter *Esprit des lois.* Darin findet sich eine Betrachtung über die Stellung der Untertanen des Königs:

«Man hat vielleicht nie an das Maß Freiheit gedacht ... das die Gesetze den Untertanen lassen müssen, damit diese ihren ganzen natürlichen Schwung und den Antrieb zu großen Unternehmungen bewahren; an ein Maß Freiheit, das allerdings keine Maßlosigkeit duldet, wenn sie die allgemeine Ordnung stört.»

Dies war nicht nur Denken der Aufklärung, das war auch Ausdruck der Freiheitskonzeption eines unabhängig denkenden Mitglieds des Amtsadels oder auch des Adels überhaupt.

3. Die Geistlichkeit

Der Klerus, die Geistlichkeit, war ursprünglich der erste Stand in der Weltordnung. Allerdings fällt er eigentlich aus dem Rahmen dieser ständischen Ordnung, weil er – infolge des Zölibats – sich aus anderen Ständen rekrutieren muß. Sowohl der Adel wie das Bürger- und Bauerntum sorgen für die Rekrutierung der Geistlichkeit, so daß sich im geistlichen Stand die weltliche Ständeordnung wieder reflektiert. Außerdem spaltet sich die Geistlichkeit seit der Reformation in eine katholische und eine protestantische Gruppe, die sich zwar in vielem unterscheiden, aber dennoch gemeinsame Züge aufweisen.

Die Geistlichkeit war stets in die politische Welt eingebaut. Das zeigte sich immer noch in ihrem festen Sitz in den Parlamenten, soweit solche noch existierten. Der deutsche Reichstag hatte seine *geistliche Bank* besetzt mit Bischöfen und Äbten, und ebenso verhält es sich in den Reichskreisen. Frankreichs Stände kannten ihren zweiten Stand, den Klerus, auch hier in den Provinzparlamenten noch aktiv. Das englische Oberhaus ist aus geistlichen und weltlichen Lords zusammengesetzt, d. h., daß hier die anglikanischen Bischöfe ihre Vertretung haben.

Jeder Staat – ob protestantisch oder katholisch – besaß seine etablierte Kirche. Überall war sie straff organisiert, und selbst die calvinistisch-zwinglianischen Reformierten kannten im Amt des Antistes oder des Decans eine bischofähnliche Spitze.

Jedes Dorf besaß Pfarrhaus und Kirche mit ihrer finanziellen Absicherung durch die *Pfründe,* die die Reformation überdauert hatte! Die Pfarrer wurden nach wie vor als Hirten über den Schafen ihrer Gemeinde betrachtet und kontrollierten Gläubige und – Ungläubige. Kirchenbesuch war da wie dort selbstverständliche Pflicht. Schule und Sozialfürsorge unterstanden der

Aufsicht des Dorfgeistlichen. In unterster Instanz präsentierte er die geistliche Zucht und Gerichtsbarkeit. Die Kirche war hüben und drüben das Zentrum des Dorfes – wenn auch oft konkurrierend mit dem Dorfwirtshaus oder auch dem Adelssitz über dem Dorfe. – In den Städten wiederholte sich diese Ordnung in den verschiedenen Kirchengemeinden der Quartiere.

Der Geistliche war in der Regel der einzige Intellektuelle im ländlichen Bereich. Da das Theologiestudium nach wie vor an erster Stelle stand, bildeten die Geistlichen den eigentlichen Rückhalt der Bildung; Juristen gab es wenige, Mediziner noch weniger – und letztere verstanden noch nicht so viel wie heute. Theologen verwalteten das Lehramt an mittleren und höheren Schulen, sie waren nicht nur geistlicher Stand, sondern auch der Lehrstand.

Wenn auch viele Strukturen in beiden Konfessionen sich ähnlich waren, so hatte die Konfessionalisierung Europas doch große Unterschiede geschaffen; diese Unterschiede wurden besonders im 17. Jahrhundert betont, aber auch im 18. war im Volk die Konfessionalisierung noch stark verankert. «Papisten» und «Ketzer» standen sich nach wie vor in gegenseitiger Verachtung feindlich gegenüber.

Dort, wo sie zusammen wohnen mußten – in den paritätischen Gebieten wie im Deutschen Reich, in der Schweiz und bis 1685 in Frankreich –, ergaben sich unendlich viele Möglichkeiten lokaler Zwiste, bis man mehr oder weniger christliche Lösungen fand, indem man zum Beispiel einen zweiten Taufstein und eine zweite Kanzel in die Dorfkirche einbaute, den katholischen Chor durch einen Vorhang vom Kirchenschiff, dem Predigtraum, abtrennte, auf daß die Protestanten nicht dauernd dieses Ärgernis vor Augen hätten, das Glockenläuten genau regelte, den Friedhof fein säuberlich zweiteilte.

Voltaire schildert die französische Situation des 17. Jahrhunderts: «Der königliche Rat mußte Mandate betreffend Friedhöfe, um die sich die zwei Konfessionen im Dorf stritten, für einen reformierten Kirchenbau auf ursprünglich den Katholiken zugehörigem Boden, für die Schulen, für die Rechte der Inhaber der betreffenden Herrschaft, für die Beerdigungen, für das Glockengeläute erlassen, und nur selten gewannen die Protestanten ihre Prozesse.»[9] Diesen Zustand beendete 1685 Ludwig XIV.

mit der Revokation des Schutzedikts von Nantes, die zur aufsehenerregenden Massenemigration des französischen Protestantismus führte. Parallel lief die Ausweisung der Waldenser durch die Herzöge von Savoyen. Die Emigranten fanden Zuflucht in den protestantischen Nachbarländern und besonders in bestimmten deutschen Fürstentümern, wo zum Beispiel der hugenottische Stadtteil von Erlangen oder die Handelssiedlung Karlshafen in Hessen für sie erbaut wurden. In dessen Nähe gründete der Landgraf zwei Waldenserdörfer, *Gewissenruh* und *Gottstreu.* Weitere Waldensersiedlungen fanden sich im Württembergischen.

1711 vertrieb man die Protestanten aus Polen. Eine letzte spektakuläre Ausweisung erfolgte 1732 aus dem lutherisch gebliebenen Pinz- und Pongau des Erzbistums Salzburg. Die etwa 14 000 evangelischen Salzburger sind vor allem durch den preußischen König in Ostpreußen angesiedelt worden. Ein Teil folgte einer Einladung der *Society for the Promotion of Christian Knowledge* und zog über das Meer in die englische Kolonie Georgia. – In Frankreich wie im Piemont blieben allerdings Protestanten trotz aller Verfolgung zurück und reorganisierten sich im geheimen als *Kirche der Wüste* beziehungsweise das *«Israel der Alpen».* Deren Pfarrer wurden im bernischen Lausanne ausgebildet. Von der Mitte des Jahrhunderts an verhielt man sich in Frankreich allmählich toleranter gegen sie, 1781 erließ Joseph II. sein berühmtes Toleranzpatent, und da kamen alle die vielen übriggebliebenen nichtkatholischen Gruppen wieder aus ihren Schlupfwinkeln hervor, und gleich wurden in Wien eine lutherische und eine reformierte Kirche erbaut.

Ein Gegenstück zu diesen katholischen Verfolgungswellen um die Jahrhundertwende bildet die Unterdrückung der katholischen Iren durch die englische Krone. Irland hatte der Protestantisierung in großen Teilen widerstanden. Im 17. Jahrhundert verhärtete sich die Situation immer mehr, da Irland der Rückhalt aller Rekatholisierungsbestrebungen in England war. Die 1691 von Wilhelm III. versprochene Glaubensfreiheit blieb Buchstabe. Katholische Schulen, katholischer Unterricht, Besuch ausländischer Schulen blieb verboten. Erst gegen Ende des Jahrhunderts lockerten sich die Bestimmungen: 1778 Erlaubnis zur Erbpacht, 1783 Freigabe des katholischen Gottesdienstes und Abschaffung des Zwangs zur Teilnahme an anglikanischem Gottesdienst. Inzwischen war aber der nordöstliche Teil des Landes – Ulster – durchprotestantisiert worden und damit eine große Hypothek für die weitere Zukunft der Insel entstanden.

Die katholische Geistlichkeit

Spanien und Portugal mit ihren großen Kolonien in Lateinamerika, alle italienischen Monarchien und Republiken, Frankreich, Alt-Österreich und das Königreich Polen bildeten geschlossene römisch-katholische Herrschaftsgebiete. Im Deutschen Reich waren das Kurfürstentum Bayern, die Bistümer am Main und am Rhein und viele kleinere Herrschaften, besonders im Süden, katholischer Konfession. Ein ähnlich buntes Bild bot die Schweiz, wo die Mehrheit der Kantone – allerdings die kleineren und wirtschaftlich schwächeren – geschlossen katholisch war.

Das war das katholische Europa. Hier stand man bewußt in der uralten Tradition seit der ersten Christianisierung. Man verehrte nach wie vor mit Inbrunst die alten Heiligen. Benediktinerklöster zeugten von mittelalterlicher Kultur, Burgen der Ritterorden erinnerten an die Kreuzzüge, Franziskaner- und Dominikanerklöster an die Sozialarbeit in den spätmittelalterlichen Städten. Allerdings hatten die Kapuziner im Bauernvolk und die Jesuiten bei den Gebildeten einen neuen Wind gebracht, und viele romanische und gotische Kirchen waren durch barocke ersetzt oder zumindest stilistisch umgewandelt worden. Dies war äußeres Zeugnis einer neuen Orientierung im Katholizismus. An die Stelle der lässigen, relativ freien und außerordentlich bunten Welt im Herbst des Mittelalters war eine straffere, einseitigere getreten. Man hatte eben doch den Norden, große Teile Deutschlands und der Schweiz und ganz England und Schottland verloren und damit wohl einen bestimmten «völkerpsychologisch» andersartigen Teil der Kirche. Daß Frankreich trotz der Unterdrückung der Hugenotten protestantisch infiziert war, sollte sich in der so entschiedenen französischen Aufklärungsbewegung zeigen!

Von den Königen waren alle, mit Ausnahme der zwei skandinavischen, des englischen und des preußischen, katholischer

Konfession. Aber gerade diese Könige machten der immer noch von Rom aus zu regierenden Kirche Mühe. Schon längst hatten die Monarchen nur ungern Rom gehorcht und sich mit der Zeit allerhand Vorrechte zu verschaffen gewußt. Man hatte zwar versucht, im Konzil von Trient (1563) dem Papst bzw. der Kurie die einstige Macht zurückzugeben, man hatte versucht, die Bischöfe zu disziplinieren, und verfügte überall über einen der Kurie recht ergebenen Klerus; aber schon im 17. Jahrhundert regte sich vor allem in Frankreich die Tendenz, römische Gesetze erst zu prüfen, bevor man sie dem Volk mitteilte. Im 18. Jahrhundert wurden nun auch die lateinischen Monarchien immer selbständiger. So gut wie alle machten ihre bewußte antikuriale Periode durch. Bestimmte Minister, Pombal in Portugal als erster, dann Aranda in Spanien, Tanucci in beiden Sizilien, versuchten der Kirche insbesondere die Schule zu entziehen und die Aufsicht über die Priesterausbildung zu gewinnen sowie kirchliches Gut unter letztlich staatliche Kontrolle zu bringen. Schließlich wurden auch unter Maria Theresia und Joseph II. Österreich und seine weitverzweigten Dependenzen davon erfaßt. Nicht nur erließ Joseph II. 1781 sein Toleranzpatent, sondern mit Hilfe eifriger und ergebener Bischöfe suchte er die katholische Kirche in staatlichen Griff zu bekommen. Es ging um nichts weniger als um das Nachholen dessen, was die protestantischen Fürsten vor 250 Jahren ins Werk gesetzt hatten und was sich äußerlich vor allem in der Aufhebung «unnützer» Klöster äußerte.

Auch wenn es sich bei dieser antikurialen Bewegung um einen Griff des Staates auf die Kirche handelte, so blieb die traditionelle Struktur der Kirche unangetastet. So bot denn die katholische Kirche das ganze Jahrhundert hindurch durchaus noch das gleiche Bild wie in den vorhergehenden.

Auf der untersten Stufe der Weltgeistlichkeit befand sich der Kleriker, der in den Dörfern tätig war, in der Dorfpfarrei oder in den Kaplaneien. Häufig war dieser sogenannte *Niedere Klerus* bäuerlicher Herkunft und gerade darum oft recht volksverbunden. Ausgebildet war er an den Priesterseminaren der Bistümer. Nach wie vor war seine erste Funktion der Gottesdienst, d. h. das Messelesen, verbunden mit der Seelsorge, in welcher die Beichte eine erste Rollte spielte. Die lateinische Liturgie war wichtiger als intellektuelle Bildung, und gebildete Kleriker wie

Laien klagten über deren Mangel. Kein Geringerer als der französische Katholik Péguy hat zu Beginn unseres Jahrhunderts gesagt: «Die Juden lesen seit dreitausend Jahren, die Protestanten seit vierhundert, ich erst seit meiner Großmutter.» Diese bittere Feststellung gilt für das Bauernvolk und die städtischen Unterschichten. Beim höheren Klerus war das anders.

Der höhere Klerus – die Bischöfe, die Geistlichen am bischöflichen Hof oder in städtischen Chorstiften, Geistliche an städtischen Hauptkirchen oder gar am fürstlichen Hof – mußte über ein besseres Niveau verfügen. Es wimmelte in diesem Jahrhundert ja nur so von gebildeten und geistreichen *Abbés,* und ein schöner Teil der französischen, spanischen und italienischen Literatur ist von Geistlichen geschrieben. Abbé Nollet galt z. B. als der beste Physiklehrer in Paris. Abbé Mably verfaßte staats- und moralphilosophische Werke, die für die Vorbereitung der Französischen Revolution starke Bedeutung erhalten sollten. Dieser gebildete Klerus rekrutierte sich aus dem städtischen Bürgertum und dem Adel. In Deutschland kam noch dazu, daß Bistümer immer noch den Doppelcharakter von geistlicher und weltlicher Herrschaft trugen. In – und manchmal auch außerhalb – ihrer geistlichen Diözese verfügten sie seit alten Zeiten über eine fürstliche Herrschaft, die im Fall der drei Kur-Erzbistümer Mainz, Köln und Trier sowie in Lüttich, Münster, Würzburg, Bamberg, Salzburg die Größe eines mittleren deutschen Fürstentums, etwa der Kurpfalz oder Württemberg, aufweist. Wenn zum Beispiel der Erzbischof von Salzburg nach Wien ging, so reiste er mit allem Pomp eines fürstlichen Souveräns. «Er hatte nicht nur seine persönliche Dienerschaft bei sich, sondern auch seinen Kammerherren, den Hofratsdirektor, seinen Berater in geistlichen Dingen sowie eine eigene Küchenbrigade, den Zuckerbäcker nicht zu vergessen. Außerdem gehörte noch eine kleine Musikabteilung zum Gefolge.»[10]

Der römische Nuntius in Wien – es war der jansenistisch gesinnte Domenico Passionei – sagte einmal, *Episcopi Germaniae non sunt episcopi, sunt Domini* – die deutschen Bischöfe sind nicht Bischöfe, sondern Fürsten, etwa in der Art des Franz Konrad Kasimir von Rodt-Bussmannshausen, Kardinal und Fürstbischof von Konstanz, den einer seiner Dorfgeistlichen folgendermaßen schildert: «Dieser Kirchenprälat hat sich mehr Ansehen durch seine hohe Würde, angeborene Leutseligkeit und große Leibsgestalt, als durch die Gelehrtheit und Heiligkeit der Sitten erworben ... gleich seinen Vorfahren hat er sein Bistum nur in der Person seiner Weihbischöfen, deren Heimsuchung von keiner sonderbaren Auferbauung, visitiert ... er ließe sich meistens von denen Jesuiten leiten, und anführen, für welche er eine so blinde Hochachtung getragen, daß er bei der Tafel, da ihm die Bulle der Aufhebung dieses Ordens überreicht worden, selbe zum zweitenmal in einen Winkel geschmissen, ob welchem er einen derben Verweis von Rom aus solle empfangen haben. Der Jagd ware er ungemäß ergeben, unterhielte eine namhafte Zahl der Jägern und Jagdhunden, und rannte oft in der Gutsche, auf dero Hinterteil ein erbeuteter Hirsch geflochten ware, durch die Straßen und Reihen der hungrigen Bürgeren der Stadt Konstanz triumphierlich nach seinem bischöflichen Sitz Meersburg ... wie weit herrlicher wäre sein Angedenken gewesen, wann er sich seinen Untergebenen mit apostolischem Schweiß befeuchtet gezeiget, und die Armen mehr mit den überflüssigen Einkünften als mit der Eitelkeit seiner fürstlichen Pracht gespiesen hätte.»[11]

Es gab allerdings auch Bischöfe, die dem hier gezeichneten apostolischen Ideal nahe kamen. Vorbild war hier für alle Fénelon, der französische Bischof, der Ludwig XIV. getrotzt hatte und am Beginn einer katholischen Reformbewegung stand. Es gab Bischöfe, die sich mit Eifer der Besserstellung ihrer Untertanen widmeten oder viel zur Förderung des geistigen Niveaus ihrer Diözese taten, so etwa Franz Friedrich Wilhelm von Fürstenberg, Generalvikar von Münster, oder Emmerich Joseph von Breidbach-Dürresheim, Kurfürst und Erzbischof von Mainz. Die geistlichen Fürstentümer standen im allgemeinen nicht schlecht da, wenn man sie mit den weltlichen verglich.

Der Ausspruch ... *sunt domini* gilt aber nicht allein für die deutschen Bischöfe. Die französischen etwa besaßen zwar keine politische Souveränität, aber große Herren konnten sie doch sein, wie etwa der eitle Straßburger Bischof Fürst-Kardinal Louis René von Rohan, der sich um 1785 in die Halsband-Affäre verwickeln ließ, eine der peinlichsten Hofaffären Frankreichs um Kauf und Geschenk des berühmtesten Schmuckstücks der Zeit für die Königin Marie-Antoinette. Die Lebensführung solcher Geistlicher war der Grund zum Zorn, der sich schließlich in der Französischen Revolution mit der Aufhebung von Kirche und Christentum 1793/94 Luft machen sollte.

Solche hohen Geistlichen waren einfach Adlige, die der Zufall in ein geistliches Gewand gesteckt hatte und die wie ihre Brüder und Cousins das standesgemäße Leben führen wollten und sich oft keinen Deut um ihre kirchlichen Obligationen kümmerten. Hohe kirchliche Ämter waren zu Pfründen bestimmter Familien geworden. Hier konnte man die überzähligen Kinder versorgen und familienpolitischen Einfluß ausbauen.

Für den Eintritt in die Domkapitel, die für die Verwaltung des Bistums gedacht waren, nun aber eigentliche Sinekuren mit guten Einkünften bildeten, verlangte man im Reich seit dem 17. Jahrhundert nicht mehr die alte einfache Adelsprobe von vier adligen Vorfahren, also den Großeltern, sondern steigerte das zu Sechzehnerproben, also bis zu den Urgroßeltern, ja gelegentlich bis zu zweiunddreißig Proben. Es machte sich gut, einige Fürstbischöfe in der Familientradition zu wissen.

Zur Weltgeistlichkeit trat die Ordensgeistlichkeit mit ihren Mönchen und Nonnen verschiedenster Herkunft, in Klöstern verschiedenster Observanz, Tradition und sozialer Bedeutung mit oft sehr vornehmen Äbten und Äbtissinnen – in Deutschland häufig mit reichsständischem Rang. Über die alte klösterliche Struktur hatte sich mit der Gegenreformation zusätzlich das dichtmaschige Netz von Kapuzinerklöstern und Jesuitenkollegien gelegt. Neben sie waren neuere Orden wie die Salesianerinnen, die Kapuzinerinnen, die Eudisten und andere getreten, welche vor allem die strenge Zucht der barocken Katholizität pflegten. Die Andachtsübungen der Laien-Tertiarierorden, die Marterwerkzeuge, die sich in manchem Adelsschloß fanden, zeugen davon, daß innige Frömmigkeit vor allem bei den Frauen auch im 18. Jahrhundert nicht erstorben war. Für eine einfache weibliche Bildung sorgte der Orden der Ursulinen. Nach wie vor wirkte der bäuerlich-grobe Kapuziner einfach und volksverbunden im ländlichen Bereich oder in städtischer Unterschicht, als willkommene Hilfe für die Weltgeistlichkeit. Den eleganten und gebildeten Jesuiten aber, die immer noch das mittlere und höhere Schulwesen verwalteten, wurde im Laufe des Jahrhunderts der so sicher besessene Boden entzogen, und

1773 verfügte der Papst die Aufhebung des Ordens, die schon in etlichen Staaten erfolgt war. Dies bedeutete einen allerdings nur sehr vorläufigen Sieg katholisch-staatlicher Aufklärung.

Daß ein Papst – wenn auch wider Willen – von den katholischen Monarchen gezwungen werden konnte, diese Stütze der Kurie aufzugeben, zeigt, wie schwach in diesem Jahrhundert die Stellung der Päpste geworden war. Diese acht Italiener aus vornehmer Familie versuchten vergeblich, sich den antikurialen Bewegungen entgegenzustellen. Die Könige verkehrten höflich mit ihnen, aber taten, was ihnen ihre antikurialen Minister anrieten. Mit der einen Ausnahme von Benedikt XIV. (1740–58) wurden sie auch von der literarisch-wissenschaftlichen Welt kaum ernst genommen. Der Papst war nicht viel mehr als ein italienischer Fürst, in einem schlecht regierten veralteten geistlichen Fürstentum, das sich Kirchenstaat nannte und dessen Herrscher den höchsten kirchlichen Titel trug. Der Tiefpunkt war erreicht, als Napoleon ungestraft zuerst den greisen Papst Pius VI. und später dessen Nachfolger Pius VII. aus Rom vertreiben ließ und als exilierte Gefangene behandeln konnte.

Die protestantische Geistlichkeit

Dem äußerlich und strukturell geschlossenen Katholizismus stand eine differenzierte protestantische Welt gegenüber, die konfessionell in drei Hauptgruppen zerfiel. Die lutherische Gruppe umfaßte viele deutsche Fürstentümer und Reichsstädte, insbesondere das Königreich Preußen, die Kurfürstentümer Sachsen und Hannover, das Herzogtum Württemberg als größere geschlossene Gebiete; dann die zwei nordischen Königreiche, Dänemark mit Norwegen und Schweden mit Finnland, und schließlich das russisch regierte Baltikum, Estland, Livland und Kurland. Dazu kamen Minoritäten im französischen Elsaß und im Königreich Ungarn.

Zur reformierten Gruppe, d. h. zu der zwinglisch-calvinistischen Konfession, gehörten die Mehrheit der Schweiz, die Republik Genf und die Republik der Niederlande – und mit ihr auch die entsprechenden Kolonien, besonders Südafrika. Dazu traten einige westdeutsche Fürstentümer wie die Kurpfalz und Hessen-Nassau sowie die Presbyterianer – als Mehrheit im Königreich Schottland, als Minorität in England. Restbestände des Hugenottismus fanden sich in Frankreich, vor allem im Süden. Die in einigen piemontesischen Alpentälern verbliebenen Waldenser wurden im 18. Jahrhundert vom Staat geduldet. Im ehemals türkischen Ungarn war die Mehrheit der Bevölkerung calvinistisch. In dieser konfessionellen Gruppe hielten sich selbständige Staaten mit reformierter Staatsreligion und solche, in denen die Reformierten minoritäre Positionen einnahmen, die Waage. Infolge Auswanderung war ein Großteil der nordamerikanischen Provinzen calvinistisch geprägt, doch nur in wenigen – vor allem in Massachusetts – bestimmten die Calvinisten allein die Dinge.

Die dritte staatskirchliche Gruppe bildeten die Anglikaner – Staatskirche in England und allerdings in sehr prekärer Position in Irland und minoritär in Schottland. Anglikaner waren natürlich auch in den englischen Kolonien anzutreffen.

Die Reformation hatte bekanntlich zur Absplitterung von radikaleren Gruppen geführt, die sich nicht in die Staatskirchen der Reformation finden konnten. In manchen Ländern – etwa in der Schweiz – lebten immer noch Wiedertäufer, aber periodisch verfolgt. Nur in Holland und in England begann man solche *Sekten* zu dulden. Aber im übrigen Europa war derlei unmöglich. Wohl aber in den englischen Kolonien, wo die *Freikirchen* allmählich dem amerikanischen Wesen ihren Stempel aufdrückten. So wichtig sie für die Religions- und Sozialgeschichte sind, so waren sie doch im Europa des 18. Jahrhunderts immer noch gesellschaftliche Randgruppen. Gesellschaftlich zählte bis weit ins 19. Jahrhundert hinein die Staatskirche, und da gab es nur die drei Möglichkeiten: lutherisch, reformiert oder anglikanisch.

Sosehr man in der Reformationszeit und besonders im orthodoxen 17. Jahrhundert die dogmatischen Unterschiede zwischen diesen drei Gruppen betont hatte und sich gegenseitig fast so verabscheute wie den gemeinsamen römischen Feind – in gewissen Strukturen gleichen sich die drei Gruppen.

Sie sind landeskirchlich organisiert. Der betreffende Staat – ob Republik oder Fürstentum ist nicht so wichtig – beziehungsweise die betreffende Obrigkeit ist als christliche Obrigkeit auch für die Kirche verantwortlich. Die katholische *Freiheit* der Kirche vom Staat, ihre päpstliche Selbständigkeit fällt damit weg. Die Geistlichkeit ist Teil der Staatsfunktionäre, verlängerter Arm der Obrigkeit. Von der Kanzel werden die landesherrlichen Verordnungen bekanntgegeben. Die Geistlichkeit besitzt allerdings Sonderstatus und hat viel Verantwortung und Einfluß im Staate.

Die Pfarrschaft ist ein Stand mit ausgesprochenen Standesmerkmalen. Sie ist organisiert, hat ihre eigene Verwaltung: Im Anglikanismus wird die bischöfliche katholische Organisation beibehalten, im Luthertum finden wir Superintendent und Konsistorium, bei den reformierten Antistes und Konvent der Stadtpfarrerschaft, in manchen Gebieten noch die Pfarrsynode aller Pfarrer als ständische Versammlung – deutlich etwa in der Republik Graubünden oder im Fürstentum Neuenburg.

Weil die Klöster und ähnliche Institutionen wegfallen und die Vielzahl der Geistlichen drastisch reduziert ist, so ruht weit mehr Verantwortung auf dem einzelnen Pfarrer. Seine Aufgabe ist einmal die Predigt, d. h. die Wortverkündung in Form der Bibelinterpretation. Ein obligatorischer Katechismusunterricht führt zur Intensivierung des Volksschulunterrichts und ist ein Teil des Kampfes gegen den Analphabetismus, den man nun seit 200 Jahren führt. Mit der neugeordneten Armenfürsorge – nur noch für *würdige Arme* – spurt man in ein neues Arbeitsethos ein. Das ehemalige geistliche Gericht nimmt bei den Reformierten die besondere Gestalt des Sittengerichtes in jeder Pfarrei an. Hier wird das Laienelement intensiv beigezogen, da diese Gerichte aus den Gemeindevorstehern bestehen und der Pfarrer nur beisitzende Funktion hat. Das ganze System ist auf intellektuelle Schulung und gezielte Erziehung ausgerichtet. All dies konnte man im 18. Jahrhundert mit seinem pädagogischen Impuls mühelos ausbauen und intensivieren.

Wie bei den Katholiken lag das Lehramt in geistlichen Händen – aber weit stärker in die staatlichen Schulsysteme eingebaut als bei den international ausgerichteten Jesuiten.

In der Ausbildung lag das Schwergewicht auf der lateinischen, griechischen und hebräischen Philologie, das heißt auf den biblischen Sprachen. Da die Liturgie sich stark reduziert hatte, konnte mehr Energie auf wissenschaftliches Studium verwendet werden. Gemeinsam mit der katholischen Ausbildung blieb eine allgemeine humanistische Grundlage.

Die soziale Herkunft der Geistlichen, die im 16. Jahrhundert noch teilweise bäuerlich gewesen war, wurde immer städtischer bzw. bürgerlicher. Der geistliche Beruf war ein Aufstiegsberuf aus dem Kleinbürgertum der Handwerker. Bald bildeten sich eigentliche Pfarrdynastien. Die evangelische Geistlichkeit war die gelehrte Oberschicht des betreffenden Territoriums. Die Theologen waren nicht nur als Geistliche, sondern als Intellektuelle an sich geachtet. Die Pfründen, die man wohlweislich aus katholischer Vergangenheit weiterführte, gewährten mehr oder weniger ein genügendes Auskommen und genügend Muße für intellektuelle Arbeit.

Da die protestantischen Kirchen den Zölibatszwang ganz bewußt aufgehoben hatten – den die Gegenreformation für die katholischen Geistlichen noch verschärfte –, schufen sie eine neue soziale Institution, das *protestantische Pfarrhaus,* d. h. die Pfarrfamilie mit der Pfarrfrau und den Pfarrerskindern, eine Modellfamilie bürgerlichen Zuschnitts, die sich im 16. Jahrhundert als Neuheit herausbildete, im 17. verfestigte und im 18. zu voller Blüte kam. Insbesondere wurde hier für die Frau eine neue Position aufgebaut, da sie innerhalb der Pfarrgemeinde ein Vorbild weltlicher Tugenden zu sein hatte. Die Pfarrfrau – oft selbst aus einem Pfarrhaus stammend – konnte ihrem Mann eine vollwertige Partnerin sein. Auf wenig hundert Einwohner kam immer eine Pfarrfamilie mit ihrer Kinderschar. Von diesen Kindern ergriff in der Regel mindestens eines wiederum den Pfarrberuf, und die Töchter konnten Pfarrer heiraten. Damit wurde ein intellektuelles Erbe von Generation zu Generation weitergegeben. Die schon genannten Pfarrdynastien sind typisch für alle protestantischen Territorien. Der Lebensstil war von Land zu Land verschieden. In England war der anglikanische Klerus oft mit der Gentry verflochten. In Frankreich hatte der 1695 liquidierte protestantische Pfarrerstand großbürgerlichen Anstrich. In der Schweiz war er ausgesprochen hauptstädtisch und munizipalstädtisch-bürgerlich mit gelegentlicher Beziehung zum Patriziat. Ähnlich stand es in Deutschland und Skandinavien, wo in lutherischer Tendenz man noch näher beim Typus des Amtsträgers war und sich in gesellschaftlicher Verbindung mit dem Adel befand, auch wenn nur Hofprediger und Superintendenten gelegentlich in den Adel hineinheirateten.

Allerdings darf man nicht vergessen, daß es auch Hungerpfarreien in abgelegenen Gebieten gab und daß die Vikariatszeit oft ein langer bitterer Weg war mit bescheidenen und oft mühevollen Lehrstellen bei Adligen oder an den Lateinschulen. Servilität den Regierenden gegenüber konnte wechseln mit Unabhängigkeit aufgrund der Freiheit des Evangeliums.

Ob in irgendeiner englischen Grafschaft zwischen Cornwall und Yorkshire oder im schwedischen Dalarne, in der Mark Brandenburg oder im Herzogtum Württemberg, im waadtländer Jura oder im graubündnerischen Engadin, ob englisch, schwedisch, norddeutsch oder schwäbisch, französisch oder rätoromanisch – überall traf man letztlich den gleichen Typus des Pfarrhauses an, idyllisch verherrlicht in Vossens *Luise* oder gemütlich ironisiert in Goldsmiths *Vicar of Wakefield*.

4. Das städtische Bürgertum

Das Bürgertum in Republik und Monarchie

Unter dem *Dritten Stand* begriff man an sich den Rest der Menschheit, das heißt: die erdrückende Mehrheit aller. Schon längst aber war der dritte Stand differenziert, zumindest konnte man auf den ersten Blick den in der Stadt wirkenden Bürger und den das Land bearbeitenden Bauern unterscheiden.

Jerzy Wojtowicz sagt in seinem Buch über die Stadt im 18. Jahrhundert: «Die europäischen Städte zur Zeit der Aufklärung traten nach der Epoche von Kriegen, Epidemien und Hungersnöten, die in der ersten Hälfte des XVIII. Jahrhunderts noch vorkamen, in eine Phase schneller Entwicklung. Das Entstehen neuer Industriezweige, die Zuströmung großer Bevölkerungsmassen vom Dorf, die Entwicklung des politischen Lebens, des Handels – das alles begünstigte die Entwicklung der Städte. Am schnellsten wuchsen die englischen Städte, an deren Spitze das riesige 800 bis 900 Tausend zählende London stand. Frankreich besaß vor der Revolution 1175 Städte, davon 60 mit mehr als 10 Tausend Einwohnern. Die größte Stadt war das 600 Tausend zählende Paris. Auf der iberischen Halbinsel waren Madrid mit seinen 160 Tausend Einwohnern und Lissabon die größten

Städte. Zu den größten europäischen Städten gehörten außerdem Warszawa zur Zeit des Grossen Sejms, Berlin, Wien, Amsterdam.»

Das städtische Bürgertum war im 12. und 13. Jahrhundert schon zu einem wirtschaftlichen und politischen Faktor geworden, mit dem Adel und Geistlichkeit zu rechnen hatten. Aus dem späten Mittelalter stammten dann auch die noch existierenden festen städtischen Vertretungen in den Parlamenten der Monarchien, etwa die Städtebank im Deutschen Reichstag oder die Vertretung der *Boroughs* im englischen Unterhaus.

Nur in wenigen Teilen Europas war es den Städten gelungen, zu selbständigen Republiken zu werden. Aus einem Bündnissystem von städtischen und ländlichen Kommunen war die Eidgenossenschaft im 15. Jahrhundert entstanden und zu Ende des 16. die Republik der Vereinigten Niederlande. Als Stadtstaaten waren Venedig, Genua, Lucca und San Marino aus der italienischen Städtebewegung noch übriggeblieben, und das altfreie Ragusa hörte 1718 auf, den Türken Tribut zu zahlen.

Alle anderen Städte Europas unterstanden einer Monarchie. Am unabhängigsten waren die deutschen Reichsstädte. 1803 zählt man noch ein halbes Hundert. Bedeutend waren immer noch Frankfurt, Nürnberg, Augsburg und vor allem die drei Hansestädte Bremen, Hamburg und Lübeck. Dann nahm das Gewicht ab über solche, die zumindest noch ein wirkliches Territorium besaßen, wie Schwäbisch-Hall, bis zu den sozusagen verdorften wie Buchau am Federsee. In mittlerer und noch recht wackerer Position befand sich eine Stadt wie Lindau im Bodensee, die wir hier als Beispiel nehmen möchten: Wir folgen der Beschreibung, die der österreichische Staatsmann Graf Karl von Zinzendorf 1764 von dieser Stadt verfaßt hat:

«Den besten Hafen auf dem See hat die freie Reichsstadt Lindau. Sie steht auf zwei Inseln des Bodensees.»

«Die Einwohner sind meistens Protestanten; doch ist daselbst zu u(nserer). l(ieben). Frauen ein katholisches, freies, weltliches, unmittelbares Stift, welches aus seiner Äbtissin, die des Heiligen Römischen Reichs Fürstin ist, und aus 12 adeligen Chorfrauen besteht, die aus dem Stifte heiraten können.»

«Man rechnet an die 500 Bürger und einige tausend Einwohner in der Stadt.»

«Sie hat auf dem Reichstage unter den Reichsstädten der schwäbischen Bank die fünfzehnte, bei dem schwäbischen Kreise aber unter den Reichsstädten die zwölfte Stelle.»

«Die Reichsstadt Lindau hat ein ziemlich ansehnliches Gebiete ... Drei Dörfer, Weiler und Schlösser liegen unter der Stadt ihrer hohen und niedern Gerichtsbarkeit; über das vierte aber, nebst noch anderen Orten, hat die Stadt nur die niedere Gerichtsbarkeit.»

Diese kleine republikanische Herrlichkeit hat Hermann Heimpel im Rückblick auf seine Kindheit mit folgenden Worten festgehalten: «Lindau war eine kleine Stadt, doch keine Kleinstadt, nicht verstumpft und versauert wie ihre reichsstädtischen Schwestern. Der See gab ihr die Weite, der Säntis, die Lage an der Grenze, am Fuß der Pässe, noch immer die Geschichte. Den Getreidehandel ersetzte der Verkehr der Fremden. So fremdenfeindlich sich alle Lindauer geben mochten, sie lebten mit. Es gab viel Besuch, und er wurde reich bewirtet. Man widmete sich seinen Gästen, machte die Arbeit am frühen Morgen und feierte die Feste am Nachmittag. Die Leute waren reich und fröhlich, sie machten familienweise Partien auf den Pfänder und auf den Gebhardsberg und tranken reichlich und mäßig Wein im Weissen Kreuz zu Bregenz. Man lebte mehr, als man las ...»

Diese Schilderung trifft durchaus die Situation zu der Zeit, da Lindau noch Reichsstadt war und noch nicht der bayerischen Krone unterstand.

Wir können die Reichsstadt Lindau mit der nächstgelegenen Reichsstadt, dem 20 Kilometer entfernten Buchhorn, vergleichen, um den bescheidenen Typus erfassen zu können. Zinzendorf beschreibt hier so: «Buchhorn, eine freie Reichsstadt am Bodensee; deren Einwohner römischkatholisch. Der Bürger sind etwa 60. Die Einwohner werden für die einfältigsten in ganz Schwaben gehalten; und man sagt ihnen solche Stückchen nach, wie etwa denen von Schilda in Meissen. Die Stadt an sich ist gar arm; der Verschleiß des bayrischen Salzes aber gibt ihr etwas Verdienst». Kein Wunder, daß diese Reichsstadt nach der 1803 erfolgten Aufhebung der Reichsstandschaft mit dem königlich württembergischen Friedrichshafen verschmolzen wurde!

Eine ähnlich selbständige Stellung wie die Reichsstädte besaßen die englischen *Boroughs.* Auch hier fand man die große

Ungleicheit in der Bedeutung. London war Weltstadt und konnte im Parlament den Ton angeben. Würdige Kathedralstädte waren immerhin noch regionale Zentren. Dann aber gab es solche, die restlos verdorft waren oder überhaupt nicht mehr existierten, wo einfach am ehemaligen Territorium – zum Beispiel einer Wiese oder einer stillgelegten Salzgrube – noch das Recht, ein Parlamentsglied zu ernennen, haftete. 1832, in der *Reform Bill,* erreichte diese *rotten boroughs* das Ende, und schon längst aufstrebende neue Städte – wie etwa Birmingham – erhielten endlich ihre Parlamentssitze.

Andere Städte waren Residenzen, wo der Hof den Ton angab, Verwaltungszentren mit königlicher Beamtenschaft, Garnisonsstädte, Handelsmetropolen, regionale Marktzentren oder kleine, verschlafene Provinzstädtlein, wo man sich in einer vergangenen Pracht sonnte. Natürlich besaßen sie noch eine eigene Stadtverwaltung. Aber in Frankreich werden z. B. seit 1680 die Oberhäupter der Städte nicht mehr von den städtischen Räten ernannt, sondern von der Zentralregierung. Alles Wesentliche hing in solchen Städten nicht mehr von der städtischen Entscheidung durch die Bürgerschaft ab. Hier konnten sich kein rechter Bürgerstolz und keine rechte *Bürgerlust* entwickeln, da das historische Bewußtsein einer republikanischen einstigen Größe fehlte und man Schritt auf Tritt von adliger Welt umgeben war.

Ob Republik oder unfreie Stadt, die Tätigkeit der Bürger, die soziale Zusammensetzung war ähnlich. Die Bürgerschaft beschäftigte sich immer noch mit dem traditionellen Handwerk, das die Stadt einst geprägt hatte. Je nachdem konnte der Handel eine größere Bedeutung und sich aus dem Gewerbe eine Industrie mit kaufmännischer Prägung entwickelt haben. Ein gewisser Teil der Bürgerschaft war in der städtischen Administration beschäftigt, meist im Nebenamt. Die Geistlichkeit umfaßte einen nicht unwesentlichen Teil der Bürgerschaft, in Zürich ein Sechstel. Größere Städte besaßen ja mehr als eine Stadtkirche, und katholische verfügten über die üblichen Klöster: Franziskaner, Kapuziner, Dominikaner, Clarissinnen, Ursulinen und das Jesuitenkollegium. Dem letzteren entsprach in protestantischen Städten die Lateinschule. Manche Städte waren Sitz einer Universität oder Hohen Schule. Neben die Geistlichkeit trat damit auch ein Gelehrtenstand von Theologen, Juristen und einigen Medizinern. Advokaten und Apotheker ergänzten den akademischen Charakter einer größeren Stadt. Die Bürgerschaft verfügte dank einer guten Schulung über eine gewisse Bildung. Es wurde viel gelesen, mit Vorliebe Bücher über religiöse Naturerklärung, über Sittenlehre wie über *Curiosa* aus aller Welt. Das politische Selbstverständnis führte auch zu vermehrtem historischem Interesse.

Zur Stadt gehörte in der Regel ein kleineres oder größeres Territorium, wo man die Verwaltung wahrnahm. Weitaus das größte Territorium besaß Venedig: die *Terra ferma* vom Comersee bis ins Friaul, den Küstenstreifen an der Adria und die Ionischen Inseln vor Westgriechenland. Genua verfügte über die Ligurische Küste, Lucca besaß ein Hinterland mittlerer Größe. Hall, Nürnberg, Rothenburg, Ulm und Rottweil hatten den Umfang eines mittleren Schweizerkantons. Nördlich der Alpen war Bern der größte Stadtstaat, von den Toren Genfs bis in die Mitte der Schweiz. Die Republik führte die Fürstenkrone über dem Berner Bär und ließ den Schultheiß auf einem Thron Sitz nehmen. Berns Territorium entsprach im Umfang etwa dem Herzogtum Württemberg.

Von den demokratischen Ansätzen des 14. und 15. Jahrhunderts – der Zunftbewegung – war meist nur noch ein Abglanz vorhanden. Die Zunftvorstände saßen zwar oft noch irgendwie im Regiment, aber die eigentliche Macht lag in der Hand einer Oligarchie sei es von landbesitzenden Patriziern, die gerne adliges Leben führten und oft kleine Herrschaften besaßen, oder Kaufleuten mit ihrer wirtschaftlichen Schlüsselstellung. Die Stadtgeschichte ist voll von innerer Bewegung, von Reaktionen der Zünfte, der Handwerker gegen die Kaufleute und der Kaufleute gegen das Magistratenpatriziat. Am härtesten wurde dieser Kampf das ganze Jahrhundert hindurch in der Republik Genf geführt, wo sich die Großunternehmer dieser industrialisierten Stadt gegen die alten Familien, die in der Stadtregierung saßen, auflehnten und wo sich auch schon die Arbeiterschaft in den Kampf einmischte. Der ideologische Streit um Rousseau, den *Bürger von Genf*, gab dieser lokalen Auseinandersetzung allgemeinen Charakter. Nach gewissen Erfolgen wurde 1782 das Patriziat durch eine vereinte bewaffnete Intervention der

Monarchien und Aristokratien von Frankreich, Savoyen und Bern wieder in seine Rechte eingesetzt. Genf war wie Holland ein Vorspiel der Pariser Revolution, ein Sieg der Gegenrevolution

Im übrigen bestand die Bürgerschaft keineswegs aus allen Einwohnern der Stadt. Man hatte vom 16. Jahrhundert an begonnen, das Bürgerrecht zu schließen und wenig Neuaufnahmen zu machen. Augsburg soll bei 30000 Einwohnern im 18. Jahrhundert noch 6000 Bürger aufgewiesen haben. Das Bürgertum war also nach unten abgeschlossen und hatte aristokratische bzw. oligarchische Züge angenommen. Die republikanische *Gleichheit* galt nur noch unter denen, die das Bürgerrecht der Stadt besaßen, das allerdings für *Reich und Arm*. Das Gegenstück zur Krone des Fürsten ist nach wie vor der *Freiheitshut,* jene symbolische Kopfbedeckung, die der Republikaner vor dem König aufbehalten darf. *Krone* und *Freiheitshut* waren inzwischen aber alt geworden ...

Die Kaufmannschaft

Das fortschrittliche Element in der Stadt war seit jeher der Kaufmann. Das 18. Jahrhundert brachte dem Handel neue Möglichkeiten und der Industrie weite Ausdehnung. Die Bedürfnisse der Menschheit waren anspruchsvoller geworden. Wir zitieren wiederum Wojtowicz: «Wichtige Änderungen gingen auch auf dem Gebiet des Handels und der Industrie vor sich. Nach dem Siebenjährigen Krieg rückte England als See- und Kolonialmacht an die erste Stelle, da seine Schiffe an fast alle Punkte des Erdballs gelangten; große Bedeutung im europäischen Handel besaß immer noch Frankreich und danach Holland. Neben dem See- und Kolonialhandel entwickelte sich der Binnenhandel, große Bedeutung gewannen internationale Messen, unter ihnen die berühmte Leipziger-Messe. Die Entwicklung der kapitalistischen Ordnung ging voran, am stärksten entwickelte sie sich in England. In den anderen europäischen Ländern jedoch zeichneten sich auch Gebiete hochentwickelter Industrialisierung ab, z. B. das Gebiet Verviers in Belgien, einige Schweizer Kantone, das schlesische Gebiet der Leinwandindustrie. In Deutschland, wo die Protektionspolitik des Staates nach dem Siebenjährigen

Krieg bedeutende Ergebnisse brachte, war die Industrie stark entwickelt, vor allem in Sachsen sowie in Preußen, wo die staatlichen Behörden die Entwicklung einiger Produktionszweige förderten.»

Der europäische Kaufmann drang immer intensiver in überseeische Gebiete ein, und in Europa sorgten das Kanalsystem des 17. Jahrhunderts und das sich immer verbessernde Straßennetz für günstigere Transportmöglichkeiten. Die Industrialisierung im Verlagssystem – d. h. in der Verlegung der Arbeit auf das Land, wo für den Handelsherrn in der Stadt gesponnen und gewoben wird – begann in Ansätzen zur Fabrikarbeit zu werden. Es handelte sich in erster Linie um Textilfabrikation, doch wurde allmählich über das alte Uhrengewerbe hinaus die Maschinenherstellung wichtiger. Die Dampfkraft war entdeckt, und gegen Ende des 18. Jahrhunderts konnte man sie technisch für die Fabrikation anwenden.

Wir könnten noch einmal auf die Reichsstadt Lindau greifen, als Beispiel für eine Stadt mit bedeutendem mittleren Handel.

Heimpel sagt zusammenfassend: «Diese Stadt streckte noch immer, und lange bevor es wieder ein Deutsches Reich gab, ihren Handel ans Mittelmeer. Von Livorno und Triest, Korfu und Athen konnte man in Lindau hören, ohne alte Papiere zu lesen. Diese Welt und die Heimat gehörten zusammen. Wie ein kleines Zürich blinkte die Stadt an ihrem Bodensee, bunt und froh, wie ein bescheidenes Genua am Schwäbischen Meer.»

Lindau ist das Beispiel einer Stadt, die vornehmlich Handel treibt, in der Leinwand aber Produktion mit Handel verbindet. In vielen Städten wandeln sich Gewerbe und Handel zum Unternehmen: Einkauf des Rohmaterials, Bearbeitung durch Heimarbeit auf dem Land, Veredelung in der Stadt, Verkauf im Ausland.

Das Zentrum des kaufmännischen Betriebes war immer noch das städtische Haus des Kaufmanns, wo Lagerräume, Kontor und Wohnung sich unter dem gleichen Dach befanden. Der eine Kaufmann – oft von seiner Frau unterstützt – führte und überwachte mit wenigem Personal den ganzen Vorgang. Dazu trat – dies gilt besonders für die Republiken – das Engagement in der Politik der Stadt. Aus jenem schwer zu scheidenden Gemisch von republikanischer Verantwortung und kaufmännischem Interesse war es Selbstverständlichkeit, einen größeren oder kleineren Teil der Zeit der Stadt zur Verfügung zu stellen.

Ein düsteres Bild von der Kaufmannschaft entwirft allerdings Friedrich Carl von Moser. Von einem Aufenthalt in Holland sagt er: «Man kann unter der dicken Seeluft nicht tiefer Atem holen, als unter dem unaufhörlichen, alltäglichen, allgemeinen und eckelhaften Geschwätz von Haben und Geben, Gewinnen und Verlieren, Sparen und Sammeln, nicht nur bei dem Volk der Kaufleute, sondern auch bei denen, wo man noch eher Zufriedenheit, Erhabenheit des Herzens, Geschmack und geläuterte Denkungsart suchet und zu finden vermeint ... Der *spirit public* ist der Kaufmannsgeist. Von den Herren der Regierung getraue ich mir zwar nicht das zu sagen, wie eine Dame sie charakterisiert hat: Ce n'est plus la Republique, c'est un Corps de Marchands, soumis au Prince d'Orange (Das ist nicht mehr die Republik, das ist eine Handelsgesellschaft, die dem Prinz von Oranien unterworfen ist); es könnte aber in 30 oder 40 Jahren dieses Gemälde um so eher gleichen. Die alten Republikaner sterben vollends ab und mit ihnen ihre Liebe zur Freiheit, ihre alten und echten Grundsätze, die Gewalt des Prinzen in Bestellung der obrigkeitlichen Ämter und lukrativen Bedienungen macht die meisten Familien schon jetzt bücken und kriechen und ihre Nachkommen werden es noch besser lernen.»

Die kaufmännischen Republikaner schienen dem deutschen Verwaltungsadligen nicht mehr die alten zu sein, jene holländischen Handelsleute, die sich seit dem Beginn der niederländischen Unabhängigkeit nicht nur gegen das katholische Spanien, sondern ebensosehr gegen die oranischen Statthalter und deren adligen Landanhang gestemmt hatten. – Immerhin haben sich diese *alten Republikaner* als *moderne Patrioten* 1785 noch einmal gegen den Prinzen von Oranien erhoben. Aber schon nach zwei Jahren sollten sie einer preußisch-gegenrevolutionären Intervention zum Opfer fallen, genau wie die Genfer Kaufleute anno 1782.

Trotz dieser Mißerfolge in zwei aristokratischen Staatswesen war es Tatsache, daß überall die Kaufleute reicher und reicher wurden. Ihr Reichtum sprengte die Maße kleinbürgerlicher Städte. Das alte Handelshaus in den engen Gassen genügte oft nicht mehr. Man mochte es allenfalls repräsentativ schöner ausbauen oder niederreißen und einen kaufmännischen Palast erstellen. Wie der Adel trachtete man nach dem Landsitz, wo man sich frei und gesellschaftlich vornehmer bewegen konnte. In republikanischen Verhältnissen, da konnte man allmählich die Macht an sich bringen und die Zünfte unterlaufen. Da war man angesehen und geachtet. In den Augen des Adels aber blieb man der Emporkömmling, der «Parvenu». Kaufleute hatten keine Zeit für höfische, adlige Beschäftigung, für Jagd, Spiel und Frauen. Sie arbeiteten hart, und ihre Lebensführung pflegte puritanisch zu sein.

Die Monarchien hatten einst noch die höhere Magistratur in den Adel einbauen können, die Kaufleute aber nur in geringem Maße – denn «Pfeffersäcke» verachtete man noch mehr als Juristen. Der Kampf gegen altes Patriziat und alten Landadel mochte in Genf und in den Niederlanden scheitern; von der Französischen Revolution an sollte die Schicht der kaufmännischen Industriellen – als Großbourgeoisie – ihren Siegeszug durch die ganze Welt antreten mit oder ohne Königtum!

Die Handwerker

Kaufleute und Handwerker hatten die Stadt einst zu dem gemacht, was sie nun geworden war. Aber wie wir gesehen haben, waren die Zeiten vorbei, als die Zünfte in ihr den Ton angaben und das progressive Element darstellten. Besonders in den Republiken waren zwar ihre Organisationen noch intakt, aber oft nur noch als gesellschaftliche Treffpunkte der Zunftgenossen und Zentren ängstlicher Bewahrung von alten Handwerksprivilegien. Man suchte den Rang der Stadt dem Land gegenüber zu bewahren und zu verhindern, daß in den Bauerndörfern ein selbständiges Handwerk aufkommen konnte, andererseits sah man mit viel Neid den Aufstieg der Unternehmer, die aus Gewerbebetrieben Fabriken zu machen drohten. Die Zünfte in den Stadtregierungen waren endgültig von der Kaufmannschaft unterwandert.

Das Gewerbe war in der Regel rückwärts gewandt und abgeneigt, Innovationen anzunehmen. Reformen waren in Monarchien leichter durchzuführen als in Republiken, wo eben dem Handwerk politische Bremsmöglichkeiten zur Verfügung standen.

Das Handwerk war immer noch der Zunftordnung, wie sie sich im späten Mittelalter herausgebildet hatte, verpflichtet. Der Handwerker wohnte im eigenen Haus, das auch seinen kleinen Betrieb umfaßte. Dem Meister standen einige wenige Gesellen zur Verfügung. Da der Beizug von ungelernten Arbeitern gesetzlich beschränkt war, war es unmöglich, den Betrieb zu erweitern. Die Entwicklung zum Großunternehmen konnte nur durch Verlegung der Arbeit auf das Land erreicht werden, wie dies die Großkaufleute taten. Erst mit der Abschaffung der Zunftordnungen im 19. Jahrhundert war es soweit, daß etwa aus einer Schmiede eine Metallfabrik entstand.

Der Zürcher Junker Ludwig Meyer von Knonau schildert in seinen Lebenserinnerungen ansprechend und zutreffend die Situation dieser Klasse in der Stadt Zürich: «Mit Recht wurden Anmaßungen von Personen aus der sogeheißenen Herrenklasse von selbständigen älteren und jüngern Glieder der sogenannten Bürgerklasse derb zurückgewiesen. Der Ausdruck: *Ein Herr und Bürger* (man sprach aus Burger) und: *ich bin ein Herr und Burger* war ein Machtwort, das man in Kollisionsfällen gegen sich höher Glaubenden und ebenso gegen Landleute und Ausländer brauchen hörte. Der geringste zürcherische Bürger hatte als regierungsfähig, das tiefe Gefühl, mehr zu sein, als irgend ein Landmann oder ein Bürger von Winterthur und Stein, ungefähr wie der geringste polnische Edelmann mit Stolz auf einen Kaufmann oder angesehenen Bürger von Warschau und Krakau hinabsah. Der Bäcker, von dem meine Eltern das Brot kauften, Irminger, war ein talentvoller, der Geschäfte kundiger Mann, zur Zeit meines Eintretens in die bürgerlichen Verhältnisse ein sehr angesehener Zunftmeister (Mitglied des Rates), und man näherte sich ihm in ehrerbietiger Haltung. So verhielt es sich noch mit mehreren anderen, und eine große Zahl von Handwerkern war berechtigt, als Glieder des Großen Rates, Ehrerbietung zu fordern. Die höchst aristokratische Wahl der Glieder des Großen Rates, die von den Ratsgliedern und Großräten jeder Zunft gewählt wurden, hätte ein vollständiges Patriziat herbeiführen müssen, wenn nicht die Zunftmeister, die beiden ersten Vorsteher, von der ganzen Zunft gewählt und dadurch von den Bürgern abhängig gewesen wären. Am meisten behaupteten die Fleischer das Zunftsystem, und bis 1798 waren der eine Zunftmeister und sechs aus den Zwölfern ausschließlich Fleischer. Ihnen näherte sich die Bäcker- und Müllerzunft, indeß bei den Schuhmachern und bei den Schneidern nur noch ein Handwerker im Großen Rate saß und dergleichen mehr. Am fühlbarsten war eine Art von Patriziat in gewissen gesellschaftlichen Kreisen und bei den Frauenzimmern. Unsichtbare Mächte entschieden hier über Hoffähigkeit und Hofunfähigkeit. Keiner, der nicht zu der guten Gesellschaft gehörte, erhielt den Zutritt und noch weniger ein Frauenzimmer aus dieser Klasse. Es war ein wichtiger Fortschritt, als man am Ende der Achtzigerjahre der Familie ... das Konzertzirkular zugehen ließ und zwanzig Jahre später stand sie in der ersten Linie. Noch lange behauptete das Frauenzimmer seine Prärogative. Am meisten bewahrte die sogeheißene Bürgerklasse ihr Recht in Militärverhältnissen. In dem Quartier (Regiment), in welchem ich Dienste leistete, waren drei Gerber, ein Buchbinder, ein Küfer (Böttcher) Hauptleute, und in der Kompagnie, wo ich zuerst eintrat, war mein Hauptmann ein Landmann, Wirt und Weibel (erster Gerichtsdiener der Landvogtei), dabei aber ein kluger Mann, der den Dienst sehr gut verstand.»

Dem Zürcher Beispiel soll das schon zitierte Beispiel aus der deutschen Reichsstadt Lindau beigefügt werden, Beispiel aus einer hauptsächlich des Transithandels wegen blühenden Stadt. Zinzendorf kommt hier kurz auch auf die Handwerker zu sprechen: «In der Stadt sind viele Rot- und Weißgerber, Gold- und Silber-Arbeiter, Groß- und Klein-Uhrmacher; an die 8 Weber, einige Hutmacher, Säckler, Färber etc. Sie verfertigten zu Lindau künstliche grüne Ofenkacheln. Ein Seidenweber ist da, der vier Stühle hat, und nach Augsburg Tüchel arbeitet. Eine Glokkengießerei, wo erst kürzlich 50 Kanonen für Zürich gegossen worden. Eine Pulver- und eine Papier-Mühle, welche letztere nicht genug verfertigen kann.»

Hier wird die kleine eifrig tätige Welt des Gewerbes statistisch festgehalten. Über die Mentalität des Lindauer Handwerks gibt Hermann Heimpel Auskunft, wenn er ein Gespräch seines Onkels Ernst festhält: «Wenn wir morgen ins Museum gehen, zeige ich dir die Kämme, die deine Vorfahren gemacht haben. Die waren Kammacher, und ihre Kämme gingen weit hinunter nach Italien, damals, als die Rokokodamen die hohen Frisuren hatten.

Die Werkstatt war gegen den See zu, wo heute der Bayerische Hof steht. Der letzte Kammacher war der Bruder vom Cadixer, Johann Jakob, deines Großvaters Pate. Aber auch sein Vater war ein Kammacher, und dic älteren Vorfahren werden auch Kammmacher gewesen sein. Warum wohl? Weil die Zünfte erblich waren damals. Du mußt wissen, unsere Vorfahren waren einfache Leute, Handwerker, Kammacher und Fischer wie die Oberreits und Bäcker wie die Häberlins, erst deine Großmutter war eine Patriziertochter, und dein Großvater konnte sie heiraten, nachdem er ein tüchtiger Arzt geworden war. Er war der erste Akademiker in der Familie, wir sind noch frisch, kein alter Geistesadel von Pastoren und Schulmeistern. Also los!»

Heimpel kommt hier am Schluß auf die Funktion des Handwerkerstandes als Reservoir für andere Berufe zu sprechen. Während ein Teil des Handwerks nach wie vor stolz und eigensinnig auf der Bewahrung des Überkommenen beharrte und Handwerker im kleinen Bereich des Familienbetriebs mit den paar Gesellen bleiben wollte, konnten ehrgeizige und tüchtige Glieder aus dem Stand hinaustreten, in protestantischen Städten vor allem Geistliche werden. Der akademische Beruf des Advokaten war wie derjenige des Arztes im 18. Jahrhundert noch nicht sonderlich geachtet. Sie gehörten zu der bürgerlichen Mittelklasse, in der auch ihre Vorfahren, die Handwerker, figurierten; auch hier sollte das 19. Jahrhundert ungeahnte Möglichkeiten öffnen. Es ist darum auch ein Jahrhundert der Rechtsanwälte, weit über die Belange der Justiz hinaus, geworden.

Das Kleingewerbe sah mit den Revolutionen des 19. Jahrhunderts seine Privilegien schwinden – aber es sollte sich dennoch erstaunlich zähe bis weit ins 20. Jahrhundert behaupten.

5. Das Bauerntum

Der dritte Stand teilte sich seit dem Aufkommen der Städte in Bürger in der Stadt und Bauern auf dem Land. Dem Bauern oblag die urtümlichste Aufgabe, die der Nahrungsbeschaffung, nicht nur für sich selbst, sondern für die Stände, die ihn schützen und betreuen sollten, Adel, Geistlichkeit – und auch städtische Bürger. In der landbebauenden Schicht finden wir im

Laufe der Zeit ungemein viele Unterschiede, die teils von der Bebauungsart abhängen: Ein Gebirgsbauer ist nicht den gleichen wirtschaftlichen Gesetzen unterworfen wie ein Flachlandbauer; ein toskanischer Bauer ist kaum vergleichbar mit dem tirolischen, auch wenn beide letztlich österreichischer Herrschaft unterworfen sind; zwischen dem Pflanzer in Virginia und dem Farmer in Massachusetts klaffen Unterschiede, auch wenn beide aktiv an der Loslösung von der englischen Krone teilnehmen.

Schon die Definition des *Bauern* macht Mühe. Die heutige Forschung versucht davon auszugehen, daß sie als *Bauern* nur denjenigen unter dem Landbebauenden betrachtet, der seinen Boden in irgendeiner Form – ob direkt oder indirekt – als eigenen betrachten kann, der sich selbst im lokalen Bereich als relativ unabhängig versteht.

Politische Freiheit besitzen die Bauern allerdings nur noch in gewissen alpinen und voralpinen Bereichen, d. h. in fünf Kantonen der Schweizerischen Eidgenossenschaft und in den mit ihr verbündeten Republiken Graubünden und Wallis. In diesen Ländern erfreut sich der grundbesitzende Hausvater immer noch demokratischer Verhältnisse. Er hat das Recht, im Bereich seiner Dorfgemeinde und im gesamtstaatlichen Raum der Republik die Behörden zu bestellen, selbst in sie gewählt zu werden, und kann in den Gemeinde- und Landessachen frei mitregieren. Höchster politischer Ausdruck dieser Freiheit ist die Landsgemeinde, die Volksversammlung aller, die das Landrecht besitzen. Noch zu Beginn des 18. Jahrhunderts fixiert der Kanton Schwyz mit dem 21. Artikel der 26 *Landespunkte*: «Daß die Maien-Landsgemeinde der größte Gewalt und Landesfürst sein solle und ohne Kondition setzen und entsetzen möge. Und wer dawider ratet und dawider wäre, daß die Landsgemeinde nicht der größte Gewalt und Landesfürst seie, und nicht setzen und entsetzen möge, ohne Kondition, der solle dem Vogel im Luft erlaubt und 100 Ducaten auf sein Kopf geschlagen sein; der Obrigkeit, Malefizgericht und anderen Gerichten aber solle das Recht, was jedem gehört, auch gelassen sein, und solle man den Landleuten auch lassen, was ihnen gehört.»

Das bedeutet, daß nebst Gott dem Allmächtigen im Lande Schwyz, das vierzehn Dorf- oder Talschaften umfaßte, alle Macht dem souveränen Volk, versammelt in der Landsgemeinde, zustehe. Jeder Landmann, soweit er das Landrecht besaß, war damit Teil der Souveränität und «regierte sich selbst». Der Artikel 21 ist in Wirklichkeit eine Deklaration gegen die immer größer gewordene Macht der Räte des Landes bzw. der schon längst entwickelten Aristokratie eines Patriziats von Großgrundbesitzern, Magistraten und Soldoffizieren. Der Viehzucht treibende kleine Gebirgsbauer war – wenn er auch stolz auf eigenem Grund und Boden saß – doch wirtschaftlich weitgehend von den «großen Hansen» abhängig, die er allerdings an tumultuösen Landsgemeinden periodisch abzusetzen und wenn nötig einzusperren pflegte, was für sein freiheitliches Selbstverständnis immerhin eine gewisse Bedeutung hatte.

Solche schweizerisch-demokratische Rechte hatte doch niemand anderer in der ganzen Welt. Allenfalls noch Bauern in den ländlichen Provinzen der Niederlande. Diejenigen in den isolierten Reichsdörfern waren dem Kaiser verpflichtet. Alle übrigen Bauern waren irgendwie einem unmittelbaren Herrn unterstellt. Seit dem Mittelalter galt: *Nulle terre sans seigneur,* kein Boden ohne Herr. Dieser Boden gehörte entweder dem Adel, der Kirche, später auch den Bürgern und vor allem dem Staat bzw. dem König. Dem jeweiligen Inhaber solcher Gewalt war eine Grundsteuer als Naturalabgabe zu entrichten. Immer sind die Abstufungen ungemein differenziert.

Der Stellung von freien Bauern wie den alpinen Schweizern kamen sehr nahe Bauern in der österreichischen Grafschaft Tirol, in den holsteinischen Dithmarschen, in Westfalen, im Württembergischen, in den Niederlanden, in Schweden, Norwegen und Island. Dazu wären auch die englischen *yeomen freeholders* zu zählen, wie die Untertanen schweizerischer Städte. Doch auch diese mehr oder weniger selbständigen Bauern sind eine verschwindend kleine Zahl in Europa. Man muß nun aber festhalten, daß im allgemeinen in Westeuropa, in Frankreich, England, Deutschland, der Bauer keineswegs leibeigen ist, wie er dies vor allem in den östlichen Ländern geworden war – östlich der Elbe, wo der Bauer Besitz des Gutsherrn war, fast wie seine Pferde und seine Kühe. Dort war er schollengebunden, durfte ohne Erlaubnis nicht wegziehen, und die Heiraten unterstanden der herrschaftlichen Genehmigung. Doch auch da sind die Verhältnisse regional wieder sehr verschieden.

Was die wirtschaftliche Struktur betrifft, so unterscheidet man im mittleren und nördlichen Europa Großbauern auf großen Höfen mit einem eigentlichen Einkommen aus dem Betrieb, dann mittlere Bauern, die nur gerade genug aus ihrem Boden ziehen können, um eine leidliche Existenz zu führen, und schließlich Kleinbauern, die auf Nebenverdienst angewiesen sind, aber immer noch auf «eigenem» Boden sitzen. Sie zählen alle zur Dorfgemeinde, die aber ihrerseits meist nicht die Mehrheit der Bewohner umfaßt. Die wohlhabenderen Bauern und solche aus alten Bauernfamilien bilden da ein eigentliches Dorfpatriziat.

Übrigens waren sehr viele Bauern Pächter. Solche Pächter konnten mächtige Herren sein, wie etwa jener Großvater mütterlicherseits, von dem der bekannte Amerikadeutsche Carl Schurz in seinen Erinnerungen berichtet. Dieser Heribert Jüssen war Pächter der Burg Gracht bei Liblar in der Nähe von Köln:

«Mein Großvater ... hatte zur Zeit meiner ersten Erinnerung ungefähr sein sechzigstes Jahr erreicht. Es war ein Mann von gewaltigen Proportionen, über sechs Fuß groß, von mächtiger Breite in Brust und Schultern. Eine sorgfältige Erziehung hatte er nicht genossen. Das Lesen und Schreiben verstand er, aber zu seinen Lieblingsbeschäftigungen gehörte es nicht. Mit Büchern machte er sich wenig zu tun; dahingegen war er ein Mann von großer Autorität unter dem Volke. Vom Dorfe und aus der Umgebung kamen die Leute ..., um sich bei ihm Rat zu holen, oder ihm ihre Streitigkeiten vorzulegen.»

«Aber ein tüchtiger Ackerbauer war er auch – verständig, energisch und unermüdlich. In aller Frühe mit den Knechten auf dem Felde, unterwies und regierte er nicht nur, sondern, wenn es galt, ging er mit ihnen in der schwersten Arbeit mit gutem Beispiel voraus. Sein Bild steht noch vor mir, wie er dem Brauch gemäß in eigener Person den ersten Erntewagen in die Scheune brachte, die Peitsche in der Hand auf einem der drei oder vier Pferde sitzend, die eins nach dem anderen, tandemartig, vor den Wagen gespannt waren. Oft habe ich auch sagen hören, daß sein Rat über landwirtschaftliche Dinge von seinen Berufsgenossen häufig gesucht und hoch geschätzt wurde. Natürlich war er ein König in seinem Hause, aber ein König, dem man nicht nur gehorcht, sondern den man auch lieb hatte, und dessen Fehler man ansah wie eine Art von Naturnotwendigkeit, an der sich eben nichts ändern ließ.»

«Neben ihm stand meine Großmutter in merkwürdigem Kontrast. Sie war eine kleine, schmächtige Frau mit einem mageren Gesicht, das einmal hübsch gewesen war; von zarter Gesundheit, fromm, sanft, häuslich, immer tätig und voll von Sorgen. Der Haushalt, dem sie vorstand, war in der Tat groß genug, um ihr wenig Ruhe zu lassen. Bei Tagesanbruch im Sommer und bei Lampenlicht im Winter war sie auf den Füßen, um zu sehen, daß das zahlreiche Gesinde, männliches und weibliches, an die Arbeit kam und sein Frühstück hatte. Da waren wohl nahezu zwei Dutzend Knechte und Mägde, die gelegentlich beschäftigten Taglöhner nicht gerechnet.»

Die bäuerliche Welt war eine stabile Welt von langer Dauer, dominiert von den Bedingungen und Launen der Natur. Doch diese scheinbar feste Welt geriet im 18. Jahrhundert ins Wanken, weil man jetzt auf Eingriff in den traditionellen Gang der Dinge bedacht war. Es war nötig, mehr aus dem Boden zu holen. Der gottgegebene Zyklus von schlechten und guten Ernten, jene sieben mageren und fetten Jahre des Alten Testaments, sollten rationaler Gestaltung unterworfen werden.

Das 18. Jahrhundert war eine ruhigere Zeit für die Bauern. Die großen inneren Kriege – in Frankreich die Hugenottenkriege, in Deutschland der katastrophale Dreißigjährige Krieg, in England der Bürgerkrieg – waren vorbei. Die Epidemien waren am Ausklingen und große Hungersnöte seltener. Man erholte sich. Die schönen Bauernhöfe zeugen in gewissen Regionen heute noch davon.

Allerdings, wenn ein Krieg durch eine Gegend zog, erlebte man wiederum altes Grauen, denn keine Befestigungsanlagen schützten die Dörfer. Noch zu Ende des Jahrhunderts notiert ein Soldat vom Feldzug nach Frankreich: «Endlich wurde befohlen, daß man einstweilen für die Pferde fouragieren und aus den nächsten Dörfern Holz und Stroh holen sollte. Das Getreide stand noch meistens im Felde, weil dieses Jahr wegen des anhaltenden Regens die Ernte später als gewöhnlich fiel. Das Fouragieren ging so recht nach Feindesart: man schnitt ab, riß aus, zertrat alles Getreide weit und breit, und machte eine Gegend, woraus acht bis zehn Dörfer ihre Nahrung auf ein ganzes Jahr ziehen sollten, in weniger als einer Stunde zur Wüstenei.»

«In den Dörfern ging es noch weit abscheulicher her.» Die Soldaten sollten Holz und Stroh holen. «Ehe aber diese Dinge genommen wurden, untersuchten die meisten erst die Häuser, und was sie da Anständiges vorfanden, nahmen sie mit, als: Leinwand, Kleider, Lebensmittel und andere Sachen, welche der Soldat entweder selbst brauchen oder doch an die Marketender verkaufen kann. Was dazu nicht diente, wurde zerschlagen oder sonst verdorben.»

Und wenn nicht Krieg war, so gab es die schwere Belästigung durch die Jagd der Herren. Freiherr von Hohberg stellt diesbezüglich tadelnd fest: «Der Wildbann wird heutigen Tages darum hoch mißbraucht, daß man durch allzuvieles Verschonen und Überhäufung des Wildprets der armen Untertanen Felder, Gründe und Wiesen also verderbet und verringert, daß sie durch unglaubliche große Mühe, heftigen Verlust, vergebliches Wachen und empfindliche Verwüstung Tag und Nacht gequält und in Verderbung und Armut gestürzt werden. Daher wohl zu wünschen wäre, daß christliche Obrigkeit diese sonst zwar zulässige und edle, durch Übermaß aber allzuschändliche Übung in etwas moderieren möchte, damit es nicht das Ansehen gewinne, ein Stück Wild sei ihnen lieber als ein fleißiger Untertan und Nebenchrist.»

Für den Bauern sollte der Adel ein militärischer Schutz sein, das war er oft nicht mehr. Der gleiche Hohberg fordert: «Diejenigen Güter und Herrschaften sind glückselig, die mit vielen, ... aber auch guten, getreuen und vermöglichen Untertanen, bevorab wenn sie wohl hausen, versehen sind. Die sollen aber auch christlich und billich gehalten, bei ihren Privilegien geschützet, in Gefährlichkeit gehandhabt, ihnen auf Begehren das Recht und Billigkeit erteilt und nicht, wider den alten Gebrauch aufgebürdet werden. Das ist ein Herr vor Gott und der Welt schuldig.»

Das wurde Ende des 17. Jahrhunderts geschrieben. Im 18. hieß das, daß der Staat sich aus wohlverstandenem Interesse um Förderung und Hebung der Landwirtschaft zu kümmern habe, daß Dorfgeistlicher und Amtmann sich um die ökonomische und geistige Lage der Bauern zu sorgen und nach neuen Methoden beratend und befehlend in die altgewordenen Strukturen einzugreifen hätten. Das 19. Jahrhundert sollte in diesem Sinne weiterfahren, und die mündig gewordenen Bauern haben da und dort ihr Schicksal selbst in die Hand genommen.

6. Das Volk

Die Unterschicht und ihre Randgruppen

In der alten Rangordnung befand sich «unter» dem Bauern und «unter» dem Bürger eine bunte Menge von sozialen Gruppen, die das gemeinsam hatten, daß sie entweder den mittleren oder den oberen Ständen zu Dienst standen oder sich am Rand bzw. außerhalb der «Gesellschaft» befanden. Das war das «Volk» im sozialen Sinn; noch nicht das «Volk» im nationalen Sinn, wie es die Romantik verherrlichen sollte. Wenn wir wissen, daß meist weit mehr als die Hälfte der städtischen Einwohner nicht zu den Bürgern gehörte und daß in den Dörfern meist nur ein Drittel zu den wirklichen Bauern gezählt werden kann, so umfaßt diese Gruppe weitaus den größten Teil der Menschheit, wobei natürlich regionale Unterschiede auch hier zu beachten sind. Für die meisten galt Besitzlosigkeit vor allem an Boden, und die meisten von ihnen konnten weder lesen noch schreiben.

Eigentlich verfügt jede höhere Klasse über ihre entsprechende dienende Unterschicht. Das Bürgertum in den Städten hatte seine Mägde und Knechte – oft ländlichen Ursprungs. Die Handwerksmeister arbeiteten mit den Gesellen, die später möglicherweise selbst Meister werden konnten, die Unternehmer mit den Arbeitern und Heimarbeitern. Auf dem Land hatte der wohlhabende Bauer nicht nur seine Mägde und Knechte, sondern die ganze ländliche Unterschicht stand ihm zu Diensten. Das waren die *Tagelöhner,* die *Häusler,* die *Tauner.* Sie lebten in bescheidenen Häuslichkeiten, oft mehr als eine Familie unter einem Dach, im besten Fall mit ein wenig Boden, in ungünstigsten Lagen, in Überschwemmungsland oder an Waldrändern, dort, wo der Boden landwirtschaftlich unergiebig war. Dazu gehörten auch die Köhler und die Hausierer. Hier holte der

Bauer seine Hilfskräfte, wenn es ans Ernten oder ans Holzen ging. Handwerk auf dem Land war nicht sehr geachtet, das feinere Handwerk fand sich in der Stadt.

In einem gewissen Grad hat auch der Adel seine ihm eigene Unterschicht, sofern wir an den Militäradel denken. Der Offizier ist grundsätzlich von Adel; der Soldat rekrutiert sich aus der Unterschicht. Das 18. Jahrhundert ist mehr denn je ein Jahrhundert der Berufsheere, der stehenden Armeen. Die Miliz war schon längst in Abgang gekommen und nur noch in wenigen Ländern erhalten geblieben, besonders in der Schweiz, die außerdem ihre ärmere Bevölkerung in fremde Dienste schickte. Im 18. Jahrhundert sprach man vom *Soldatenjammer*. Der Dienst war hart, das Garnisonsleben eintönig, die Strafen – Spießrutenlaufen – entehrend und grausam. Es gab Eliteregimenter, in denen die Verhältnisse besser waren. Die Schweizer etwa erfreuten sich eines eigenen Disziplinarrechts und waren unter sich. Äußerlich präsentierten sich diese Armeen glänzend und waren eine Augenweide für Adel und Bürgertum. Die eleganten bunten Uniformen waren attraktiv für alle jungen Mädchen. In Garnisonsstädten und Residenzen konnte der Soldat ein Beruf sein wie ein anderer dienender Beruf. Abenteuerlust kam in den Feldzügen auf ihre Rechnung. «Der Soldat im Lager ist gewöhnlich lebhaft und munter; er singt und treibt sonst allerlei, um die Zeit hinzubringen und das Lästige zu vergessen.» Die Kriege des 18. Jahrhundert wurden mit einer gewissen Ritterlichkeit geführt. «Messieurs les Anglais tirez les premiers» – «Feuern Sie bitte als erste, meine Herren Engländer» – sollen bei Fontenoy die französischen Offiziere ihren englischen Kameraden zugerufen haben. Abgesehen aber davon, daß diese erste Salve die schön gerichtete Reihe von im Moment wehrlosen Soldaten in französischen Uniformen traf, die zwar Deutsche, Schotten oder Schweizer sein konnten, wissen wir um etliche Berichte vom Soldatenelend, z. B. aus dem Rückzug von 1792: «Bisher waren wir in der Wäsche noch ziemlich rein geblieben, aber nun, da sich nicht mehr waschen ließ, da sogar das Leinenzeug im Tornister vermoderte, fanden sich auch sehr unangenehme Tierchen, diese schreckliche Plage des Soldaten im Felde, bei uns unerträglich ein. Selbst die Offiziere konnten ihnen nicht mehr entgehen und lernten nun auch erst recht das volle Elend des Krieges erkennen. Aber nichts nahm unsere Leute ärger mit als der Durchfall, der allgemeine Durchfall, und die darauf folgende fürchterliche Ruhr.» Ein anderer Bericht schildert die nach Nordamerika verfrachteten deutschen Soldtruppen: «Das Leben im Lager im Spätjahr war schlecht genug; keine gute Kost und Kälte bis zum Heulen und Zähneklappern. Unser Bataillon sah aus buntscheckig, wie eine Harlekinsjacke, da es aus den Uniformen aller Regimenter bestand. Wir hatten weder Fahnen noch Kanonen ...»

Die Lage war für den Soldaten insofern auch hoffnungslos, als ein Avancement zum Offizier bei den meisten Truppen unmöglich war: «So kam denn endlich die Nachricht vom Frieden uns eben nicht erwünscht: denn junge tatendurstige Leute sehen nicht gern ihrer Bahn ein Ziel gesteckt. Man hatte mir geschmeichelt, ich könnte Offizier werden und mir eine Laufbahn eröffnen. Mit dem Frieden war alles geschlossen: denn nach unserer alten, sogenannten guten Ordnung konnte kein Bürgerlicher in der Regel weiter aspirieren als bis zum Feldwebel, ein Ehrenposten, dessen lebenslängliche Dauer ich eben nicht sehr beneidete. Bei uns mußte man Edelmann sein oder viel Geld haben, um im Staate ein Mann zu werden; zwei Verdienste, deren philosophische Gültigkeit jedem Vernünftigen sogleich in die Augen springt. Zuweilen tat Verbindung und Empfehlung auch etwas; und noch seltener wurde zufälligerweise auch wohl wirklich Talent bemerkt. Im Kriege, ... wo man Männer für Ämter und nicht Ämter für Männlein sucht, sind die Ausnahmen häufiger, und es tritt da, dem Kastengeist zum schweren Ärger, nicht selten das alte primitive impertinente Menschenrecht wieder ein, daß jeder nur das gilt, was er wert ist.»

Dies ist zu Ende des Jahrhunderts geschrieben und macht eine Reaktion – nicht nur des Soldaten, sondern der Unterschicht überhaupt – auf diese *alte, sogenannte gute Ordnung* deutlich. Die meisten Leute trugen ihr Unterschichtsschicksal in Gottergebenheit.

Wir haben den Soldaten als einen besonderen Typus der Unterschicht stellvertretend für die übrigen etwas ausführlicher betrachtet.

Ein weiterer Stand – der sich heute ganz anderer Achtung erfreut –, der der Unterschicht zuzurechnen ist, ist der Stand des

Schulmeisters; nicht des theologisch gebildeten Professors an Lateinschulen oder Gymnasien, sondern des Volksschulmeisters auf dem Lande. Johann Gottfried Seume, der Soldat, den wir zitiert haben, ein Mann aus armer ländlicher Familie, träumte davon, Schulmeister zu werden; sein Berater ruft aus: «... werde doch lieber Leinweber: ein Dorfschulmeister ist ein jämmerliches Tier ... Und nun fing er an, mir ein gar schreckliches Gemälde der armen Dorfschulmeisterlein in Thüringen und Meissen zu zeichnen. Ich ließ mich aber nicht abhalten, und meinte, jeder Stand habe seine Pflege und seinen Frieden.»

Der deutsche Schriftsteller Jean Paul schildert das Schulmeisterleben seines Großvaters in seiner ironischen Art: «Mein Vater war der Sohn des Rektors Johann Richter in Neustadt am Kulm. Man weiß nichts von diesem als daß er im höchsten Grade arm und fromm war: ... Sein Schulhaus war ein Gefängnis, zwar nicht bei Wasser und Brot, aber doch bei Bier und Brot; denn viel mehr als beide – und etwa frömmste Zufriedenheit dazu – warf ein Rektorat nicht ab, das obwohl vereinigt mit der Kantor- und Organistenstelle, doch dieser Löwengesellschaft von 3 Ämtern ungeachtet nicht mehr abwarf als 150 Gulden jährlich. Und an dieser gewöhnlichen baireuthischen Hungerquelle für Schulleute stand der Mann 35 Jahre lang und schöpfte. Allerdings hätt' er weitergerückt, z. B. zu einem Landpfarrer hinauf. Sooft die Schulleute ihre Kleider wechseln, z. B. den Schulmantel in den Priestermantel, so bekommen sie bessere Kost, wie die Seidenraupe bei jeder neuen Häutung reichers Futter erhalten, so daß ein solcher Mann die Vermehrung seiner Einkünfte durch das Vermehren seiner Arbeiten so weit treiben kann, daß er einem mit Wart- oder mit Gnadengeldern oder überhaupt hohen quieszierten Staatsbeamten nachkommt, dessen fünf Notenlinien von Treffern durch die ganze Partitur der Kammer bei allem Pausieren des Instruments durchgeführt werden.»

Außerhalb des Üblichen, wenn auch nicht außerhalb der «Gesellschaft», bewegte sich teilweise die Welt der Künstler. Maler und Bildhauer waren Handwerker von besonderer Begabung, und in diesem Jahrhundert der raffinierten Ausstattung von Schloß und Bürgerhaus hatten sie genügend zu tun. Jedermann von Reputation ließ sich doch sein Porträt malen.

Musiker fanden an Höfen, in kirchlichen und adligen Diensten ein Unterkommen, wenn auch oft ein recht kärgliches in der Doppelfunktion des Bedienten und des Musikers. Doch weiteten sich die Möglichkeiten, denn bürgerliche Kreise begannen sich um das Konzertwesen zu kümmern. In London zum Beispiel blühten die Musikverlage und der Instrumentenbau. Die Konzerte waren öffentlich und jedermann zugänglich. Das Publikum, das in die großen Säle der Stadt strömte, war sozial breiter gefächert als anderswo. Der im London der neunziger Jahre sehr beliebte und gefeierte Joseph Haydn notiert in sein Tagebuch über sein letztes Konzert: «Ich machte diesen Abend viertausend Gulden. So etwas kann man nur in England machen.»

Schauspieler konnten in den Residenzen zu hohem Ansehen und Reichtum gelangen. Wir haben die Perricholi kennengelernt. Deutsche Kleinfürsten holten gerne Pariser Schauspielerinnen an ihre Höfe, wo sie als Mätressen wohl versorgt waren und eine Rolle weiterspielen konnten, etwa die Clairon – von den fünfziger Jahren an eine der größten Schauspielerinnen in Paris –, die später am markgräflichen Hof von Ansbach als «mütterliche Freundin» des Markgrafen Carl Alexander wirkte, und zwar in einem für das Land durchaus positiven Sinne. Da waren aber auch die Wandertruppen mit ihren wunderlichen Schicksalen – festgehalten in Goethes *Wilhelm Meister.* Und das ging hinunter bis zu den Gauklern und Bänkelsängern, den Straßenmusikanten und Savoyardenknaben, die das Ihre getan haben, um in diesem Jahrhundert für alle Stände Freude, Vergnügen und Abwechslung zu bringen. Eine undankbare Welt verwies sie jedoch an den Rand der Gesellschaft, und die rigorosen unter den Aufklärern haben ja den *Hanswurst* von der Bühne verdrängt und damit eine gesellschaftliche Scheidung in die künstlerische Welt gebracht.

Meist weder durch eigene Schuld noch durch eigene Wahl befanden sich am Rande dieser Gesellschaft ethnische und religiöse Gruppen. Versteckt gab es in vielen protestantischen Ländern immer noch die Nachkommen der Täufer und neuere Formen von Sektiererei: versteckt auch die Evangelischen im katholischen Frankreich und in den katholischen Ländern Österreichs. Das 18. Jahrhundert wurde da toleranter, aber eingebaut in die Gesellschaft wurden diese Gruppen nicht. Zu Ende des Jahrhunderts setzte auch wieder ein härterer Kurs ein. Frei bewegen konnten sie sich eigentlich nur in den Niederlanden, in England und in dessen Kolonien. Dazu kamen die Glaubensflüchtlinge, Hugenotten, Waldenser, Salzburger, Böhmische Brüder; Leute, die vor ihrer Vertreibung eine rechte Existenz gehabt hatten und nun das Schicksal von Emigranten durchkosten mußten.

Ethnisch und religiös diskriminiert waren natürlich nach wie vor die Juden, auch dort, wo sie noch geduldet waren, im Ghetto verschiedener Prägung. Die Aufklärung aber postulierte und ermöglichte die Emanzipation.

Als weitere ethnische Gruppe wären die Zigeuner zu nennen, die mit ihrem Herumwandern, Hausieren und Stehlen ins Jahrhundert eine außerordentlich pittoreske Note gebracht haben.

Das Stehlen der Zigeuner war noch relativ harmlos. Das Jahrhundert aber kennt auch den Wegelagerer und Straßenräuber, den Highwayman in England, den Briganten in den Abruzzen. Auch Spanien galt als unsicher: «Von der Polizei dieses Königreiches sowohl in den Städten als auf dem Lande ist wohl bisher nicht viel außerordentliches zu sagen ... Die Sicherheit der Einwohner ist allhier ... um ein merkliches vermindert und deren Straßenräuber auf dem Lande sind noch im Überfluß.» Die umgeworfene und ausgeraubte Kutsche ist ein beliebtes Sujet der Romane der Zeit, und der Räuber erfreut sich als romantischer Held großer Beliebtheit, bis hin zu Tommaso Rinaldini, der durch Vulpius' Roman *Rinaldo Rinaldini* als *der Räuber allerkühnster* bis heute bekannt geblieben ist. Man singt von ihm: «In des Wilden düstern Gründen, in den Höhlen tief versteckt ... zwischen hohen, düstern Mauern», da haust Rinaldini in seiner alten Felsenburg, von wo er den Kirchenstaat unsicher macht.

Wer nicht unter die Diebe und die Räuber ging, der gehörte zu den Bettlern. Bettler gab es schon immer. Armut war sozusagen biblisch vorgesehen. Bis dahin war dieses Problem durch die christliche Caritas gelöst worden. St. Martin hatte den Mantel mit dem Bettler geteilt. Wem Gott genügend Auskommen verliehen hatte, der war verpflichtet, angemessen mit dem Armen zu teilen; angemessen bedeutet, daß er Almosen zu spenden hatte. Das galt für den König wie für den Bauern. Die katholische Kirche hatte dafür außerdem ihre Bettelorden, die – selbst bettelnd – besonders in städtischen Verhältnissen Armenfürsorge trieben. Die franziskanisch-dominikanische Tradition wurde vom 16. Jahrhundert an durch die Kapuziner weitergeführt oder durch neue Orden wie die Lazaristen und Vinzentinerinnen, wo sich Volksmission mit Sozialfürsorge paarte.

Vom reinen Almosengedanken hatte sich die Reformation zu lösen versucht. Allerdings wurde weiterhin das Almosen von den Vermögenden verlangt; aber es sollte Ordnung in die Verhältnisse gebracht werden. Insbesondere bei den Reformierten unterschied man nun zwischen «würdigen» und «unwürdigen» Armen. Das Almosen sollte nicht mehr blind vergeben werden, sondern gezielt. Die Kirchengemeinden hatten den *Armenseckel* einzurichten: Eigentliche Armensteuern der Gemeinden mußten erhoben werden. Überdies wollte man die Armut, die bisher selbstverständlich war, überwinden, indem man die Armen zur Arbeit erziehen wollte. Wer nicht arbeitete, sollte auch nicht mehr essen, wie es im Alten Testament hieß. Die Armut war kein christliches Ideal mehr.

Das 18. Jahrhundert stand vor dem Problem, daß die Armut im Zunehmen begriffen war, da sich die Bevölkerung vermehrte, und es wollte nicht mehr untätig dieses Problem als unverrückbare Tatsache hinnehmen. Ein bernischer Pfarrer beantwortete eine Preisfrage der bernischen ökonomischen Gesellschaft über die Bettelei mit folgender Überlegung: «Denn wo Bettelsucht und wirkliche Bettelei im Schwang geht, da ist Armut, weil dadurch aller Fleiß, alle Arbeitsamkeit und alles Bestreben, etwas auf eine rechtmäßige Weise zu erwerben, niedergeschlagen und gedämpft, und hingegen die Trägheit und der Müßiggang genährt und gepflanzet werden. Es verhält sich auch mit dem Erbettelten gewöhnlich ebenso wie mit dem, was man mit Spielen gewinnt; was leicht erworben wird, das wird auch wieder leicht durchgebracht und aus diesem allem muß notwendig Armut folgen.»

Dies ist zwinglisch-calvinisch gedacht. Der Bettel verhindert den *Fleiß* und die *Arbeitsamkeit*. Es genügt nicht mehr, *Almosen* auszuteilen und zu bescheinigen, daß der «Arme» des Almosens «würdig» sei.

Es genügt auch nicht mehr, die Armen zu verjagen und an andere Gemeinden zu verweisen, in Betteljagden über die Landesgrenze zu treiben.

Die Arbeiter

Mit der fortschreitenden Industrialisierung zeichnete sich vor allem in Ländern wie England, Frankreich, den Niederlanden, Deutschland und der Schweiz eine neue Schicht ab, diejenige der Heim- und Manufakturarbeiter. Da – wie wir gesehen haben – das Gewerbe allein die Bedürfnisse der Gesellschaft nicht mehr erfüllen konnte, griff man auf die Bevölkerungsreserven, eben jene ärmeren Schichten, zurück, die weder in der Stadt noch auf dem Land ein genügendes Auskommen hatten und um jede Arbeit froh waren, die ihnen das Dasein erleichterte. Die *Verleger,* die Textilkaufleute, konnten so auf billige Art den einfacheren Teil ihrer Produktion herstellen lassen. Gutsbesitzer haben gelegentlich ihre Gutsuntertanen zu Manufaktur, d. h. Fabrikarbeit, verpflichtet. Die Uhrenfabrikanten ließen die einzelnen Bestandteile auf dem Lande herstellen. Oft aber geschah die Einführung von Heimarbeit aus humanitären Motiven; so, wenn Diakon Heidegger im schweizerischen Kanton Glarus oder Pfarrer Oberlin im elsässischen Steintal in Verbindung mit städtischen Industriellen der armen Bevölkerung entlegener Gegenden die Möglichkeit zu neuem Verdienst verschafften. Dem dumpfen Häusler- und Taunerschicksal konnte man bislang eigentlich nur durch Auswanderung oder Kriegsdienste entrinnen.

Die Heimarbeiter rekrutierten sich vornehmlich aus den ländlichen Unterschichten, den *Häuslern* und *Taunern.* Sie betrieben das Weben und Spinnen entweder neben ihrer bescheidenen Tätigkeit im Dienst der bäuerlichen Wirtschaft oder lebten ausschließlich von industrieller Arbeit.

Johann Wolfgang Goethe kommt im dritten Buch von *Wilhelm Meisters Wanderjahren* auf einen Besuch in einer Heimarbeitergegend auf diese industrielle Arbeit zu sprechen. «In die verschiedenen Häuser eintretend fand ich Gelegenheit meiner alten Liebhaberei nachzuhängen und mich von der Spinnertechnik zu unterrichten. Ich ward aufmerksam auf Kinder, welche sich sorgfältig und emsig beschäftigten die Flocken der Baumwolle auseinander zu zupfen und die Samenkörner, Splitter von den Schalen der Nüsse, nebst anderen Unreinigkeiten wegzunehmen: sie nennen es erlesen. Ich fragte, ob das nur das Geschäft der Kinder sei, erfuhr aber daß es in Winterabenden auch von Männern und Brüdern unternommen werde.» Von der selbstverständlichen Kinderarbeit geht es über zu den Erwachsenen: «Rüstige Spinnerinnen zogen sodann, wie billig, meine Aufmerksamkeit auf sich. ... Die Spinnende sitzt vor dem Rade, nicht zu hoch; mehrere hielten dasselbe mit über einander gelegten Füßen in festem Stande, andere nur mit dem rechten Fuß, den linken zurücksetzend. Mit der rechten Hand dreht sie die Scheibe und langt aus so weit und so hoch sie nur reichen kann, wodurch schöne Bewegungen entstehen und eine schlanke Gestalt sich durch zierliche Wendung des Körpers und runde Fülle der Arme gar vorteilhaft auszeichnet; die Richtung besonders der letzten Spinnweise gewährt einen sehr malerischen Kontrast, so daß unsere schönsten Damen an wahrem Reiz und Anmut zu verlieren nicht fürchten dürften, wenn sie einmal anstatt Guitarre das Spinnrad handhaben wollten.»

«In einer solchen Umgebung drängten sich neue eigene Gefühle in mir auf; die schnurrenden Räder haben eine gewisse Beredsamkeit, die Mädchen singen Psalmen, auch, obwohl seltener, andere Lieder.»

«Zeisige und Stieglitze, in Käfigen aufgehangen, zwitschern dazwischen, und nicht leicht möchte ein Bild regeren Lebens gefunden werden, als in einer Stube wo mehrere Spinnerinnen arbeiten.»

Goethe interessiert vornehmlich die technische Seite der Heimarbeit, und er betrachtet den ganzen Vorgang mit einem Wohlgefallen ästhetischer und allenfalls folkloristischer Herkunft. Auch die gesellige Seite entgeht ihm nicht. Diese konnte auch einen religiösen Aspekt annehmen. In solchen Kreisen fand man sich in den Erbauungsgemeinden und Sekten wieder, da die landeskirchliche Geistlichkeit es in der Regel eher mit den altgewohnten, biblischen Vorbildern mehr entsprechenden Bauern hielt. Die Weber hatten viel Zeit, bei der Arbeit zu spintisieren und nachzudenken, auch zum Lesen und zum Erzählen. Ihr Typus war beweglicher als der der eingesessenen Bauern. Aber sie waren arme Leute von Herkunft her, und ihr Gewinn zerfloß oft in bescheidenem Luxus, der bisher höchstens reichen Bauernsöhnen und Töchtern zugestanden hatte. In der Regel galten sie als leichtfertig, denn sie entrannen den festen Regeln der bäuerlichen Sitte und Zucht. Was der Weimarer Hofmann nicht schildert, ist das Elend, das über die nicht krisenfeste Heimarbeiterschicht periodisch hineinbrechen konnte, wenn ein Weltmarkt zusammenbrach und man wieder zum gedrückten Dasein des gewöhnlichen ländlichen Glieds der untersten Schicht zurückkehren mußte, ja zur Armut und Bettelei.

Goethe läßt einleitend einen alten Weber von einer anderen drohenden Gefahr reden: «Denn es war nicht zu leugnen, das Maschinenwesen vermehre sich immer im Lande und bedrohe die arbeitsamen Hände nach und nach mit Untätigkeit.» Die Fabrik, die *Manufaktur,* kam gegen Ende des Jahrhunderts immer mehr auf und damit die Konzentration der Arbeiter im Fabrikgebäude mit seinen härteren Bedingungen, seiner Sozialdisziplinierung. Bald sollte es in England zu den Fabrikzerstörungen kommen, zu jener ohnmächtigen und verzweifelten Auflehnung der Heimarbeiter gegen diese neue effizientere Form der industriellen Arbeit.

Rudolf Vierhaus sagt abschließend über die *ländlichen Gewerbetreibenden und Manufakturarbeiten*: «Die Regierungen, wie die aufgeklärten Schriftsteller des 18. Jahrhunderts sahen in den Manufakturen ein wirksames Mittel des ökonomischen Fortschritts, Armut und Beschäftigungslosigkeit der Bevölkerung zu verringern und deren Verlotterung zu verhindern. Diese Erwartung hat sich jedoch nur bedingt und allenfalls in einem langen, in die umfassendere Industrialisierung und die Fabrikproduktion einmündenden Prozeß der Gewöhnung und des Lernens erfüllt, der hohe soziale Kosten forderte. Die Armut der untersten Bevölkerungsschicht ist im 18. Jahrhundert durch Heimarbeit und Manufakturen nicht behoben worden, aber ohne beide wäre sie noch größer gewesen.»[12]

Mit dem Heim- und Manufakturarbeiter war im 18. Jahrhundert eine eigentliche neue Klasse entstanden, die sich vom Bauerntum abhob. Infolge der trotz allem noch festen Sozialordnung gab es für sie kaum Aufstiegsmöglichkeiten, ausgenommen die des Zwischenträgers, des Verbindungsmannes zum Kaufmann in der Stadt, der die Ware brachte und wieder abholte. Als dann im 19. Jahrhundert Zunft- und Standesschranken zumindest offiziell fielen, da wurde es möglich, selber zum Fabrikanten aufzusteigen. Möglich wurde auch der Übergang in andere Berufe und möglich die Arbeiterschaft des 19. und 20. Jahrhunderts mit ihrer gewaltigen politischen und sozialen Sprengkraft.

III.
Europa und seine Staaten

1. Der Lauf der Welt

Das 18. Jahrhundert beginnt mit einem großen Krieg. Dieser Krieg ging um die spanische Erbfolge, die sowohl der französische König Ludwig XIV. wie der habsburgische Kaiser beanspruchten, um in Spanien Nebenlinien ihres Hauses zu erhalten bzw. neu zu installieren. Man hatte jahrzehntelang auf den Tod des kränkelnden Königs Karl II. warten müssen. Dann schlug man los – fast alle gegen das übermächtige Frankreich. Großbritannien und Österreich waren dank ihrer hervorragenden Feldherrn, dem Herzog von Marlborough und dem Prinzen Eugen, schließlich siegreich. Parallel tobte der Nordische Krieg des schwedischen Königs, des tollen Karl XII., gegen seine Nachbarn. Die Friedensschlüsse führten zum Gleichgewicht, zur *Balance,* die das Jahrhundert prägen sollte, auch wenn noch viele Erbfolgekriege zu bestehen waren.

Rückblickend sieht es für den einfachen Zeitgenossen etwa folgendermaßen aus. Für ihn war wohl die wunderbare Errettung Wiens von 1683 aus der Umklammerung durch die Türken der Anfang besserer Zeiten. Vorüber ging der Erbfolgekrieg um Spanien, und Ludwig XIV. starb nach den Niederlagen seiner so glänzenden Heere. Des tollen Schwedenkönigs Abenteuer fanden ein Ende, als ihn eine Kanonenkugel vor der Festung Frederikshald tödlich getroffen hatte. Danach stritten sich die Mächte um die polnische und österreichische Erbfolge, und es begann der steile Aufstieg Preußens unter seinem «großen» König Friedrich II.

Eine oberdeutsche Kalendergeschichte aus dem Beginn des 19. Jahrhunderts schilderte den weiteren Lauf der Welt:

«Unterdessen wurde die Stadt Lissabon in Portugal durch ein Erdbeben zerstört, und der siebenjährige Krieg ging vorüber, und Kaiser Franz der Erste starb, und der Jesuiten-Orden wurde aufgehoben, und Polen geteilt, und die Kaiserin Maria Theresia starb, und der Struensee wurde hingerichtet, Amerika wurde frei, und die vereinigte französische und spanische Macht konnte Gibraltar nicht erobern. Die Türken schlossen den General Stein in der Veteraner Höhle in Ungarn ein, und der Kaiser Joseph starb auch. Der König Gustav von Schweden eroberte russisch Finnland, und die französische Revolution und der lange Krieg fingen an, und der Kaiser Leopold der Zweite ging auch in's Grab. Napoleon eroberte Preussen, und die Engländer bombardierten Kopenhagen ...»[1]

Diese Erzählung mutet wie ein Totentanz des Ancien régime an, dessen Anfang das Erdbeben von Lissabon bildet, ein Ereignis, das das zukunftsgläubige und optimistische Jahrhundert im Lebensnerv traf.

Die erwähnte Kalendergeschichte gibt die geraffte Ereignisgeschichte des 18. Jahrhunderts wieder. Ein Durcheinander der Erbfolgestreitigkeiten, die in internationalen Kriegen ausgefochten werden – Kriegen, geführt zu Land mit den wohlgedrillten Reihen der Berufsarmeen mit Trommel- und Trompetensignalen, rechtzeitigen Rückzugskommandi und neuen übersichtlichen Formationen oder zur See mit den kanonenbestückten Fregatten und ihrer disziplinierten Segel- und Steuertaktik, wie sie das französische Marinelied *Au trente et un du mois d'août* vom 31. August irgendeines Seekriegsjahres wiedergibt: An diesem Tag sah man eine englische Fregatte mit vollen Segeln auf Bordeaux zufahren. Ein französisches Schiff vom Typ *Corsaire* – nur mit sechs Kanonen bestückt – kann jedoch nach exakt durchgeführtem Manöver das «miese und plumpe» englische Schiff, das mit nicht weniger als sechsunddreißig Kanonen versehen war, im Sturm entern, mit Äxten, Granaten, Picken, Säbeln und Musketen. Der kecke Refrain, der die einzelnen Strophen, die alle Phasen der Segel- und Steuertaktik wiedergeben, jeweils abschließt, lautet:

«Buvons un coup, la-la, buvons en deux
A la santé des amoureux,
A la santé du roi de France
Et merde pour le roi d'Angleterre,
Qui nous a déclaré la guerre.»[2]

(Trinken wir einen Schluck, la-la, trinken wir zwei auf die

Gesundheit der Verliebten, auf die Gesundheit des Königs von Frankreich, und Scheiße für den König von England, der uns den Krieg erklärt hat.)

In diesen Kriegen zu See und zu Land gab es Siege und Niederlagen auf beiden Seiten, aber zum Abschluß einen feierlichen Friedensschluß mit gegenseitigen Gesandtschaften und alteingeübtem Zeremoniell. Weil man an das Gleichgewicht der Mächte glaubte, so verschob man leichthin gewisse Länder auf der politischen Karte: Zum Beispiel wurde nach dem in Italien und am Rhein ausgefochtenen Polnischen Erbfolgekrieg der Jahre 1733 bis 1735 der König von Polen nach dem Herzogtum Lothringen und der bisherige Herzog von Lothringen nach dem Großherzogtum Toscana «verschoben», weil dort gerade rechtzeitig die alte Dynastie der Medici ausgestorben war. Man spielte virtuos mit den bewährten monarchisch feudalen Regeln, und nach dem Siebenjährigen Krieg gönnte man Europa eine Friedenszeit von fast dreißig Jahren.

Die Geschichte der Ereignisse ist verwirrend und vielfältig. Sie ist die Affäre der Ministerien, die ihre Armeen oder ihr Geld sinngemäß einsetzen im Interesse ihrer Königshäuser oder auch ihrer kaufmännischen oder militärischen Macht.

Die zitierte oberdeutsche Kalendererzählung endet diesen Gang durch die Ereignisgeschichte mit den Worten: «. . . und die Ackerleute säten und schnitten. Der Müller mahlte, und die Schmiede hämmerten, und die Bergleute gruben nach den Metalladern in ihrer unterirdischen Werkstatt.» Das ist das, was die französischen Historiker als *Histoire de longue durée* bezeichnen, als Geschichte der langen Dauer, jene Geschichte, in der die Politik, die Kriege, die Länderverschiebungen nur momentane Ereignisse sind – wenn auch grauenhaft wie ein Erdbeben –, währenddem die wirtschaftlichen und sozialen Entwicklungen ohne großes Aufheben ihren stillen Weg gehen.

2. Die altgewordenen Monarchien und Republiken

War Europa eine Einheit oder hoffnungslos zersplittert? Antwort auf diese Frage gibt der italienische Aufklärer Carlantonio

Pilati in den siebziger Jahren, nachdem er verschiedene Länder auf Reisen kennengelernt hatte:

«Diejenigen, die nur von einem Land ins andere eilen, haben Mühe, wichtige Unterschiede zwischen den verschiedenen Gegenden Europas zu finden. Sie glauben überall eine große Einförmigkeit zu finden und bilden sich ein, ihre Leser davon überzeugen zu können. Aber sie täuschen sich gröblich. Wenn es schon Dinge gibt, welche die verschiedenen europäischen Länder einander annähern, wie etwa die gleiche Moral, die gleichen religiösen Grundüberzeugungen, die gleichen Prinzipien der Gesetzgebung, so ergeben Charakter, Leidenschaften, Geschmack, Lebensart und Sitten entscheidende Unterschiede innerhalb der gleichen Nation: Klima, Essen und Trinken, die Art des Landes, gewisse religiöse Grundsätze, gewisse Maximen der Regierungsart, schließlich eine mehr oder weniger vollkommene Gesetzgebung, mehr oder weniger passend für die eine, weniger passend für die andere Nation.»[3]

Eine ähnliche Bilanz zieht ein Flugblatt, das 1785 unter dem Titel *Politisches Barometer* zirkulierte.

«Portugal bittet um alles,
Spanien verschafft alles,
Neapel macht mit alles,
Parma schickt sich in alles,
Venedig schweigt zu alles,
Genua lacht auf alles,
Sardinien wacht auf alles,
England hilft zu alles,
Frankreich mischt sich in alles,
Schweiz glossiert über alles,
Vor Rußland fürcht' sich alles,
Deutschland äfft nach alles,
Schweden denkt zurück auf alles,
Dänemark leidet alles,
Polen verliert alles,
Preußen stift an alles,
Der Türk verwundert sich über alles,
Das heilige Reich glaubt alles,
Der Kaiser zeigt Lust zu alles,

Der Papst läßt zu alles,
Durcheinander geht alles,
Und so ist verwirrt alles,
Komm, Gott erbarm dich über alles,
Sonst kommt der Teufel und holt alles.»[4]

Dieses politische Barometer erschien zwei Jahre, nachdem der Friede von Versailles den langen Krieg beendet hatte, der um die Unabhängigkeit der englischen Kolonien in Nordamerika geführt worden war. Man wußte noch nicht, daß vier Jahre darauf in Frankreich die revolutionären Ereignisse in Gang kommen sollten, die von 1792 an in einen Weltkrieg ausmündeten, in welchem der «Teufel» – wie die Welt der Könige und des Adels gerne Napoleon Bonaparte bezeichnete – so ziemlich alles holen sollte.

Portugal bittet um alles. Das deutet wohl auf die enge Bindung, die Portugal von 1703 an mit Großbritannien eingegangen war, um sich vor dem Zugriff des bourbonisch gewordenen Spanien zu retten. Für beide ging es um die Absicherung des portugiesischen Kolonialreiches vor spanischem bzw. französischem Zugriff, um Brasilien und um afrikanische und indische Küstenpositionen. So blieb Portugal still, um dann wieder von sich reden zu machen, als alle Macht an den ersten Minister Marquis von Pombal ging, der eine durchgreifende und harte Modernisierung in Gang setzte, von der Aufhebung des Jesuitenordens bis zur Abschaffung der Sklaverei. Erst nach über zwanzig Jahren Herrschaft wurde er vom neuen König Pedro III. fallengelassen. Das Land blieb arm, denn das Geld der Kolonien ging an Hof, Adel und ausländische Kaufleute. Portugal war weiterhin auf das Wohlwollen Großbritanniens und Spaniens angewiesen.

Spanien verschafft alles. Dieses sich alles verschaffen bezieht sich wohl auf die momentane Situation von 1785. Spanien hatte verlorene Positionen zurückgewonnen dank seinem Engagement in der nordamerikanischen Befreiung, Differenzen mit Portugal in Lateinamerika bereinigt, mit ihm einen Handelsvertrag geschlossen, dem auch Frankreich beitrat. Im Mittelmeer stand man in gutem Einvernehmen mit der Türkei. Die herrschenden Bourbonen richteten ihre Politik mehr oder weniger nach Frankreich aus, was auch Aufklärung bedeutete bzw. Zentralisierung im französischen Stil. Aufklärung von oben in einem durch und durch katholisch-gegenreformatisch geprägten Lande, wo zu Beginn des Jahrhunderts der hochentwickelte barocke Kirchenstil sich im *Churriguerismus* recht eigentlich überschlagen hatte. Am Schluß des Jahrhunderts brachte allerdings Goya einen wilden realistischen Stil ins künstlerische Spanien hinein. – Noch unterstand Spanien der Großteil von Lateinamerika – spanische Vizekönige und Erzbischöfe von Mexiko bis Peru, kontrolliert vom Indienrat in Madrid. Nach wie vor profitierten die großen Handelsgesellschaften vom Reichtum der Kolonien, ein Ungleichgewicht, das immer spürbarer wurde. Immer noch bereitete die Domestizierung der Indios den Kreolen Mühe, jenen Einheimischen spanischer Herkunft, die vom Ende der spanischen Kontrolle zu träumen begannen.

Auf die zwei iberischen Monarchien folgen die in Italien gelegenen Staaten. Italien ist ein kultureller und ein geographischer Begriff. Eine gewisse Einheit, einen gewissen Stolz vermitteln noch die Erinnerungen an römische Größe – die Ausgrabungen von Pompeji beginnen – und an die Glanzzeit der Renaissance. Dadurch, daß Italien nicht zentralisiert war, ist eine gewisse kulturelle Vielfalt garantiert. Eine kluger Italiener stellt damals fest: «Diese Gegend hat Vorteile vor anderen Ländern, die nur eine einzige Hauptstadt besitzen. In diesen Ländern entscheidet die Metropole über die Richtung des Wissens und die Art des Denkens. Sie bringt ihre Untertanen jedes Standes dazu, sich der gleichen Bildung zu unterwerfen und auf die gleiche Art zu denken wie sie. Aber weil Italien in verschiedene Staaten eingeteilt ist, so hat es auch verschiedene Hauptstädte. Dergestalt ist die Art des Denkens die Auswahl der Gegenstände des Wissens und der Geschmack in den Wissenschaften und den Künsten verschiedenartiger und bunter.»[5]

Politisch sind die italienischen Staaten immer wieder Opfer dynastischer Kombinationen, und vor allem veranstalten in jedem Kabinettskrieg die österreichischen oder französischen Truppen ihre Durchzüge. Oberitalien ist mit Flandern das Schlachtfeld Europas. – Das Flugblatt charakterisiert richtig:

Neapel macht mit alles, indem die spanisch-bourbonische Monarchie beider Sizilien wie andere katholische Monarchien sowohl die aufgeklärte Reform als auch die nachfolgende Reaktion durchmacht.

Parma schickt sich in alles, denn eingekeilt zwischen Sardinien, Piemont, der Republik Genua, dem österreichischen Mailand hat es nicht viele andere Möglichkeiten; seit 1749 spanisch-bourbonische Sekundogenitur, erlebt es mit Napoleon Reform und Reaktion.

Sardinien wacht auf alles, das heißt: mit einer volksverbundenen, aber kulturfeindlichen Monarchie überwacht Sardinien-Piemont seine schwächeren Nachbarn. Seit 1748 hat es seine Grenzen schon nahe an Mailand verschieben können, und 1782 hilft es mit, die altverhaßte Republik Genf zu demütigen, denn es verfügt noch über das französisch sprechende Savoyen. Die Westgrenze liegt an der Rhone.

Das Flugblatt vergißt das Großherzogtum *Toscana,* auf welches man eine Formel wie *versucht alles* anwenden könnte, wenn man an die eindrückliche aufklärerische Reform unter Großherzog Peter Leopold und seinem Minister Rosenberg-Orsini denkt. Die Toscana steht seit 1735 – als die Medici ausstarben – unter den Lothringern und ist damit Habsburg-Österreich verpflichtet.

Es fehlen schließlich außerdem noch zwei weitere kleinere italienische Staaten. Einmal das *Herzogtum Modena,* auf das man wie auf Parma das *schickt sich in alles* beziehen könnte, weil es – immer noch von der einheimischen Dynastie der Este patriarchalisch regiert – wie Parma zwischen den Mächten Österreich und Frankreich lavieren muß.

Dann die *Republik Lucca.* Hier wäre das venezianische *schweigt zu alles* abzuwandeln, da es diese kleine Republik in aller Stille klug und abgewogen versteht – was sonst keine Republik über sich bringt –, die Regierungsbasis der Aristokratie durch die Schaffung neuer Nobili zu erweitern.

Die andere Republik, *Genua, lacht auf alles.* Da ist man indifferent gegen die Kirche, freimaurerisch aufgeklärt und kann gerade noch den ligurischen Küstenstreifen halten, nachdem man die Insel Korsika an Frankreich abgetreten hat: Korsika, wo Vater und Sohn Giacinto und Pasquale Paoli vergeblich für die Selbständigkeit ihrer Insel kämpften.

Die dritte Republik ist Venedig. *Venedig schweigt zu alles.* Es handelt sich um das Schweigen des Staates, der sich immer noch stolz in seine Größe hüllen kann. Auch wenn es im 17. Jahrhundert Kreta und den Peloponnes verloren hat, so kontrolliert es die Adriaküste von den Ionischen Inseln an und besitzt die Terra Ferma von Friaul bis an den Comersee. Noch zu Beginn des Jahrhunderts ließ man – als Kreta vorübergehend zurückerobert wurde – diesen Sieg durch Vivaldis *Juditha triumphans* feiern. Venedig kann sich fortan die Kriege durch kluge Neutralität fernhalten und fördert mäßige Reformen. Noch halten Canaletto und Guardi mit ihren Pinseln die großartige Kultur einer geschlossenen Aristokratie fest.

Nicht zu vergessen ist der Kirchenstaat, der sich quer über Mittelitalien zwischen Mittelmeer und Adria lagert. *Der Papst läßt zu alles* gilt nicht nur für die Kirchenpolitik katholisch aufgeklärter Monarchen, sondern auch für seinen Staat, wo «die Landwirtschaft vernachlässigt ist, eine riesige Landfläche brach liegt und eine weitere nur ein Sumpf ist, den auszutrocknen niemandem einfällt».[6]

Im folgenden gibt das Flugblatt den *Barometerstand* nördlich der Alpen an und springt von Sardinien gleich nach England.

England hilft zu alles, auch wenn man gerade die 13 Kolonien verloren hat, so befindet man sich in unentwegtem Aufstieg. Zu Hause wird industrialisiert, und die britischen Kaufleute sorgen dafür, daß *Britannia* die Meere beherrscht. Stolze Nation, die mit Newton die bisher verborgenen Naturgesetze ans Licht gebracht hat, die in unblutiger, glorreicher Revolution die erste konstitutionelle Monarchie geschaffen, die mit der *Bill of Rights* die Rechte des Bürgers zum Landesgesetz gemacht hatte, die mit der *Toleration Act* den Verfolgungen des Glaubens ein Ende setzen wollte und mit den Truppen des Herzogs von Marlborough der reaktionären Supermacht eines Ludwig XIV. Einhalt geboten hatte; der man das Monopol des *common sense,* des *gesunden Menschenverstandes,* zuspricht und von wo die merkwürdigsten technischen Erfindungen nach Europa hinübergetragen werden. Dabei darf man das *Königreich Schottland* nicht vergessen, das zwar jetzt im *Vereinigten Königreich* integriert ist, das aber eine eigene Philosophenschule hervorbringt. Nur *Irland* fällt ab, wo aus Angst vor katholisch-stuartistischen Aufständen gegen die hannöverisch-protestantische Herrschaft protestantische Intoleranz herrscht.

Frankreich mischt sich in alles, sei es in Europa, sei es in den Kolonien, wenn auch mit wenig Glück unter dem Mätressenregiment Ludwigs XV. Mit ganz anderm Glück mischt es sich in die anfänglich mehr englische Bewegung der Aufklärung. Paris ist in Wort und Schrift das unbestrittene Zentrum der internationalen *république des lettres*: «Die französische Sprache ist beinahe zur Universalsprache geworden», stellt Voltaire fest, auch weil sie «besser als das Englische geeignet ist, Gedanken klar auszudrücken».

Schweiz glossiert über alles, weil von ihr in deutscher, französischer – gelegentlich auch italienischer – Sprache ein reiches Schrifttum gemäßigt-aufklärerischer Art ausgeht. Sie glossiert und kommentiert, weil sie sich in mehr oder weniger komfortabler Neutralität zwischen den Großmächten Frankreich und Österreich befindet, sich nicht zu engagieren und seit 1536 keinen europäischen Krieg mehr auf ihrem Territorium erlebt hat. Sie gilt als interessantes Land freier Republiken, ist wohlhabend und exportiert nicht nur mehr Käse, sondern auch Textilien und Uhren.

Die einzige selbständige Republik nördlich der Alpen ist neben der Schweiz die Republik der *Vereinigten Niederlande,* die im Flugblatt aber vergessen wird. Aus sie könnte man das *denkt zurück auf alles* oder *leidet alles* beziehen. Die gewaltige wirtschaftliche, politische und geistige Entwicklung des 17. Jahrhunderts liegt zurück, und bald wird dieses System von Republiken Opfer preußischer Intervention zugunsten des Generalstatthalters und zuungunsten alter patriotischer Freiheit. Aber noch gilt das Sprichwort vom *reichen Mann in Amsterdam,* hinter dem immer noch ein Kolonialreich in allen Weltteilen steht.

Deutschland äfft nach alles, weil es im Hofleben wie im Schrifttum immer noch gerne französische oder englische Vorbilder imitiert und erst schüchtern vom *deutschen Nationalgeist* zu reden beginnt. Deutschland, das ist immer noch das *Heilige Römische Reich Deutscher Nation.* Kein Staat im Sinne der modernen oder gar nationalen Monarchie, sondern ein mittelalterlicher Rahmenbegriff. *Das Reich* waren eigentlich nur noch die zwischen Frankreich, Preußen und Österreich eingekeilten vielen Klein- und Kleinststaaten, weltliche und geistliche Fürstentümer, Ritterschaften und Reichsstädte. Wenn das Flugblatt sagt *Das heilige Reich glaubt alles,* so ist das eine Repetition des *äfft nach alles.* Das Reich war immer noch traumatisiert seit der Zeit des

Dreißigjährigen Krieges und der nachfolgenden französischen Aggressionen. Konfessionell zeigte es sich vielgestalt: Lutheraner in der Mehrheit, Calvinisten als Minorität und viel römischer Katholizismus. Das Flugblatt übersieht aber wirtschaftliche und kulturelle Prosperität in vielen Fürstentümern – nicht nur im Weimar Goethes – und in manchen Städten – nicht nur im Hamburg Lessings. Deutschland ist voll von schlummernden und allmählich erwachenden Kräften in seiner kulturell sehr differenzierten Welt. Das Gemeinsame war die nun einheitlich gewordene Schriftsprache, die entsprechende Dichtung und eine Erinnerung an einstige Macht und Herrlichkeit des Reiches. Gegen Ende des Jahrhunderts spielte sich Deutschland geistig in die vordersten Ränge, viele andere in den Schatten stellend. Zukunftsträchtig sollte sich ein Urteil des 18. Jahrhunderts erweisen: «Es ist wahr, daß die Deutschen extrem arbeitstüchtig sind.»[7]

Wenn schon deutsche Arbeitstüchtigkeit, dann muß man an Preußen denken. Es erhält eine eigene Zeile im Flugblatt: *Preußen stift an alles.* Dies deutet auf seinen unruhigen König Friedrich II. hin, der 1740 den österreichischen Erbfolgekrieg, 1756 den Siebenjährigen Krieg und 1772 die polnische Teilung «angestiftet» hat, sich nun im Besitze des österreichischen Schlesien und des polnischen Westpreußen befindet. Aber Friedrich II. bedeutet auch Friedrich den Großen, der aus seinem Potsdam und seinem Berlin ein Zentrum der Aufklärung machte.

Österreich wird nur durch seinen Herrscher, den Kaiser, erwähnt: *Der Kaiser zeigt Lust zu alles.* Die österreichischen Habsburger waren seit dem 15. Jahrhundert Kaiser des Heiligen Römischen Reiches Deutscher Nation. Zur deutschen Nation gehörte immer noch das alte Österreich, das jedoch ein eigenmächtiger Großstaat geworden war. Der Kaiser, *der Lust zu alles* zeigt, ist Joseph II., der eben Lust hat, seine große, bunte Staatenwelt zu vereinheitlichen, seine Macht gegen die Türkei und Polen hin zu erweitern. Österreich war ein Staat der Pluralität mit der kosmopolitischen Hauptstadt Wien. Weit davon liegen die Grenzen in Flandern, am Oberrhein, und von Tirol an erstreckt sich das alte mehr oder weniger deutschsprachige Österreich bis ins Burgenland und nach Kärnten. Die Kronen Böhmens und Ungarns sind in der Hand der Habsburger. Prag und

Budapest sind bedeutende Hauptstädte mit eigenem kulturellem Bewußtsein. Das vielsprachige und multikonfessionelle Ungarn pocht auf seine Eigenständigkeit. Das Herzogtum Mailand und die Sekundogenitur in der Toscana bringen einen italienischen Akzent ein. Über ein Dutzend Sprachen werden im österreichischen Machtbereich gesprochen und geschrieben. Ausländische Einflüsse spiegeln sich in der Hauptstadt Wien, italienische, spanische aus der vorbourbonischen Zeit Spaniens, neue französische durch die Lothringer, denn das Herrscherhaus stammt durch den Gatten der Maria Theresia aus diesem einstigen Randstaat des Reiches. So gut römisch-katholisch sich das österreichische Imperium auch gab, versteckt fanden sich überall noch protestantische Minoritäten, in Ungarn mit offiziellem Status.

Im *politischen Barometer* finden wir auch die zwei nordischen Staaten. *Dänemark leidet alles,* weil es sich nun fast wehrlos zwischen Englands, Rußlands und Schwedens Land- und Meerinteressen befindet. Die Zeiten des Seeheldenkönigs Christian IV., der im 17. Jahrhundert *am hohen Mast* gestanden hatte, waren längst vorbei, und man hatte aalglatte Neutralitätspolitik zu betreiben. Noch verfügte das dänische Königshaus über das Königreich Norwegen, über Island und die Herzogtümer Schleswig und Holstein. Ein wohlhabendes Bürgertum führte den umfangreichen Handel mit norwegischem Holz und Agrarprodukten. Kopenhagen wurde zur eleganten Weltstadt des Nordens. Ein gutmütiger Absolutismus hatte die Gleichheit der Untertanen gebracht, welche später zu umfassender Bauernbefreiung führte. Norwegen war immer ein Land von freien Bauern gewesen, fernab der Zentrale. Die Aufklärung war in vollem Gange. Ein goldenes Zeitalter dänischer Literatur war angebrochen. Seit 1770 gab es keine Zensur mehr, und die Dänen wußten von dieser Freiheit klugen Gebrauch zu machen.

Schweden denkt zurück auf alles, zurück auf die Großmachtzeit des vergangenen Jahrhunderts, das Jahrhundert jenes spektakulären Eingriffs der Schweden mit ihrer furchterregenden Armee und deren finnischer Reiterei unter König Gustav Adolf in den Dreißigjährigen Krieg zur Schaffung eines schwedisch-lutherischen Gottesreiches rund um die Ostsee. Aber ein halbes Jahrhundert später verspielte der verrückte König Karl XII. – der

18 Jahre lang den ganzen Norden in Atem hielt – fast alles trotz seiner heldenhaften Feldzüge, und trotz weiterer Kriege gingen in der Folge die schwedischen Dependenzen in Vorpommern, im Baltikum und schließlich ganz Finnland verloren, das 1808 zu einem russischen Großfürstentum wurde – immerhin mit beachtlicher Autonomie. Ein nicht unbeträchtlicher Eisen- und Holzexport brachte Geld, aber die glücklosen Kriege kosteten viel. Zu Hause schwankte man zwischen königlichem Absolutismus und Parlamentsregime des adligen Reichstags. Die Bauern genossen von altersher dörfliche Selbstverwaltung, die sukzessive erweitert wurde. Gustav III. gab sich nach dem Modell Friedrichs II. von Preußen als aufgeklärt-absolutistischer Monarch. Ein wissenschaftliches Leben sproß auf, und Stockholm brillierte als glänzender Hof.

Polen verliert alles. Polen, einst ein stolzes mittelalterliches Königreich, das sich vom Schwarzen Meer bis an die Ostsee erstreckt hatte, war bei einer mittelalterlichen Verfassung stehengeblieben, wo der polnische Reichstag mit schwachen Königen die Straffung des Absolutismus verpaßte. Es wurde Opfer des Konzerts der Mächte Rußland, Preußen und Österreich. Eine erste Teilung fand 1772, eine zweite 1793 und die endgültige 1795 statt. Ein Land, das einst mächtig war, sich später konfessionell offen, dann aber gegenreformatorisch und zuletzt noch reformerisch-aufgeklärt gegeben hatte, verschwand von der Landkarte. Aber die Polen selbst mit ihrer Sprache und ihrer römisch-katholischen Religion zwischen dem protestantischen Preußen und dem griechisch-orthodoxen Rußland existierten weiter und warteten 130 Jahre lang auf ein Wiedererstehen ihres eigenen Staates.

Vor Rußland fürchtet sich alles. Mit Zar Peter dem Großen zu Beginn des 18. Jahrhunderts wird Rußland – dieses Binnenreich hinter Polen, dem Baltikum und Schwedisch-Finnland – politisch aktiv und modernisiert sich. Die Hauptstadt wird vom entlegenen Moskau nach St. Petersburg ans Meer verlegt. Man gründet eine Akademie und holt sich beste Köpfe aus dem Westen, modernisiert die Armee und wird noch absolutistischer, als man es schon war. Schließlich treibt die aufgeklärte Zarin Katharina II. allüberallhin aktive Politik gegen die Türkei, gegen Schweden, Dänemark und Polen. Mit seiner gefürchteten

Kosakenreiterei steht Rußland nun in langer Front von Riga bis zur Krim, geheimnisvoll, furchteinflößend, aber auch attraktiv.

Das Flugblatt endet seine Angaben über den politischen Barometerstand mit der Türkei: *Der Türk verwundert sich über alles,* weil die Randpositionen seines Imperiums ins Wanken geraten waren (Ungarn, Siebenbürgen, die Krim sind verloren; die Moldau und Walachei, Tunis und Tripolis beginnen sich autonom zu fühlen) und weil man sich außerhalb dieser aufregenden aufstrebenden Aufklärungswelt der Europäer befindet. Im Flugblatt wird die Türkei als einzige nichteuropäische Macht erwähnt, denn sie beherrscht eben noch den mehrteils christlichen Balkan mitsamt dem unerlösten *Griechenland,* wo sich erste Freiheitsregungen zeigen.

Daß der eben entstandene Bundesstaat der *Vereinigten Staaten von Amerika* nicht auf dem Flugblatt erwähnt wird, braucht weiter nicht zu verwundern, da die Welt immer noch Europa ist. Den Europäern sind zwar die anderen Kontinente recht wohlbekannt, nicht nur das spanische und portugiesische Amerika, die englischen, französischen, portugiesischen und holländischen Küsten von Afrika, das nun weitgehend englische Indien und das niederländische Indonesien. Man interessiert sich sogar brennend für alle exotischen Länder, man bewundert das so weise regierte China und liebt es, die Häuser mit echter und imitierter exotischer Kunst zu schmücken und chinesische Gärten anzulegen.

Aber die Entscheide fallen doch noch zwischen London, Paris, Wien, allenfalls zusammen mit St. Petersburg, Berlin und Madrid. Aber *durcheinander geht alles* ist der Befund des politischen Barometers.

3. Der Kosmopolitismus über den Staaten

«Ich bin ein Bürger der Welt, ich stehe weder im Dienste des Kaisers noch des Königs von Frankreich, sondern im Dienst der Wahrheit», schreibt um 1700 Pierre Bayle, der hugenottische Verfasser der ersten aufklärerischen Enzyklopädie. Am Ende des Jahrhunderts sagt Friedrich Schiller: «Ich schreibe als Weltbürger, der keinem Fürsten dient. Früh verlor ich mein Vaterland, um es gegen die große Welt einzutauschen.»[8]

Die Staatenwelt des 18. Jahrhunderts war noch nicht nationalistisch – wenn auch der Nationalismus überall verdeckt im Schlummer lag und später lärmig erwachen sollte. Das Jahrhundert der Aufklärung begriff sich als Kosmos, als die Welt in ihrem Gesamtzusammenhang.

Die Monarchen, das war eine international versippte Gesellschaft. «Echt» waren eigentlich nur die Brandenburger in Preußen, die Este in Parma, die Savoyer in Turin. Häufig waren auch die Minister dieser Könige nicht Landeskinder, und unter den Feldmarschällen und Generälen fand man – z. B. in der russischen Armee – ein buntes Gemisch von Deutschbalten, Franzosen, Deutschen, Schweizern. Die Höfe der Könige reflektieren dieses Bild von Internationalität, Deutsche in Kopenhagen, eine bunte Welt in Wien. Der hohe Adel zählte z. B. in Schweden die französischen de la Grange, die irischen Hamilton und die deutsch-baltischen Wrangel zu den Seinen. Der Adel war grundsätzlich kosmopolitisch. Seine Standesregeln galten überall, Ehrenkodex der Offiziere, Pflicht und Treue, Heiraten nur zwischen Ebenbürtigen. Zu ihren Füßen lag der Pöbel, zu dem man auch das Bürgertum zählen konnte.

Auch wenn man sagte, Gott und der König könnten alle Sprachen sprechen, so wurde doch Französisch zur dominierenden Sprache der Höfe und des Adels, der sein angestammtes Idiom für seine Bedienten reservierte, sofern er der Landessprache bzw. deren Dialekte überhaupt mächtig war. Das Französische ersetzte das bis dahin noch viel gesprochene Italienisch und allmählich das gelehrte Latein. Die Höfe waren alle ganz auf das französische Vorbild ausgerichtet. Man korrespondierte unter sich nur in dieser Sprache. Es wurde auch für die bürgerlichen Intellektuellen und die Kaufleute die zu erlernende Fremdsprache. Das französische Theater war allgemein beliebt – auch im Volke. Nicht unwichtig für das Französische war die Präsenz der emigrierten Hugenotten in den protestantischen Ländern. Die französische Kirche der «Kolonien» stieg oft zur Kirche der Vornehmen auf. Die Hugenotten behielten ihr Idiom bis in den Anfang des 19. Jahrhunderts. Französisch und nicht mehr Latein war der mündliche und schriftliche Ausdruck des Kosmopolitismus.

An sich war das Bürgertum weniger kosmopolitisch strukturiert. Man lebte unter sich, in der abgeschlossenen Stadt, heiratete nur unter Bürgern. Bei aller sonstigen Offenheit in aufgeklärten Kreisen war doch eine Heirat in eine andere Stadt ein Ding der Unmöglichkeit. Man wolle doch, so ein Basler Bürgermeister, «das edele baselische Blut nicht mit fremdem Zusatz verpesten»,[9] anläßlich einer Debatte im großen Rat über die mögliche Öffnung des Bürgerrechts für Nichtbürger. Da blieb der Kosmopolitismus eine rein geistige und theoretische Angelegenheit. Mobiler waren je nachdem die Kaufleute und jene Handwerker, die von Land zu Land zu wandern pflegten.

Da die Staatenwelt eine hergebrachte Selbstverständlichkeit war und blieb, konnte sie kein rechtes Vorbild für die aufklärerische Bewegung sein. Außerdem stieß sich der Kosmopolitismus des Adels an dessen Glauben an die Ungleichheit unter den Menschen. Vielleicht kam nur England gewissen aufklärerischen Vorstellungen entgegen. Dort zeigte sich eine Öffnung dank der alten freiheitlichen, nun in der Parlamentsherrschaft erneuerten Traditionen, dank der Mischung von Gentry und Bürgertum, dank einer freien Presse und dank einer toleranten Haltung in Religionsdingen. England ist darum durch die sehr *wirksamen Briefe über die Franzosen und die Engländer* des Beat von Muralt und dank Voltaires Berichten – ausgerechnet in französischer Sprache – zu einem Idealland hochstilisiert worden. Frankreich war allzusehr vom Erbe des intoleranten Absolutismus belastet, als daß es politisch ein Vorbild hätte sein können.

Vorbilder konnte man auch anderswo finden: etwa bei den *guten Wilden* in Nordamerika oder auf den Südseeinseln oder – wenn man in Europa bleiben wollte – bei den *Hirten* in den Schweizer Bergen. Bis in den Beginn des 18. Jahrhunderts hatte die Schweiz als unwirtliches Land, ja sogar ein Land von barbarischen Sitten mit einer zurückgebliebenen Bevölkerung gegolten. Nun entdeckten zuerst Naturwissenschaftler dieses hochinteressante Stück Geologie. Gebirge und Seen wurden attraktiv zuerst für reisende britische Lords, die den Genfersee mit dem romantischen Schloß Chillon und der großartigen Gebirgskulisse der Walliser Alpen wahrnahmen. Dann folgten Reisende aus aller Herren Länder und verfaßten ihre enthusiastischen Reiseberichte. In dieser erhabenen Natur entdeckte man bald auch den Menschen der Alpen. Wie ein Fremdenführer wirkten das Lehrgedicht *Die Alpen* des Naturwissenschaftlers und Mediziners Albrecht von Haller und später die in alle möglichen Weltsprachen übersetzten *Idyllen* Salomon Gassners. Rousseau politisierte den landschaftlichen Aspekt: Die bis jetzt so verachtete alpine Demokratie wurde plötzlich ideale Staatsform.

Günstig für diesen *Philhelvetismus* war, daß dieses Land in seinen Städten eine aufgeklärte Elite genoß, die internationales Ansehen besaß, die sich französisch und deutsch ausdrücken konnte. Und mit dem *freien Schweizer* der Alpen entdeckte man auch den historischen Mythos dieses republikanischen Landes: die wundersame heroische Geschichte vom gemeinsamen Bundesschwur der drei Waldstätte auf der Rütliwiese, vom Tyrannenmörder Wilhelm Tell. Dergestalt vereinte sich der historische mit dem alpinen Mythos, wurde zu einem Vorbild und schließlich klassisch gestaltet in Friedrich Schillers Drama, das allgemeine, kosmopolitische Geltung beanspruchte.

Daß die Realität nicht so ideal war, merkten Schweizer und Ausländer erst richtig zu den Zeiten der Französischen Revolution, wo Frankreich mit seiner Devise Freiheit und Gleichheit alles Bisherige in den Schatten stellte.

Ein offenes Problem des Kosmopolitismus blieb die Frage der friedlichen Zusammenarbeit zwischen den Staaten. Sollte sie sich wie seit jeher darauf beschränken, Friedenskongresse nach gehabtem Krieg zu veranstalten, Landverschiebungen zu garantieren, die schon den Keim neuer Kriege in sich trugen?

Seitdem Erasmus 1517 mit seiner *Querela pacis* die Menschheit beschworen hatte, die Sinnlosigkeit der Kriege endlich zu erkennen, beschäftigten sich Rechtsdenker und Theologen aufs neue mit Versuchen, eine Art von Welt- und Friedensordnung aufzubauen. Grotius schlug in seinem *Kriegs- und Friedensrecht* 1625 Fürstenkongresse auf der Basis eines international anerkannten Völkerrechts vor. Weiter ging der französische Publizist und Kritiker des Regimes Ludwigs XIV. Charles-Irénée Castel, Abbé de Saint-Pierre. In seinem *Projet de Paix perpétuelle,* dem Projekt eines ewigen Friedens, schlägt er 1713 eine europäische Union mit einer abwechselnd geleiteten Zentralregierung, einem Friedensgericht und einer gemeinsamen Armee vor. Der

Entwurf des Abbé de Saint-Pierre ist im Laufe des Jahrhunderts immer wieder diskutiert worden. Einer der letzten, der sich mit diesen Problemen herumschlug, war Kant mit seiner Abhandlung *Zum ewigen Frieden* im Jahre 1795, wo eben wieder gerade ein Friedenskongreß stattfand. In der Folge sollte jedoch das kosmopolitische Denken immer mehr vom nationalistischen überschattet werden.

IV.
Die Träger der Aufklärung

1. Die Sozietätsbewegung

Aufklärung, der neue Geist der Freiheit, der Bewegung, der Neugier auf alles, ist nicht nur eine Sache der Denker, der Philosophen, der Schriftsteller und anderer, die einzeln sich mit der Zeit auseinandersetzen und in ihr aktiv sind, sondern sie ist vornehmlich Sache von organisierten und nichtorganisierten Gesellschaften.[1]

In der Regel waren gesellschaftliche Zusammenschlüsse Ergebnis von Diskussionen in Freundeskreisen. Freundschaft war für die Aufklärer von hoher Bedeutung, ein Thema, über das immer wieder geschrieben wurde. Schon im *Spectator,* dieser so einflußreichen englischen Zeitschrift, konnte man sich über die große *Wohltat der Freundschaft,* dieses *Lebenselixier,* belehren lassen.[2] *Eine Gesellschaft von Freunden hat sich zusammengetan.* So oder ähnlich lautet oft die Ankündigung einer Sozietätsgründung im 18. Jahrhundert. Wenn sich eine *Gesellschaft von Freunden* zusammentat, ging es ihr darum, diesen Freundeskreis fruchtbar zu machen für die Reform des bisherigen kulturellen, sozialen oder ökonomischen Zustands. Es ging ihnen um *émulation,* um die *Aufmunterung,* an der *Verbesserung* der Welt mitzuarbeiten. Man wollte nicht einfach bei den alten gesellschaftlichen Formen stehenbleiben, etwa bei den Zünften oder den Bruderschaften mit ihren gewerblich oder religiös eingeschränkten Zielsetzungen und ihren traditionellen Bräuchen und Sitten. Es war neue Arbeit der Reform zu leisten auf den Gebieten der sich entwickelnden Wissenschaften, der sich erweiternden kulturellen Bildung und der ungenügenden sozialen Wohlfahrt für die große Utopie der Aufklärung.

Es fällt auf, wie im 18. Jahrhundert Europa und beide Amerika von einem immer dichter werdenden Netz von Gesellschaften überzogen werden, von Gesellschaften, die man am besten mit dem zeitgenössischen Begriff der *Sozietät* (societas, société, society, società, sociedad) bezeichnet. Deutschland zum Beispiel zählt zu Beginn des Jahrhunderts erst zwei wissenschaftliche Akademien, gegen Ende aber ein Dutzend. 1723 wird die erste gemeinnützige Gesellschaft in Europa gegründet (Edinburgh); bis zur Französischen Revolution können wir etwa 150 derartige Vereinigungen in Europa und Übersee feststellen.

Diese Zusammenschlüsse beginnen in der Regel mit der erweiterten Aktivität eines gleichgesinnten Freundeskreises. Oft drängt sich sehr bald eine effizientere Organisation auf. Diese ist häufig einfach und grundsätzlich republikanisch. Man sammelt Mitglieder, die sich zur Finanzierung und zur Mitarbeit an der Verwirklichung eines klar umrissenen Zweckartikels bereit erklären. Aus ihnen bildet man einen Verein, dessen oberstes Organ die Mitgliederversammlung ist, der die letzten Entscheide zustehen und wo alle Mitglieder gleiche Rechte besitzen. Die Leitung wird einem Ausschuß übertragen, der aus Präsident, Sekretär und Kassier und einigen Beisitzern besteht. Je nachdem werden Kommissionen für besondere Aufgaben eingesetzt. Oft gibt man auch ein Publikationsorgan, eine Zeitschrift oder eine Sammlung von Abhandlungen heraus, die über die Aktivitäten berichten soll und an ein weiteres Publikum gerichtet ist.

2. Die Akademie

Schon früh entwickelte die Sozietätsbewegung verschiedene Typen von Vereinigungen. Der älteste ist derjenige der *wissenschaftlichen Gesellschaft* bzw. der *Akademie*. Vorbild war die Akademie Platons in Athen. Ihr Beispiel wird in der italienischen Renaissance wiederaufgenommen. Es ist in verschiedener Gestalt auch noch im 18. Jahrhundert wirksam. So hat Goethe auf seiner italienischen Reise im September 1786 im venezianischen Vicenza eine öffentliche Sitzung der Akademie erlebt: «Heute Abend war ich in einer Versammlung welche die Akademie der Olympier hielt. Ein Spielwerk, aber ein recht gutes, es erhält noch ein bißchen Salz und Leben unter den Leuten. Ein großer Saal neben dem Theater des Palladio, anständig erleuchtet, der Capitan, ein Teil des Adels zugegen, übrigens durchaus ein

Publikum von gebildeten Personen, viele Geistliche, zusammen ungefähr fünfhundert.»

«Die von dem Präsidenten für die heutige Sitzung aufgegebene Frage war: ob Erfindung oder Nachahmung den schönen Künsten mehr Vorteil gebracht haben? Der Einfall war glücklich genug: denn wenn man die in der Frage liegende Alternative trennt, so läßt sich hundert Jahre hinüber und herübersprechen. Auch haben sich die Herren Akademiker dieser Gelegenheit weidlich bedient und in Prosa und Versen mancherlei hervorgebracht, worunter viel Gutes.»

«Sodann ist es das lebendigste Publikum. Die Zuhörer riefen Bravo, klatschten und lachten. Wenn man auch vor seiner Nation so stehen und sie persönlich belustigen dürfte ...»

Akademien setzen sich vor allem wissenschaftliche Ziele: Was die Universitäten nicht leisten können, soll in der freiwilligen Arbeit der Akademie vollbracht werden. Es geht dabei vor allem um die Naturwissenschaften, aber auch um Sprache, Literatur und Geschichte – Gebiete also, die neben den allmächtigen Fakultäten der Theologie und der Jurisprudenz ein Nebenfach-Dasein fristen.

Für das Europa nördlich der Alpen wurden die Akademiegründungen in Paris zum Vorbild: die *Académie française* von 1635 zur Pflege der Sprache, die *Académie des sciences* von 1666 für die Naturwissenschaften und die *Académie des inscriptions et des belles lettres* von 1663 für die Geschichtskunde. Die französischen Akademien gehen auf private Initiativen zurück, wurden aber bald vom Staat übernommen und finanziert sowie mit straffer Organisation dotiert. Es sind dann außerhalb der Hauptstadt viele Akademien in der französischen Provinz entstanden.

Im Laufe des 18. Jahrhunderts haben so gut wie alle Monarchien ihre Akademien errichtet, die fortan zum königlichen Hof gehörten wie das Theater, der Hofball und die Palastwache. In Staaten ohne zentralen Hof behalf man sich mit *gelehrten Gesellschaften,* die in freier Organisation die gleichen Ziele verfolgten wie die Akademien.

England ging auf dem Gebiet der Organisation naturwissenschaftlicher Forschung einen etwas anderen Weg. Um 1660 konstituierte sich die *Royal Society of London for improving Natural Knowledge.* Sie erfreute sich zwar königlicher Unterstützung, war aber freier konstituiert als die französische Akademie. Die Royal Society hat ihrerseits großen Einfluß auf den Kontinent gehabt.

Königliche Unterstützung konnten auch Gesellschaften mit künstlerischen Zielsetzungen empfangen. So etwa in Spanien. Ein Bericht hält fest: «Die Künste und Wissenschaften sind in diesem Lande annoch in ihrer Kindheit. Auf das Angeben des Marquis von Grimaldi ist allhier eine Akademie der Bau-, Bildhauer- und Malereikunst errichtet worden. Verschiedene der vornehmsten und reichsten Herren sind Mitglieder, und man muß ihnen zu ihrem Ruhme nachsagen, daß sie etwas daran wenden, um diese vortreffliche Freie Künste emporzubringen. Der König hat vergangenen Sommer zu grösserer Gemächlichkeit dieser Akademie einen Palast erkaufet, in welchem auch das Cabinet der Naturgeschichte unter Anordnung eines sicheren D. Pedro Dávila ... errichtet werden soll.»[3]

Zwei Beispiele sollen hier den Typus der Akademie des 18. Jahrhunderts verdeutlichen. Zuerst die *Königliche Akademie* von Berlin[4]:

Der Wunsch und Wille des brandenburgischen Kurfürsten Friedrich, aus seinem deutschen Randfürstentum etwas Größeres zu machen, mußte sich auch darin ausdrücken, wissenschaftlich und nicht nur militärisch-politisch etwas sein zu wollen. Doch steht hinter der 1701 erfolgten Gründung einer *Brandenburgischen Sozietät*, d. h. der Berliner Akademie, nicht nur die Dekorationsidee eines neu konzipierten monarchischen Staatswesen, des Königreichs Preußen, sondern echtes wissenschaftliches Interesse. Es ist kein Geringerer als Gottfried Wilhelm Leibniz, der mit der Gründung beauftragt wurde; dies dank der lebhaften allgemein intellektuellen Interessen der neuen Königin Sophie Charlotte und deren Mutter, der Kurfürstin Sophie von Hannover, in deren Dienst ja Leibniz stand.

Endlich erhielt der Philosoph die Gelegenheit, seine so oft formulierten Akademiegedanken in Wirklichkeit umzusetzen, jenes dreifache Ziel der Ausbreitung einer offenen christlichen Weltanschauung durch die Wissenschaft, der Pflege und Beförderung der Wissenschaften und von *Ruhm, Wohlfahrt und Aufnahme der deutschen Nation, Gelehrsamkeit und Sprache.* Insbesondere ging es ihm um die *utilitas,* den Praxisbezug der Wissenschaften. Die Akademie nahm einen erfreulichen Beginn. Von 1710 an publiziert sie die *Miscellanea Berolinensia* und erreichte so ein weites Publikum. Aber schon bald wurde dies anders. Es begann das Regime des patriarchalischen Friedrich Wilhelm I., der andere Interessen hatte und die Akademie bewußt vernachlässigte, da Landesverwaltung und Förderung der Armee wichtiger erschienen. Die Akademie mußte sich auf die Publikation von militärwissenschaftlichen Abhandlungen reduzieren. Erst sein Nachfolger, der philosophisch interessierte Friedrich II., hatte wiederum volles Verständnis für die Rolle einer königlichen Akademie. Von 1741 an blühte sie wieder auf und versuchte mit Erfolg, einen ersten Platz in der wissenschaftlichen Welt zu erreichen. Man berief den Mathematiker Leonhard Euler. Der Physiker Maupertuis übernahm das Direktorium bis zu seinem Tod, von wo an es der König persönlich wahrnahm.

Die Akademie ist nun in vier Klassen eingeteilt:

Die Klasse der experimentellen Philosophie umfaßt die Chemie, die Anatomie, die Botanik und alle Experimentalwissenschaften. Die mathematische Klasse umfaßt die Geometrie, Algebra, die Mechanik, die Astronomie und alle abstrakten Wissenschaften. Die Klasse der spekulativen Philosophie umfaßt Logik, Metaphysik und die Moral, die Ethik. Die Klasse der schönen Künste umfaßt die Altertumswissenschaften, die Geschichte und die Sprachen.

Es handelte sich also um eine Akademie für so gut wie alle wissenschaftlichen Gebiete. Die Leitung lag beim Präsidenten und beim Sekretär – letzterer war über Jahrzehnte ein Berliner Hugenottensprößling, Johann Heinrich Samuel Formey. Jede Klasse besaß einen Direktor und einen Kurator, dem die finanzielle Verwaltung anvertraut war. Die Finanzen beschaffte man sich unter anderem durch den Verkauf von Kalendern. Die Mitglieder waren eingeteilt in die sechzehn ordentlichen Mitglieder, die in Berlin Wohnsitz hatten und ein Gehalt bezogen. Eine zweite Gruppe bildeten die auswärtigen oder korrespondierenden Mitglieder, Gelehrte, die – in ganz Europa verteilt – durch diese Mitgliedschaft in freier Verbindung zur Akademie standen. Schließlich konnten Ehrenmitglieder ernannt werden. Die Aufnahme in die Akademie war Sache des Präsidenten bzw. des Königs. Die Mitglieder waren vornehmlich Franzosen, oft protestantischer Konfession, und Schweizer. Der König zog diese der Weltsprache mächtigen Wissenschaftler gerne deutschen vor. Bekanntlich hat er sich gegen Lessings Ernennung gewandt.

Die ordentlichen Mitglieder haben die Verpflichtung, pro Jahr zwei Abhandlungen vorzulegen. Diese werden in den Versammlungen der Akademie verlesen und nachher in den *Mémoires* publiziert. Auch weitere Veröffentlichungen sind möglich. Wichtig ist das Korrespondenznetz in ganz Europa, sei es mit den korrespondierenden Mitgliedern oder mit andern Akademien.

Die Akademie wendet sich jährlich mit Preisausschreiben an eine weitere Öffentlichkeit. Deren Themen sind etwa: Unendlichkeit in der Mathematik, Veränderung der Nahrungsmittel im menschlichen Körper, Untersuchung des Prinzips ‹Alles ist gut› oder die Siedlungsbewegung in Ostdeutschland.

Die friderizianische Akademie sollte zwischen 1740 und 1770 die typische Akademie der Aufklärung sein. Da die Publikationen in französischer Sprache erschienen, war die Wirkung von vornherein groß. Es war deutsche Aufklärung in französischer Sprache. Die Akademie wirkte bahnbrechend für freiere Auffassungen, jene Auffassungen, mit denen der König so gerne kokettierte. 1745 sagt der Sekretär der Akademie, Formey: «Es war nur natürlich, daß man daran arbeitete, die Schlüssel zu polieren und zu verbessern, die alles öffnen können, was für die menschliche Intelligenz geöffnet werden kann.» Dilthey lobt die «über die ältere Philosophie» hinausschreitende Arbeitsmethode, d. h. die psychologisch-historische Betrachtung der Erscheinungen. Weltanschaulich setzte sich die Akademie zur Aufgabe: «Die Verteidigung der göttlichen Personalität und der moralischen Verantwortung des Menschen durch Gründe der Vernunft.»

Die Akademie alterte mit dem König. Von 1770 an übernahmen andere Kräfte die geistige Führung in Deutschland. Doch blieb sie weiterhin bestehen. Von der Gründung der Universität in Berlin an trat sie in enge Verbindung mit dieser neuhumanistischen Modellhochschule des 19. Jahrhunderts.

Im Laufe des 18. Jahrhunderts wurden die Akademien immer mehr in den Dienst aufgeklärt-utilitaristischer Ziele gestellt. Ein Beispiel dafür wäre etwa die französische *Provinzakademie von*

Châlons sur Marne. In Frankreich entwickelte sich im Laufe des 17. Jahrhunderts und besonders im 18. Jahrhundert eine stattliche Anzahl von Provinzakademien. Eine darunter ist diejenige von Châlons sur Marne. Wir sind durch eine Studie von Daniel Roche besonders gut über sie unterrichtet. Châlons ist das alte Verwaltungszentrum der Champagne, außerdem Sitz eines Bischofs und einer königlichen Intendance, verschiedener Gerichte und Verwaltungsinstitutionen sowie einer Garnison. Dort wurde 1775 eine Literarische Gesellschaft, die seit 1750 existierte, durch königliches Patent zur Akademie erhoben. Die Gesellschaft dauerte bis in die Revolutionszeit. Die Organisation ist auch hier die übliche: zwanzig Titular-Akademiker – ordentliche, assoziierte, sowie korrespondierende Mitglieder – und schließlich Ehrenmitglieder. Das Präsidium bekleiden gemeinsam der Intendant, als Repräsentant der königlichen Verwaltung, und der rangälteste Geistliche des Bistums. Die Tätigkeit besteht vor allem aus den Sitzungen, von denen eine im Jahr öffentlich ist, unter Beisein von Intendant und Bischof, und zwar am Tage des heiligen Ludwig. An den Sitzungen werden Vorträge gehalten, ein Viertel betrifft wissenschaftlich-empirische Themen, je ein Fünftel entfällt auf literarisch-rhetorische bzw. historische Themen, die übrigen werden der Moralphilosophie und Ökonomie entnommen. Die Akademie besitzt eine Bibliothek, und sie veranstaltet Preisausschreiben, insbesondere über Sozialprobleme.

Die soziale Zusammensetzung dieser Akademie ist – wie für alle Provinzakademien dank Daniel Roches Untersuchungen bekannt –: bei den Ehrenmitgliedern Geistliche 24%, Adlige 76% und kein Vertreter des dritten Standes; bei den Ordentlichen Mitgliedern Geistliche 21%, Adlige 33%, Bürgerliche 45%; bei den assoziierten Mitgliedern Geistliche 30%, Adlige 20% und Bürgerliche 50%.

Die Akademie wählte 1775 zur Devise *L'Utilité,* den *Nutzen.* Dies deutet auf ausgesprochen späte Aufklärung. In den Wissenschaften will sie die Mittel zur Entwicklung der Wirtschaft ihrer Provinz finden, was auch durch historische Untersuchungen geschieht. In Châlons ist die Akademie eine Möglichkeit, das Leben einer Provinz zu aktivieren; das bedeutet die Popularisierung der Ideen der Aufklärung im regionalen Rahmen. Das, was in Paris geschehen ist, soll nun auch in der Provinz geschehen.

3. Der Salon

Der freie Gesprächskreis einer Gruppe – ohne weitere Organisation – ist schon in der Antike feststellbar, etwa der Kreis um Sokrates. Diese Form des Gesprächs wird im Humanismus wiederaufgenommen – schon früh in Boccaccios *Decamerone* charakterisiert: Eine freie Zusammenkunft von Männern und Frauen zu gemeinsamem Gespräch über interessante Themen. Derlei lebt auch im 17. Jahrhundert weiter, wo es oft die Form von organisierten Gesellschaften – etwa in den Sprachgesellschaften an Höfen oder in Städten annimmt. Das 18. Jahrhundert aber ist nun ganz besonders bereit für die freiere Form der gehobenen Unterhaltung.[5]

1710 hat Thomasius im *Kurzen Entwurf der politischen Klugheit* die Soziabilität des Menschen, seine Fähigkeit zu geselligem Zusammensein, analysiert:

«Der Mensch war für Thomasius ein zahmes und geselliges, nicht aber ein wildes noch zur Einsamkeit geschaffenes Tier. Der Grund aller Gesellschaften ist die Konversation. Konversation aber war für ihn zweierlei, nämlich die tägliche, die mit jedermann, der uns vorkommet und dann die absonderliche, die mit guten Freunden angestellt wird. Nicht nur daß Thomasius zwischen einer conversatio privata und einer conversatio publica unterschied, er differenzierte auch noch den Begriff conversatio im Privaten. Nach der Begrenzung der conversatio publica auf den Umgang mit Feinden und Unbekannten ist das Kapitel Conversation mit guten Freunden geradezu ein Gegensatz. Thomasius sprengte damit den Rahmen der überkommenen Konversationslehre ... was er denket und wie es ihm ums Herze ist. Vertraulichkeit war die Bedingung individueller Interaktion. Die offensichtliche Kritik am traditionellen Konversationsideal und damit der Gesellschaft, die diese Konversation trug, hatte ihren sozialen Ort in der entstehenden Schicht der Aufklärer und der sie tragenden sozialen Institution der Freundschaft.»[6]

Wo aber diese neue Art der Konversation aufblühte und sich ungemein verbreitete, das war nicht in Deutschland, sondern in Frankreich, in der blendenden Hauptstadt Paris. Schon zu Ende des 17. Jahrhunderts begannen Frauen aus Adel oder Großbürgertum bei sich – in ihrem Salon – Privatpersonen an einem bestimmten Datum zu empfangen, Freunde, Bekannte, um mit ihnen zu plaudern und zu konversieren, aber nicht im alltäglichen Gewäsch der gesellschaftlichen Kommunikation, sondern in der Diskussion über Themen bestimmten Inhalts. Die Mitglieder dieser losen Zirkel bildeten intellektuell Interessierte aus Adel und Bürgertum. Man brachte Freunde mit, die auf ihrer Auslandsreise in Paris weilten. So bildete man eine kleine, informelle Akademie, ohne weitere Organisation, trug aber ungemein viel zur allgemeinen Bildung, zur Freundschaft unter Gebildeten bei. In der Unterhaltung dominierten vorerst noch die schöne Literatur, die Poesie, das Versemachen, dann immer mehr die philosophische Thematik und der philosophische Zugang zu ihr.

Zur Zeit Ludwigs XIV. trafen sich bei Madame de Sévigné die gebildeten Aristokraten, bei Ninon de Lenclos die Skeptiker und Libertins wie St.-Evremond, die sich über Epikur und Montaigne unterhalten, bei Madame de Sablé *Moralisten,* d. h. Kritiker, wie La Rochefoucauld. Er selbst sagte: «Die Unterhaltung der gebildeten Leute ist eine ganz besondere Freude für mich. Ich liebe, wenn sie ernsthaft geführt wird und sich vor allem mit Fragen der Ethik befaßt.» Man interessiert sich aber nicht nur für moralisch-psychologische Fragen, sondern auch für physikalische Fragen. So werden bei der Herzogin von Mazarin – dies geschieht in London – neben literarischen auch philosophische und naturwissenschaftliche Themen behandelt: «Man findet dort die größte Freiheit der Welt, man lebt dort mit ebensolcher Diskretion. Es ist wahr, daß man sich dort oft streitet, aber dies geschieht mehr mit Intelligenz als mit Hitze. Es geschieht dies weniger, um den betreffenden Personen zu widersprechen, als im Bestreben, die Gesprächsgegenstände deutlich zu machen.»

Nach dem Tode Ludwigs XIV. wird der Ton der Salons freimütiger, werden die Themen philosophischer. Man diskutiert Grundsatzfragen der Politik, der Ökonomie und des Sozialen.

Um die Mitte des Jahrhunderts – wo der Salons unzählige geworden sind – treffen sich bei Madame de Tencin Fontenelle, Montesquieu, Mably, Helvétius und andere. «Bei ihr war keine Rede mehr von Rang und Stand ..., und nur die besseren Argumente siegten über die schwächeren ... So verstand man sich gegenseitig, so wurden in ihrer Nähe die Menschen unter dem Einfluß dieser vernünftigen und philosophischen Denkweise, die (Madame de) Tencin besaß und deren Zauberstab alle Welt in Philosophen verwandelte.» Die Mitarbeiter der Enzyklopädie wie d'Alembert, Marmontel, Condillac, Condorcet, Turgot und andere trafen sich von 1764 an bei Mademoiselle de Lespinasse. «Ihr gelang es bei sich eine sehr zahlreiche, sehr verschiedenartige und sehr beflissene Gesellschaft zu versammeln. Ihr Kreis erneuerte sich jeden Tag von fünf Uhr bis neun Uhr abends. Man war sicher dort ausgezeichnete Männer aller Grade aus Staat, Kirche, Hof, Armee zu treffen, Ausländer und Schriftsteller von hoher Bedeutung ... Mit einem geschickt hingeworfenen Wort führte sie die Konversation, belebte sie und variierte sie nach ihrem Geschmack. Politik, Religion, Philosophie, Erzählungen, Neuigkeiten – nichts war aus ihrer Unterhaltung ausgeschlossen.»

Allmählich können die Salons die Öffentlichkeit beeinflussen, seien es Wahlen in die Akademie oder sei es gar die Politik zur Zeit der beginnenden Revolution. Die Salons spielen ihre Rolle bis in diese Zeit der Umwälzung aller Dinge.

Die Salons beschränken sich nicht auf die Hauptstadt Frankreichs allein. Sie lassen sich in der Provinz finden und außerhalb Frankreichs. Als zum Beispiel Rousseau auf seiner Flucht im Fürstentum Neuenburg Asyl genoß, fand er freundliche Aufnahme im Kreise der Isabelle Guyenet-D'Ivernois. Im gleichen Fürstentum war es eine gebürtige Niederländerin, Isabelle de Charriere, die einen Kreis um sich sammelte, der weit über die Grenzen dieser kleinen Welt ausstrahlte. In Genf gab es den Salon der Suzanne Necker-Curchod, der Gattin des Genfer Bankiers und späteren Finanzministers Ludwigs XVI. Dieser Kreis war darum auch in Paris heimisch. Deren Tochter, Germaine de Staël-Necker, sollte den Bogen nach Deutschland schlagen.

In Deutschland – besonders in Berlin – fanden sich im ausgehenden Jahrhundert etliche Salons – einige von jüdischen

Frauen geleitet. Henriette Herz konnte sich rühmen, in ihren Kreis «wie durch einen Zauber alles hineingezogen» zu haben, «was irgend Bedeutendes von Jünglingen und jungen Männern Berlin bewohnte oder auch nur besuchte».

Auch Wien besaß etliche Salons. Zum Beispiel denjenigen der Gräfin Maria Wilhelmine von Thun, in welchem sich Mozart so heimisch fühlte. Ein englischer Besucher des Hauses schrieb über diesen Salon und die Gräfin Thun:

«Die Gräfin besitzt die Kunst, eine Gesellschaft zu erhalten, und zu machen, daß sie einander selbst unterhalte, besser als irgend jemand, den ich gekannt habe. Bei vielem Witz und einer vollkommenen Kenntnis der Welt besitzt sie das uneigennützigste Herz. Sie ist die erste, die die guten Eigenschaften ihrer Freunde entdeckt, und die letzte, die deren Schwachheiten merkt. Eine ihrer größten Vergnügungen ist, Vorurteile unter ihren Bekannten aus dem Wege zu räumen und Freundschaften zu stiften und zu befördern. Sie hat einen unbesiegbaren Zustrom von heitersten Lebensgeistern, die sie so geschickt zu benützen weiß, daß sie die Fröhlichen ergötzt, ohne den Traurigen zu mißfallen. Nie habe ich irgend jemand gekannt, der eine solche Menge Freunde gehabt und auf jeden von ihnen so viele großmütige Freundschaft zu verschwenden gewußt hätte. Sie hat sich ein kleines System von Glückseligkeit in ihrem eigenen Hause geschaffen, und ist selbst der anlockende und verbindende Mittelpunkt.»[7]

Der Salon war international geworden und sollte noch ins nächste Jahrhundert weiterwirken. Solche Zirkel der geselligen und intellektuellen Kultur waren ja überall möglich, wo die entsprechende Geselligkeit und Intellektualität angesiedelt war.

In England konnten die ausgesprochen männlichen Clubs ebenfalls die Funktion des Salons übernehmen und sich über die bloße sozial geschlossene Geselligkeit erheben, etwa im *Scriblerus Club* (1714) von Jonathan Swift mit Bolingbroke und Alexander Pope. Einige dieser Clubs gaben sich ausgesprochen politisch.

Politisch gab sich auch der frühere *Club d'Entresol* in Paris (1724–31). Von ihm konnte man sagen: «Das war eine Art von Club im englischen Stil, beziehungsweise eine ganz freie Gesellschaft, zusammengesetzt von Leuten, die über das, was sich ereignete, räsonnieren und ihre Meinung dazu sagen wollten, ohne Furcht sich zu kompromittieren.» Der Club d'Entresol stand unter der Leitung eines Geistlichen, des Abbé Alary. Zu den Mitgliedern gehörten d'Argenson, der Abbé de Saint-Pierre und Bolingbroke. Man bezeichnete ihn auch als *café des honnêtes gens* – als Kaffeehaus der aufgeklärten, vornehmen Herren.

Denn das *Kaffeehaus*, das *Café littéraire*, begann überall seine bedeutsame Rolle zu spielen, als Treffpunkt philosophierender Geister, öffentlicher und weniger exklusiv als der Salon. Das literarische Kaffeehaus konnte zum Hintergrund der *Lesegesellschaften* werden.

4. Die Lesegesellschaften

Der Salon war keine organisierte Gesellschaft. Ähnliche Ziele wie der Salon verfolgten die organisierten Lesegesellschaften. Sie sind vorgebildet in den älteren Bildungsgesellschaften, die sich im 17. Jahrhundert um die Sprachzucht und die entsprechende Literatur kümmerten. Sprachgesellschaften waren besonders wichtig in den Niederlanden, denn da war man in der hohen Zeit der Republik daran, aus den Mundarten eine Gesamtsprache zu entwickeln. Vor ähnlichen Problemen standen auch Dänemark und Schweden sowie Deutschland. Da mußte man der Schriftsprache allgemeine Gültigkeit verschaffen. Als im Laufe des 17. und anfangs des 18. Jahrhunderts diese Ziele erreicht waren, konnte man sich der Literatur allein widmen, was Sache der *literarischen Gesellschaften* wurde.

Zur Verbreitung von allgemeinen Kenntnissen in einem nicht mehr allein wissenschaftlich-literarisch orientierten Publikum gründeten sich von der Mitte des Jahrhunderts an *Lesegesellschaften* auf der Basis des gemeinsamen Erwerbs von Büchern. Es entwickelten sich verschiedene Formen des Lesens und der Diskussion, die bis zur Errichtung von literarischen Kaffeehäusern führen konnten. Die Lesegesellschaft war besonders verbreitet in Deutschland, aber auch in Frankreich als *musée* oder *cabinet de lecture* bekannt. In der Lesegesellschaft, die mit der Zeit in jeder größeren deutschen Ortschaft – auch in Dörfern – anzutreffen war, verfolgte man im Sinne der Aufklärung den gemeinsamen Zweck der Bildung einer größeren Öffentlichkeit.[8]

Wir geben zuerst das Beispiel einer Lesegesellschaft in einem geistlichen Kurfürstentum: Die *Gelehrte Lesegesellschaft von Mainz.* Mainz ist der alte Sitz eines der drei Kurerzbistümer des Heiligen Römischen Reiches, Verwaltungs- und Regierungszentrum geistlichen Charakters. Es war hier still, tridentinisch-katholisch und barock gewesen, bis man von 1770 an unter Erzbischof Emmerich Josef und unter seinem Minister Freiherrn Anselm Franz von Bentzel-Sternau mit umfassenden Reformen, besonders im Schulwesen, begann. Der Tod Emmerich Josefs im Jahre 1774 führte allerdings zu jähem Abbruch aller Neuerungen. Der neue Erzbischof Friedrich Karl von Erthal entwand sich aber bald seinen reaktionären Beratern, und nachdem Bentzel 1780 zurückberufen worden war, konnte man an das Werk Emmerich Josefs wieder anknüpfen. Mainz wurde so zu einem typischen Fall der späten, aber um so energischeren katholischen Reformbewegung.

Ein Ausdruck davon ist die 1782 mit kurfürstlicher Genehmigung erfolgte Gründung einer *Lesegesellschaft* in Mainz.

Die Gesellschaft schließt 1782 einen Vertrag mit dem Frankfurter Buchhändler Hermann über die Lieferung von Büchern und Zeitschriften. Die Mitglieder sind nicht allein zum Lesen da. Die Gesellschaft nennt sich denn auch *Gelehrte Lesegesellschaft;* man weiß von historischen Arbeiten aus dem Mitgliederkreis. Die Gesellschaft verfügt über ein Lokal. Hier stellen sich jedoch sogleich die Probleme der gesellschaftlichen Disziplin, denn aus der Gesellschaft soll kein Kaffeehaus werden. Zwar läßt man harmlose Erfrischungen zu, wie Tee, Schokolade, Kaffee, Mandelmilch, Limonade und Punsch, die im Hause zu haben sind. Spielen und Rauchen, diese so beliebten Laster des Jahrhunderts, sind aber strikte verboten. Man geht noch weiter – auch anstößige Gespräche gegen die Religion, den Staat und die guten Sitten sind nicht gestattet.

Die Mitglieder waren nach der Liste von 1782 zur Hälfte von Adel, zu einem Viertel Geistliche. Fast alle standen in kurfürstlichen Diensten. Die wenigen Nichtbeamten waren fremde Diplomaten, Mediziner, Juristen und – nur zwei! – Kaufleute. Aber der um die schönen Künste wohlverdiente Gesangslehrer Heideloff – ein Bürgerlicher – war von großem Einfluß. Frauen und Studenten waren ausgeschlossen, letzteres stieß auf Kritik.

– Die Mainzer Gesellschaft war durch eine bestimmte Haltung charakterisiert: Sie gab sich antijesuitisch, d. h. aufklärerisch-reformerisch. Fünfzehn Mitglieder waren gleichzeitig im Illuminatenorden. Die Mainzer Gesellschaft wurde sofort zum direkten Vorbild der Lesegesellschaften im kurmainzischen Aschaffenburg (1783), in Trier (1783) und im kurtrierischen Koblenz (1783) sowie im kurkölnischen Bonn (1787).

Die Mainzer *Gelehrte Lesegesellschaft* hatte allerdings wie viele andere Gesellschaften keine allzu lange Dauer. Sie löste sich 1790 auf. Doch wurde im gleichen Jahr wieder eine Lesegesellschaft beim Buchbinder Sartorius und neun Jahre später ein *Korrespondierender Lesezirkel* gegründet.

Als zweites Beispiel sei eine Gesellschaft vorgestellt, die den Zusammenschluß der Oberschicht eines ländlichen Gebiets ohne Hauptstadt verkörpert, die *Reformierte toggenburgische Moralische Gesellschaft.*[9]

Die Landschaft Toggenburg war im 18. Jahrhundert ein industriell aufblühendes voralpines Bauernland der Ostschweiz, das zwar unter der Herrschaft des Fürstabts von St. Gallen stand, sich jedoch großer, von Zürich und Bern geschützter Autonomie erfreute. Hier rief im Sommer 1767 der Landschreiber Andreas Giezendanner zur Gründung einer Gesellschaft auf, die Mittel für die Anschaffung von auserlesenen historischen und moralischen Schriften zusammenbringen und daneben «einen gemeinnützigen, freundschaftlichen und vertrauten Umgang pflegen» sollte. Dem Aufruf folgten fünfzehn Persönlichkeiten, davon neun geistlichen Standes, die sich am 24. August 1767 als *Reformierte toggenburgische Moralische Gesellschaft* konstituierten. Die Gesellschaft, die nie mehr als 40 Mitglieder zählte, umfaßte die intellektuelle Elite der protestantisch-reformierten Majorität dieser konfessionell gemischten Landschaft, d. h. Pfarrer, höhere Landesbeamte, Kaufleute, Fabrikanten und Ärzte. Dazu trat von Anfang an der schriftstellernde Kleinbauer und Zwischenhändler Ulrich Bräker, *der arme Mann im Toggenburg.* Aufgenommen wurde er zwar gegen einen gewissen Widerstand, da es sich hier nicht um einen Vertreter der ländlichen Oberschicht handelte. Doch wurde Bräker ein sehr eifriges Mitglied, und sein wachsender schriftstellerischer Ruhm, von den Zürcher literarischen Kreisen gefördert, verschaffte ihm bald das nötige Prestige.

Die Gesellschaft, deren Devise *Ordine et Concordia* – Ordnung und Einigkeit – war, verpflichtete die Mitglieder zur Stiftung von Büchern, die man reihum auslieh. Jedes Jahr fand eine Versammlung in Lichtensteig, dem Hauptort der Landschaft, statt. Zwei Vorsitzende und ein Schreiber führten die Geschäfte. An der Jahresversammlung wurde jeweils eine Eröffnungsrede über ein moralphilosophisches oder gemeinnütziges Thema gehalten. 1790 sprach zum Beispiel Bräker über das Armenwesen. Die Hauptaufgabe war jedoch Ausbau und Auswahl der Bibliothek, die vornehmlich theologische, historische, naturwissenschaftliche und die Schweiz betreffende Werke enthielt. Schöne Literatur war weniger vertreten, aber immerhin besaß man die Werke Shakespeares.

Die Gesellschaft blieb elitär und genügte sich selbst, bis 1787 Landratschreiber Josef Meyer den bisherigen Betrieb einer scharfen Kritik unterzog: «Wir machen einander unsere tiefgebeugten Komplimente, und bei einem ins wunderliche fallenden Gewirr unter einem eben so wunderlichen Gesumse tauschen wir die höflichsten und freundschaftlichsten Freudenbezeugungen ein, die jeder über des andern muntere und gesunde Gegenwart aus der Fülle seines Herzens ausgießt. Unter allerlei gleich beobachteten Zeremonien, die wir so wenig als andere Nebendingerchen mehr vergessen dürfen, rangieren und setzen wir uns. Darnach entlastet sich der bestellte Rechner seiner Bürde, eben so ängstlich, wie er sich dieselbe das Jahr hindurch aufgeladen hat, und wir gratulieren ihm zu seiner glücklichen Entbindung. Wir nehmen die Rechnungen unsers teuersten Herrn Vorstehers mit allemal wohlverdientem Beifall und Dank auf und bestätigen ihn, sowie auch seine Herren Mitvorsteher in ihren Würden, oder bitten sie vielmehr, unser ferner im besten eingedenk zu sein. Dann kommt's zur Beratschlagung, an was für Werke des Verstandes, des Witzes und der Einbildungskraft wir unsere alljährlich eingehenden Honoranzen und Gebühren verwenden und mit welchen neuen deutschen und französischen Titeln wir unsern Bücherschatz verschönern und vermehren wollen. Wir legen endlich unsere taxierten Lesegelder zu Opfer hin und empfehlen zum völligen Beschluß uns eben so höflich und freundschaftlich, als wir anfangs einander empfangen hatten.» – Dies alles möge seinen unverkennbaren Nutzen haben, aber, wenn man es aufrichtig gestehen wolle, ausschließlich für die Mitglieder der Gesellschaft. – «Denn nur wir werden des Vergnügens teilhaftig, alle Jahre eine wohl ausgearbeitete, öfters ganz in lucianischem Geist abgefaßte Rede anzuhören. Nur uns zur Belustigung und zum Wohl wird unsere Büchersammlung nach unserm, wie die Kleidermoden sich ändernden Geschmack vermehrt. Und nur das endlich, was unserer kleinen Gesellschaft allein nützlich und zugleich der Denkungsart der Ehrenglieder derselben allbefriedigend scheint, wird zur Beratung gebracht und, nachdem es eine Weile lang ventiliert worden, vergessen. Kurz, nur für uns wird bei den gesellschaftlichen Versammlungen gesorgt, eben als wenn wir für uns allein weiser, klüger und dabei zugleich glücklicher zu werden, gelobet hätten.»

Diese Bemerkungen führten zu einer in einem gewissen Grade politischen Krise der Gesellschaft. Insbesondere die geistlichen Mitglieder wollten nichts von einer derartigen Öffnung wissen. Nachdem noch 1791 fünfzehn Mitglieder an der Jahresversammlung *im vergnüglichsten hohen Wohlstande ... ein gemeinsam freundliches Mittagessen allhier beim Hecht* genossen hatten, ruhte die Aktivität bis 1797, wo man in politisch bewegter Zeit zu erneuter Tätigkeit schreiten wollte. Die allgemeine Umwälzung von 1798 verunmöglichte dies jedoch, und erst 1820 bis 1824 versuchte man die alte Gesellschaft wieder zu beleben, deren Bestrebungen schließlich 1828 durch eine neue, weniger elitäre *Literarische Gesellschaft* übernommen wurden.

Die *Toggenburger Moralische Gesellschaft* ist an sich eine Lesegesellschaft; durch ihre Vortragstätigkeit jedoch hat sie auch den Charakter einer literarischen Gesellschaft. Der in ihrer Bezeichnung enthaltene Begriff des *Moralischen* deutet auf die gemeinnützige Tendenz, die sich jedoch nicht auf die Praxis erstreckt, wie dies bei den andern *moralischen,* d. h. den *gemeinnützigen Gesellschaften* der Fall ist.

5. Die gemeinnützig-ökonomischen Gesellschaften

Waren wissenschaftliche Akademien und Lesegesellschaften in der Regel nicht primär auf soziale Praxis ausgerichtet, sondern dienten der gegenseitigen Belehrung und der Pflege von Wissenschaft oder schöner Literatur, so war Gemeinnützigkeit in weit umfassenderem Sinn, von der Armenpflege bis zur Agrarreform, Anliegen von *Gesellschaften zur Förderung der Wirtschaft und der Sozialfürsorge.* Man bezeichnet sie gewöhnlich als *ökonomische* oder *gemeinnützige Gesellschaften.* Die erste weltbekannte Sozietät dieser Art war die 1731 gegründete *Society for the Improvement of Husbandry, Agriculture, and other useful Arts* im angloirischen Dublin. Ihr folgte 1754 die entsprechende englische Gesellschaft in London mit ebenso großem Erfolg. Diese zwei Gesellschaften sind Modell für den Kontinent geworden. Bald schossen überall derartige Sozietäten aus dem Boden, z. B. in der französischen Provinz die *Sociétés royales d'agriculture,* im Habsburgerreich die *Kaiserlich-königlichen Ackerbaugesellschaften,* in Spanien und seinen überseeischen Dependenzen die *Sociedades de los Amigos del País.* Je nach Standort verlegten sich die Sozietäten mehr auf Reformen der städtischen Infrastruktur oder auf solche der landwirtschaftlichen Zustände.[10]

Als Beispiel sei die erste erfolgreiche gemeinnützige Gesellschaft vorgestellt, die eben genannte Society in Dublin. Die *Dublin Society,* die sich der Entwicklung der Kunst des Haushaltens, der Landwirtschaft und anderer nützlicher Gewerbe widmen wollte, ist die Folge einer Hungersnot in Irland von 1724. Es ist die englische Oberschicht, welche die katastrophalen Folgen der englischen Politik in Irland, die Zerstörung der einheimisch katholischen wirtschaftlichen Strukturen durch Enteignungspolitik erkennt und aus Irland etwas machen will.[11]

1731 gründeten der ökonomisch interessierte Philanthrop Thomas Prior und der außerordentlich aktive anglikanische Geistliche Samuel Madden mit zwölf weitern Gesinnungsgenossen – sozial aufgeschlossenen Adligen und Geistlichen – diese Gesellschaft, die sich von vornherein als praxisgerichtet verstand: «Die Mitglieder der Gesellschaft wollen das Publikum nicht mit hübschen und elaborierten Spekulationen amüsieren oder die gelehrte Welt mit neuen und sonderbaren Beobachtungen bereichern, sondern sie wollen in der einfachsten Art den Fleiß der einfachen Handwerker befördern, sie wollen das praktische und nützliche Wissen aus den Bibliotheken und Kabinetten in die Öffentlichkeit tragen, kurz, ihre einzige Absicht ist, wohltätig zu sein, ganz egal, ob sie dieses Ziel durch neue Entdeckungen oder durch die Publikation schon bekannter Erfindungen oder durch Erweiterung der bisherigen Kenntnisse oder durch Verbreitung in einem weiten Publikum erreichen.» Man erkennt hier die Spitze gegen die Akademien – wohl die *Royal Society,* die eben «nur» wissenschaftlich tätig ist. Es geht ihnen kurz gesagt nicht um die Theorie, sondern um die Praxis. Jedes Mitglied sollte sich für eine bestimmte Richtung entscheiden. Man hatte sich, sei es in Naturgeschichte, Haushaltung, Landwirtschaft, Gartenbau, Gewerbe oder Manufaktur zu spezialisieren und dann die Ergebnisse dieser Studien der Gesellschaft mitzuteilen. Die Mitteilung geschah im Publikationsorgan der Gesellschaft, den *Dublin Society's Weekly Observations:* «Die Dublin Society sieht ihre wichtigste Aufgabe darin, den Geist der Industrie (d. h. des Gewerbefleißes) unter uns zu fördern, und wird fortfahren, dies durch die Publikation von Anleitungen zur Kunst des Haushaltens (husbandry) und anderer nützlicher Gewerbe zu fördern.» In den *Weekly Observations* wurden auch die Verhandlungen der Gesellschaft publiziert, Statistiken und neue Erfindungen mitgeteilt. Man wollte die Iren auf britische und auswärtige Untersuchungen aufmerksam machen, um so die Isolation der irischen Insel zu durchbrechen.

Eine wichtige Rolle spielen Preise und Auszeichnungen. Preisausschreiben über bestimmte Themen sind ein Mittel, überall das Interesse anzuspornen. Auszeichnungen werden gegeben für die beste Nachahmung von ausländischen Spitzen, die besten Textilerzeugnisse überhaupt, für besondere Aussaat, für Trockenlegung von sumpfigem Gebiet, für die Fabrikation von Most, Bier und Stachelbeerwein, für bestes Brot oder neue Fischfangmethoden.

Man entwickelte eine Modellfarm und errichtete Modellindustriebetriebe. Schließlich kümmerte man sich um die Unterstützung irischer Kunst und gründete sogar eine Kunstakademie in Dublin. Von Anfang an war man um den Ausbau einer Bibliothek bemüht, die zur wichtigsten in Irland wurde.

Ihre Mittel erhielt die Gesellschaft vorerst durch freiwillige Subskriptionen der irischen Gentry. Gegen die fünfziger Jahre sprach das irische Parlament der Gesellschaft große Subventionen zu, und bald erhielt sie eine *Royal Charter,* ein königliches

Patent. Damit war ihre Existenz gesichert. Sie hat 1981 ihr 250. Jubiläum gefeiert.

Der Erfolg war so groß, daß 1754 eine entsprechende Gesellschaft in London für das englische Gebiet errichtet wurde: die *Society for the Encouragement of Arts, Manufactures, and Commerce.* Der *Dublin Society* war es gelungen, die maßgebenden Schichten zu aktivieren. Ihr allgemeiner Charakter, ihr Einsatz für Gemeinnützigkeit im weitesten Sinn – von der Industrie bis zur Landwirtschaft, sowohl technisch wie sozial – wirkte vorbildlich für die ganze *patriotische* bzw. gemeinnützige Sozietätsbewegung des Jahrhunderts.

Das Beispiel einer ausgesprochen gewerblich-industriell ausgerichteten Sozietät ist die *Lunar Society in Birmingham.*[12] Sie entstand in einem gewissen Zusammenhang mit der 1754 gegründeten Londoner *Society of Arts* für die Beförderung der Gewerbe, Industrien und des Handels. Birmingham, in Warwickshire im mittleren England gelegen, war 1700 noch eine kleine Landstadt. Dann begann eine steile industrielle Entwicklung, getragen von Kreisen des *Dissent,* jenen Nichtanglikanern, die hier ihre puritanische Tüchtigkeit unter Beweis stellen konnten. Um 1760 war Birmingham mit 30000 Einwohnern schon eine recht große städtische Siedlung. In den Boulton-Soho-Werken besaß sie eine Maschinenfabrik von internationalem Rang, ein Unternehmen, das von überallher als wahre Sehenswürdigkeit besucht wurde. Im Haus des Matthew Boulton, des großen Unternehmers, traf sich von etwa 1765 an ein Freundeskreis von Fabrikanten, Erfindern und Projektemachern. Das freundschaftliche Treffen fand jeweils jeden Monat statt, wenn Vollmond war.

Erst 1775 konstituierte sich die Gruppe zur *Lunar Society,* zur Vollmondgesellschaft. Etwas später gab sie sich schließlich auch Statuten, doch blieb die Organisation lose, nur in der Auswahl der Mitglieder blieb man selektiv, man wollte weiterhin Freundeskreis sein. Auch stand man untereinander in vielfacher verwandtschaftlicher Beziehung. Das wissenschaftliche Niveau war anspruchsvoll.

Die Mitglieder der *Lunar Society* stammten aus der frühindustriellen Unternehmerschaft, d. h. aus der englischen Mittelklasse. Außer Boulton stechen hervor der schottische Naturwissenschaftler William Small, der vorher Professor am College *William and Mary* in Virginia gewesen war, und vor allem James Watt, auch er schottischen Ursprungs. Als Instrumentenmacher war Watt nach Birmingham gekommen, wo er sich mit Boulton geschäftlich zusammentat, ein unermüdlicher Forscher und Experimentierer, der hier seine epochemachende Erfindung der Anwendung der Dampfkraft für technische Zwecke verwirklichen konnte. In William Withing besaß die *Lunar Society* – wie wäre es in diesem Jahrhundert anders möglich – auch den fortschrittlichen Mediziner.

Die Gesellschaft versammelte sich weiterhin jeden Monat einmal. Außerdem hielt sie pro Jahr ein größeres Meeting ab. Schließlich unterhielten die Mitglieder ein ausgedehntes Korrespondenznetz.

Die Tätigkeit der *Lunar Society* bestand aus gegenseitiger Information über wissenschaftliche Erkenntnisse, vornehmlich in Technik, Optik, Astronomie, Chemie, Mineralogie und Botanik. Versuche machte man in den eigenen Betrieben. Die ersten Mitglieder bildeten ein eigentliches Forschungsteam. Erleichtert wurden diese Realisationen durch die geschäftlichen Verbindungen unter ihnen. Tatsächlich konnte man große wirtschaftliche Erfolge aufweisen, wenn auch die Konjunkturverläufe gelegentlich dämpfend wirkten.

Gleichzeitig kümmerte man sich um die Entwicklung der stets wachsenden Stadt Birmingham. Man ergriff die Initiative zur Errichtung von Spitälern, Straßenbau, Straßenbeleuchtung und Kanalbauten. Man diskutierte die Versorgungsprobleme bis zur Frage der Ernährung der Arbeiterschaft.

Gegen Ende des Jahrhunderts zeigte sich ein Erlahmen der Aktivität. In den Wirren von 1791 – Fernwirkungen der Französischen Revolution – wurden die Häuser und Laboratorien einzelner Mitglieder zerstört. Das war das Ende der Gesellschaft, deren Ruhm jedoch weit über die relativ kurze Wirkungszeit hinaus lebendig blieb.

Die *Lunar Society* steht in engem Zusammenhang mit der Entwicklung einer Stadt, die sich industrialisiert. Hier gehen naturwissenschaftliches Interesse, soziale Verpflichtungen und industrieller Aufstieg Hand in Hand.

Als drittes Beispiel sei die Organisation der *Sociedades de los*

Amigos del País aufgeführt, jene Gesellschaften der Freunde des Landes, die die gemeinnützigen Aktivitäten der aufgeklärten spanischen Monarchie zusammenfassen.[13]

Diese Bewegung wird vom Minister des Königs Karl III., Pedro Rodríguez, Graf von Campomanes, der von 1762 bis 1791 im Amt ist, in Bewegung gebracht. Eine erste Gesellschaft entsteht 1764 im Baskenland. Es mag die Nähe der zwei Jahre vorher gegründeten französischen landwirtschaftlichen Gesellschaft von Auch in der Gascogne mit ihren Zweiggesellschaften in Dax und St. Gaudens eine Rolle gespielt haben. Die *Real Sociedad Bascongada de los Amigos del País* ist sofort mit königlichem Patent versehen worden.

Etwa zehn Jahre später empfiehlt der Rat von Kastilien – dessen Fiscal Campomanes ist – die Gründung von *Sociedades* durch die regionale Nobilität. Hier ist es also der Staat, der auf die Privatinitiative der Oberschicht hinwirkt. Solche Gesellschaften sollen Erziehung, Sozialfürsorge, Landwirtschaft (auch entsprechende Schulen), Industrialisierung, Handel vorantreiben. Die Modelle sind die *Académie des sciences* von Paris, die *Royal Society*, die *Dubliner* und die *Berner Gesellschaft*. Zwischen 1770 und 1811 werden gegen 70 Sociedades im Mutterland gegründet; zwischen 1780 und 1822 ein gutes Dutzend in den Vizekönigreichen. Die Aktivität ist recht intensiv bis zur Französischen Revolution, dann erlahmen die Sozietäten, weil sie in das Feuer der Revolution und der Gegenrevolution und schließlich in die französische Okkupation und den Krieg geraten. Teils werden sie im 19. Jahrhundert wiederbelebt, aber ohne je die Bedeutung, die sie vor allem als Anreger in den zwei bis drei Jahrzehnten vor der Revolution gehabt haben, wieder zu erreichen.

Für Spanien selbstverständlich ist das Übergreifen in die Kolonien. Campomanes' Appell hat nach 1780 in jedem Vizekönigreich zur Gründung von Sociedades geführt, sowohl in Lateinamerika – dort vor allem in Lima und Quito – wie auf den Philippinen. Diejenige von Lima war zugleich auch literarische Sozietät und Editionsgesellschaft. Noch in den Jahren 1812 bis 1819 werden patriotische oder ökonomische Sozietäten in Buenos Aires, Caracas, Puerto Rico und im mexikanischen Chiapas gegründet. Diese Gesellschaften stehen natürlich schon auf dem Hintergrund der kolonialen Revolution.

Ein Beispiel aus der lateinamerikanischen Sozietätsbewegung sei hier herausgegriffen. Als sich Don Francisco de Viedma, Gouverneur-Intendant von Santa Cruz de la Sierra, im Vizekönigreich Peru daran machte, eine geographische und statistische Beschreibung seiner Provinz, des heutigen bolivianischen Cochabamba, zu verfassen, kommt er auch auf die spanischen *Sociedades de los Amigos del País* zu sprechen. Er weist auf die erste, die baskische Gründung hin. Man wisse, ihr Vorbild seien die naturwissenschaftlichen Akademien von London und Paris gewesen; man wisse, wie sehr diese Gesellschaften ihre betreffenden Provinzen, Städte und Dörfer gefördert hätten. Diejenige von Quito habe dank dem *patriotischen Eifer (del patriótico celo)* des Prälaten José Pérez Calama sich besonders der Armenfürsorge in dieser Stadt gewidmet. Er weist auf eine entsprechende Abhandlung im *Mercurio Peruano* vom 19. Januar 1792 hin. Diese Gründung habe zu einer allgemeinen Aktivität unter den Ministern der betreffenden Audiencia geführt. Alle hätten mitgearbeitet nach ihren besten Kräften. Handel und Industrie würden gefördert, und in Quito seien erfreuliche Fortschritte festzustellen. Schließlich sei 1788 eine entsprechende Sozietät nicht allzu weit von Cochabamba, in Charcas (dem heutigen Sucre), durch den Erzbischof und den Intendanten ins Leben gerufen worden. Es wäre nun an der Zeit, daß auch die Stadt Cochabamba, der Verwaltungssitz von Don Viedma, etwas in dieser Richtung vornehmen würde!

Diese Überlegungen im fernen, abgelegenen Andenhochland des Vizekönigreichs Peru zeigen, wie weit und universal der Sozietätsgedanke seine Wirkung hatte.

6. Die landwirtschaftlich-ökonomischen Gesellschaften

Ein besonderer Typus der gemeinnützigen Sozietäten ist derjenige der ökonomischen, die sich vornehmlich oder ausschließlich mit den Problemen der agrarischen Ökonomie beschäftigen. Der nichtstädtische Teil der Bevölkerung war ja meist in der Landwirtschaft tätig und stellte den Großteil der Bevölkerung überhaupt dar.

Die Lage der Landwirtschaft – d. h. primär des Ackerbaus

in Mitteleuropa – geriet im Laufe des 18. Jahrhunderts in eine Krise, die deutlicher empfunden wurde als frühere Krisen. Man war ja gewohnt, daß meist klimatisch, gelegentlich politisch-militärisch bedingte Mißernten die Folgen von Not, Hunger und Elend hatten. Das 18. Jahrhundert versuchte diesem Zyklus beizukommen und das Problem schlecht rentierender Landwirtschaft durch wissenschaftlich untermauerte Reformen zu lösen. Es erwies sich dabei, daß die Agrarstruktur, die sich seit dem 14. Jahrhundert herausgebildet hatte, nicht mehr zeitgemäß war. Die Dreifelderwirtschaft ließ stets ein Drittel des bebaubaren Bodens brachliegen. Der Zyklus Wintergetreide, Sommergetreide, Brache konnte durch bessere Bodenbearbeitung aufgehoben werden. Dies aber bedeutete einen politischen Eingriff in die herkömmliche Dorfstruktur, aber auch einen Eingriff in das bisherige Abgabensystem. Sollte der Zehnte auch für Neuland erhoben werden oder für neue Produktion wie den Kartoffelanbau?

Es ging darum, ob die Obrigkeit *Einschläge* gestattete, d. h., es ging um die Umwandlung von nicht rentierendem Ackerland in Weideland, um die Reduzierung oder Aufhebung der *Allmende,* die nicht viel abtrug, da niemand dort an Bodenverbesserung interessiert war. Der Schutz der Wälder wurde wichtig. In der Regel nahm man allerdings damit der armen Bevölkerung die Möglichkeit, ihre einzige Kuh oder ihre Ziege frei weiden zu lassen oder im Wald Holz zu sammeln, womit neue soziale Probleme entstehen konnten, die dann das 19. Jahrhundert zu verkraften hatte.

Ein weiteres Problem stellte die mögliche Mehrproduktion für den Absatzmarkt dar. Die Bevölkerung war im Steigen begriffen und mußte Nahrung finden. Die Ansprüche an Essen und Trinken wurden differenzierter. Hier konnte die Verbesserung des Bodens helfen: Kunstwiesen durch Anbau von Futterkräutern, Hebung der Produktion durch Düngung und Bewässerung. Man wollte neben dem Getreide die Kartoffel fördern, das Gemüse, Obst und den Wein verbessern, aber auch das Vieh und die Milchprodukte. Den Schädlingen war mit neuen Mitteln auf den Leib zu rücken. Neuland konnte durch Trockenlegung von Sumpfgebiet gewonnen werden. Die Kanalisierung der vielarmigen Flußläufe drängte sich auf. Es stellten sich Probleme der Lagerung, etwa durch Dörrung, um dem raschen Verderb zu begegnen; dann die Frage der verbesserten technischen Mittel, moderner Pflüge und anderer bäuerlicher Werkzeuge, schließlich das Problem besserer Erschließung durch neuartigen Straßenbau.

Einleuchten mochte vor allem die direkte Krisenbekämpfung. Ein Mißjahr brachte häufig die Energien in Gang, die zur Gründung einer ökonomischen Gesellschaft führten. Man konnte Direktmaßnahmen ergreifen, aber man dachte immer mehr an langfristige Maßnahmen, und da schien die Freigabe des Handels anstelle der monopolistischen Abschließung von Herrschaft zu Herrschaft das Heil zu versprechen. Man suchte aber auch die klimatischen Probleme in den Griff zu bekommen und begann mit meteorologischen Beobachtungen. Schließlich stellten sich die Probleme der bäuerlichen Haushalte, der Hygiene und der Erziehung.

Ein sehr umstrittenes, aber oft behandeltes Thema war das Problem der ländlichen Industriearbeit, das Eindringen von Manufaktur und Fabrik in den agrarischen Raum. Die einen sahen darin den Untergang einer erhaltenswerten und entwicklungsfähigen Welt mit all ihren hergebrachten Werten, die andern glaubten, daß nur mit dieser Industrialisierung ländlichem Elend gesteuert werden könne.

Die allgemeine Situation – insbesondere der Reformbewegung im Bereich des grundbesitzenden Adels – hält ein französisches ökonomisches Lexikon fest, das 1767 in einer Neuedition in Paris herauskam. «Der achtenswerte Wunsch, die Böden zu verbessern und die Sorgfalt, unsere ländlichen Besitztümer durch neue Pflanzungen zu verschönern, haben rasche Fortschritte gemacht. Früher gab es in Frankreich weit weniger Leute, die über die Wichtigkeit der ländlichen Ökonomie nachdachten. Heute wird diese Wissenschaft vom Adel geschätzt, man sieht viele Edelleute, die sich mit ihr vollberuflich beschäftigen, die den Unterschied erkannt haben zwischen dem Zustand, selbst Verwalter der eigenen Besitzungen zu sein, oder dem ruinösen Talent, deren Produkte zu verschleudern. Die Anregung, persönlich zu kultivieren, ist heute, wenn man will, zwar eine Modeerscheinung. Aber es handelt sich hier um eine sehr glückliche Mode: Sie bringt wirkliche Vorteile hervor, deren Fortsetzung wir nur wünschen können ... Wir haben das Beispiel des alten Griechenland, des alten Rom, von Holland und England befolgt. Das übrige Europa, das ja schon stark vom französischen Stil beeinflußt ist, hat sich beeilt, uns nachzuahmen. Man hat die Wichtigkeit und Ernsthaftigkeit unseres modernen Geschmacks erkannt. Wir sind der Grund, daß sich die Landwirtschaft erneuert und sich sehr verbessert in diesem schönen Teil des Universums.»[14]

Der Autor hat teils recht. Wirklich griff die agrarische Bewegung auf die antiken Autoren, Cato, Columella etc. zurück. Das Holland des 17. Jahrhunderts mit der entsprechenden Intensivwirtschaft war Vorbild gerade auch durch seine so eindrückliche Landschaftsmalerei. England bzw. Großbritannien hatte einen Vorsprung von etlichen Jahrzehnten vor Frankreich. Der Gentleman-farmer war in der politisch maßgebenden Schicht der ländlichen Gentry schon längst vorgebildet. Es war die irische Gentry, die in der *Dublin Society* das erste Beispiel dafür gab, daß all die agrarischen Postulate sich mit dem Mittel der Zusammenarbeit in einer ökonomischen Gesellschaft leichter lösen ließen. Dublin und London sind die Modelle auch in landwirtschaftlicher Beziehung geworden. Kurz vor der Gründung der Londoner Gesellschaft griff die britische Agrarbewegung auf den Kontinent über: 1753 entstand in Florenz die *Accademia dell' agricoltura ossia degli Georgofili,* d. h. der Freunde des Bauern, 1754 im kurmainzischen Erfurt die *Akademie nützlicher Wissenschaften,* 1757 im französisch-bretonischen Rennes die *Société d'agriculture,* 1759 im schweizerischen Bern die *Ökonomische Gesellschaft.* Damit war der Bann gebrochen. 1764 wird Spanien durch das Baskenland mit der *Real Sociedad Bascongada de los Amigos de País,* 1765 Österreich mit der *Ackerbaugesellschaft* in Kärnten erfaßt. Von der Gründung in Dublin an zählen wir weit über hundert Gründungen in Europa und in beiden Amerika.

Die Rolle dieser ökonomischen Gesellschaften ist im allgemeinen die Erkenntnis landwirtschaftlicher Not, die Erkenntnis überholter Verwaltungsnormen und überholter Produktionsmethoden. Aufgrund solcher Kenntnis geht man über zur *Aufmunterung,* zur *Emulation,* d. h. zum Versuch, aus dem bisherigen unbeweglichen Zustand herauszukommen. Das bedeutet Aufklärung, Aufklärung der adligen und patriotischen Grundbesitzer und der Bauernschaft. Man gibt sich nicht mehr zufrieden mit bloß geringfügigen Nebendingen, mit Haus- und Wirtschaftsrezepten, sondern will der Landwirtschaft durch reif überdachte Maßregeln und Verbesserungsvorschläge aufhelfen.

Unter den Gesellschaften, die sich besonders mit der Reform der Landwirtschaft befaßten, ist eine der ersten die *Société d'agriculture, de commerce et des arts, établie par les Etats de Bretagne.*[15]

Die Bretagne, einst eigenes Herzogtum und immer noch im Besitz einer eigenen Ständeversammlung, befand sich am Rande des sich zentralisierenden Frankreich. Die landwirtschaftliche Produktion lag darnieder. Versuche zu deren Hebung, die in der ersten Jahrhunderthälfte einige Kleinadlige unternahmen, blieben isoliert, weil die Unterstützung ihrer Standesgenossen fehlte und weil sie nicht über die nötigen theoretischen und technischen Kenntnisse verfügten.

Doch nach längerer Vorbereitung konnte 1757 in Rennes die bretonische Gesellschaft der Landwirtschaft, des Handels und des Gewerbes gegründet werden. Sie ist die Frucht einer erstaunlichen gemeinsamen Anstrengung der ganzen bretonischen Oberschicht des Landadels alter und neuer Herkunft, der adligen Kreise um den obersten Gerichtshof, des *Parlements,* und der Kaufleute adliger und bürgerlicher Abstammung. Es fehlten nicht etliche Geistliche, darunter der Bischof von Rennes. Da diese Gruppen im Ständeparlament der Provinz dominierten, war es ihnen ein leichtes, für die *Société d'agriculture* die offizielle Anerkennung und die entsprechenden Kredite zu erhalten. Bei der Gründung spielte auch der bretonische Eigenstolz eine bestimmte Rolle. Eine bretonische Sozietät war an sich aus nationalprovinziellen Gründen zu begrüßen – auch wenn viele altbretonische Adlige gar nicht so sehr an landwirtschaftlicher Innovation interessiert waren.

Das Programm der Gesellschaft sah die Schaffung von *Kunstwiesen* durch Anbau von Nutzpflanzen, durch Wässerung und Düngung vor, außerdem Verbreitung neuer Methoden zur Erhöhung der Bodenproduktion und zur Belebung des Handels sowie Förderung der Urbarmachung von unfruchtbarem Boden. Schließlich dachte man auch an die Freigabe des Kornhandels.

Das Programm entsprach den in Frankreich heftig diskutierten Ideen der *Physiokraten,* die in der Bretagne mit Montaudoin und dem Sekretär der Gesellschaft, Abeille, überzeugte Anhänger besaßen.

Die Gesellschaft publizierte Memoiren und Preisausschreiben. Man wollte insbesondere an die Bauern gelangen. Es wurden *Bureaux secondaires* – eine Art von Zweiggesellschaften – in verschiedenen regionalen Zentren, in Dol, St.-Malo, St.-Brieux, Tréguir, St.-Pol de Léon, Quimper und Vannes errichtet. In einem *Corps d'observation* sammelte man das zur besseren Kenntnis des Landes notwendige Material. 1757/58 kam schon ein erster Band heraus. Um ihn bemühten sich besonders der Sekretär Abeille und Védier, ein Repräsentant der königlichen Zentralverwaltung. Letzterer verstarb aber schon 1762, was für die Gesellschaft einen großen Verlust bedeutete. Drei Jahre darauf traf sie ein neues Unglück. Ihr Sekretär wurde verdächtigt, an einer Schrift über die königlichen Steuerrechte in der Bretagne teilgehabt zu haben, die den Zorn des altbretonischen Adels heraufbeschwor. Die Folge war, daß Abeille die Bretagne zu verlassen hatte. Die Gesellschaft war damit in den Augen der Zentralverwaltung wie in denjenigen der Provinzstände diskreditiert.

Zwar versuchte sie sich wieder aufzuraffen. Man wollte sich mehr auf Förderung des Handels verlegen, der auf größeres Interesse der städtischen Mitglieder stieß, und man zog 1769 vermehrt Vertreter aus den Städten herbei. 1772 konnte man noch den zweiten Teil des *Corps d'observation* publizieren. Aber die Aktivität war gelähmt. Und dies nicht allein aus politischen Gründen.

Wie so oft in französischen Provinzen gab es zu wenig Bodenbesitzer – und das war der Adel –, die ihren Besitz selbst kultivierten. Sie waren, auch wenn sie sich für die Landwirtschaft interessierten, viel zu wenig vertraut mit deren Gegebenheiten. Wenn schon, dann kümmerte sich der Adel primär um die Pferdezucht. Vor allem aber scheiterte man bei den Bauern. Man wollte ja mit Schriften an sie gelangen. Dies aber genügte nicht: Man mußte sich eingestehen, daß sie nur darüber lachen und nichts Weiteres unternehmen würden. Der Mangel an Bildung und die Armut der Bretonen erwiesen sich bald als unüberwindliche Hindernisse.

Der einzige konkrete Erfolg der *Société d'agriculture* war in der Urbarmachung zu verzeichnen. Die Kunstwiesen betreffend verzeichnete man nur vereinzelte gelungene Versuche. In der Propaganda für die Kartoffel kam man nur langsam vorwärts, auch wenn man – vielleicht die letzte Aktion der Gesellschaft – in Verbindung mit der königlichen Intendantur im Jahre 1774 von der amerikanischen Belle-Ile Kartoffeln kommen ließ und sie in der ganzen Bretagne verteilte.

Schon 1770 verweigerte ein Teil des Adels in der Ständeversammlung die notwendigen Kredite. Der königliche Intendant notierte damals, daß dies die Zerstörung der Gesellschaft bedeute. Tatsächlich schlief die Aktivität allmählich ein, und fünfzehn Jahre später stellte man fest, die Gesellschaft existierte schon lange nicht mehr. Versuche zur Wiederbelebung scheiterten.

Was blieb, war immerhin die Tatsache einer Anstrengung, die auf lange Sicht sich doch als Belebung der Landwirtschaft auswirkte.

Die bretonische Gesellschaft war Vorbild für die äußerst erfolgreiche Gründung der *Ökonomischen Gesellschaft von Bern.*[16]

Bern war der größte Stadtstaat nördlich der Alpen und war auch weitaus das größte Kantonsterritorium in der Schweiz. Es unterstand der tüchtigen, aber etwas altväterischen Regierung durch ein hauptstädtisches Patriziat, das sich um Straßen- und Waldpolitik kümmerte, sonst aber das meiste beim alten ließ und auf eine gescheiterte Industriepolitik zurückblickte. Dieses Patriziat, das grundsätzlich nicht Handel treiben wollte, war eminent landverbunden. Die Patrizier besaßen in der Regel ein kleineres oder größeres Landgut, das sie meist noch selbst verwalteten. Außerdem waren die meisten Landvögte – Amtmänner in den ländlichen Regierungsbezirken – mit ihrem Verwaltungsgebiet gut vertraut. Ein altreformiertes Arbeitsethos war eben daran, sich am Pflichtbegriff der Aufklärung neu zu orientieren.

Aufgemuntert durch die Nachrichten von den Gesellschaften in Dublin und London und besonders durch diejenigen aus der Bretagne sowie durch eine landwirtschaftliche Tendenz in der Zürcher Naturforschenden Gesellschaft, schritten im Jahre 1759 einige Patrizier unter der Führung des ehemaligen Landvogts Samuel Engel und des Gutsbesitzers Johann Rudolf Tschiffeli zur Gründung einer ökonomischen Gesellschaft, die anfangs nicht nur für den Kanton Bern, sondern für die gesamte Schweiz geplant war.

Bern kam eben aus einer gewissen landwirtschaftlichen Krise. Der Winter 1757 war lang gewesen, und im Juli 1757 herrschten Kälte und Regen. Das Korn mußte man naß einbringen, und es war ausgewachsen. Die Zehnterträge – aus denen der Staat lebte – erreichten im November einen Tiefstand.

Das Ziel was das gleiche wie andernorts: «Es soll die Absicht der Gesellschaft sein, den Landbau, den Nahrungsstand und die Handlung in Aufnahme zu bringen. Das ist: Den Abtrag des Landes zu vermehren, die Verarbeitung der Landeswaren zu verbessern und den Vertrieb derselben zu erleichtern.» Wenn man diese *Absichten* auf die Agrarwirtschaft allein bezog, so hieß das: «Die beste Ökonomie ist: mit wenig Samen, wenig Land und wenig Arbeitskräften ein verhältnismäßig starkes Produkt an Gewächs hervorzubringen.»

Die Organisation der Gesellschaft war dreiteilig: Eine *Große Gesellschaft* sollte die Preisausschreiben in feierlicher Sitzung einmal jährlich verabschieden. Eine *Mittlere Gesellschaft,* mit monatlicher Sitzung, war für die Rechnung zuständig und hatte die Preisausschreiben abzufassen und zu beurteilen. Die *Kleine Gesellschaft* hatte die eigentliche Leitung und kam jede Woche zusammen (im Sommer jeden Monat). Sie führte die Korrespondenz. Bis 1798 zählte man insgesamt 184 Mitglieder, von denen etwa die Hälfte aktiv in der Gesellschaft tätig war. Es handelte sich vornehmlich um landbesitzende Patrizier, dazu Pfarrer, Ärzte, Professoren und Kaufleute. Im ganzen wurden nur zwei Bauern, und dies nur in den ersten Jahren, aufgenommen.

Das Publikationsorgan, die *Abhandlungen und Beobachtungen,* wurde doppelt, deutsch und französisch, geführt; der Kanton war zweisprachig, und die Absicht internationaler Wirkung gebot, auch eine französische Ausgabe zu veranstalten. Diese Publikation wurde sofort in Europa bekannt und benützt und hatte ebensoviel, wenn nicht mehr Wirkung als die englische Zeitschrift. Dazu trat eine umfassende Korrespondenz, die man mit der übrigen Schweiz, mit England, Frankreich, Spanien, Schweden, Dänemark, Deutschland, den Niederlanden, Polen und Italien führte. Die Zeitschrift der Gesellschaft enthielt vor allem die Antworten auf die Preisausschreiben.

1761 wurde zur Gründung von Zweiggesellschaften geschritten, die im ganzen Kanton die einzelnen Regionen besser erfassen sollten. Es sind über zehn gegründet worden. Damit wurde die regionale Oberschicht – Pfarrerschaft und Magistratur – aktiviert. In den benachbarten eidgenössischen Städten Freiburg, Solothurn und Biel entstanden gleichzeitig selbständige ökonomische Gesellschaften, die mit Bern eng verbunden waren.

In den *Abhandlungen* dominierte der landwirtschaftlich-naturwissenschaftlich-geographische Teil mit etwa 70%: Getreidebau, Wiesenwässerung, Weinbau, Düngerzubereitung, Bodenkunde, Viehzucht, Allmendaufteilung, Alpwirtschaft, Urbarisierung. Nur 8% behandelte das bernfremde Thema von Industrie und Handel. Wichtig waren topographische und statistische Beschreibungen von einzelnen Teilen des Kantons und der übrigen Schweiz.

Dazu trat eine allgemeine Aktivität der Mitglieder: Ausbau des eigenen Betriebes zum Mustergut, praktische Versuche im Land rundum, meteorologische Beobachtungen und Propaganda neuer Agrotechniken. All dies geschah stets in engem Kontakt mit den Landleuten selber. Allerdings ging man nicht so weit wie die auch 1759 gegründete ökonomische Kommission der Zürcher Naturforschenden Gesellschaft, die *Bauerngespräche* veranstaltete, bei denen sich die städtischen Gesellschaftsmitglieder mit den Bauern selbst über die Reformen unterhielten.

Wie hoch das Ansehen der Berner Gesellschaft war, zeigt der 1764 verfaßte Bericht des Grafen Karl von Zinzendorf, der im Auftrag des österreichischen Staatsministers Kaunitz dieses so entwickelte Nachbarland bereiste: «Die Ökonomische Gesellschaft zu Bern ist eine Mutter aller nach der Zeit in Frankreich, Engelland, Deutschland und selbst in der Schweiz entstandenen ähnlichen Veranstaltungen.» Auch wenn diese Feststellung – besonders was England betrifft – unrichtig ist, so zeigt sie, wie sehr man Bern als führende Gesellschaft betrachtete. Zinzendorf spricht anschließend von der Tätigkeit einzelner Mitglieder: «Die Gesellschaft bestehet aus sehr geschickten und wakkern Mitgliedern, dahin der Präsident, Herr Sinner, und beide Gebrüder Tscharner gehören. Sie stellen selbst Versuche an und teilen Preise aus. Ein lebhafter und nützlicher Mann unter ihnen ist ihr Vize-Präsident, der Chorschreiber Tschiffeli. Dieser redliche und verehrungswerte Patriot hat es auf seinem kleinen Landgut zu Kirchberg in Wässerung der Wiesen ungemein weit gebracht. Er siehet hauptsächlich darauf, dem Erdreich einen gleichen Abfluß zu geben, und unter seinen Rigolen haben einige einen doppelten Endzweck, teils das Wasser abfließen zu lassen, teils es nach dem Abfluß über ein Beet wieder zu fassen, damit es neue Säfte in sich nehmen und so dann mit desto mehrerem Nutzen über die folgenden Wiesen-Beeter abträufeln möge. Er hält es von der größten Notwendigkeit, das Wasser nicht allzuroh auf die Wiesen zu lassen.»[17]

In dieses Lob der Ökonomischen Gesellschaft flicht Zinzendorf allerdings eine einschränkende Bemerkung ein: «Es macht aber der Regierung wenig Ehre, daß diese Gesellschaft so wenig Unterstützung von derselben sich bisher zu erfreuen gehabt.» Tatsächlich verdarb es zwei Jahre darauf die Gesellschaft mit dem Staate. Die Konservativen im Patriziat hatten all diesen ökonomischen Umtrieb nie gerne gesehen. Eine in der Zeitschrift der Gesellschaft erschienene Abhandlung über die Bevölkerung der Waadt gab den Vorwand. Bevölkerungsstatistik bedeutete Einmischung in politisch-militärische Belange. Die Mehrheit der Staatsregierung, insbesondere das Standeshaupt, versuchte nun die Aktivität der Gesellschaft entscheidend zu lähmen. Es ging um ein Kräftemessen zwischen fortschrittlichen und immobilen Kräften im Patriziat. Man konnte zwar die hauptstädtische Gesellschaft retten, deren Präsidium der an sich politisch unangreifbare Albrecht von Haller übernahm. Aber die Zweiggesellschaften gingen ein, da ihre Aktivität nun dem jeweiligen Landvogt unterstellt wurde. – Auf kleinem Feuer ging die Arbeit in Bern weiter. Einige staatliche Aufträge für Gutachten wurden in der Folge doch erteilt, betreffend Wildbachverbauung, Käfervertilgung, Maulbeerpflanzungen. Mit dem Staat führte man 1771 eine Erntestatistik und 1787 eine Viehzählung durch. Die Gesellschaft aber wandte sich unter Haller mehr den ungefährlicheren naturwissenschaftlichen Aufgaben zu. In den siebziger Jahren nahm sie unter Niklaus Emanuel Tscharner einen erneuten ökonomischen Anlauf. Vor der Revolution glich sie jedoch eher einer gelehrt-patriotischen Gesellschaft im allgemeinen.

7. Die Freimaurer

Unter den Trägern der Aufklärung nehmen die Freimaurer einen ersten Platz ein.[18] Ihre Gesellschaft gab den allgemeinen Wünschen und Vorstellungen der Aufklärung einen institutionellen Rahmen. Sie war international-kosmopolitisch strukturiert. Freimaurer fanden sich bald überall in führenden Staatsgremien und in den Reformgesellschaften.

Die Freimaurerei geht bekanntlich zurück auf die Tradition von *freien Maurern, Free-Masons,* des Kathedralbaus, auf zunftartige Gemeinschaften, die sich im anglikanischen England über die Reformation und Gegenreformation hinweg erhalten können. Die alten Werkleute hatten im 17. Jahrhundert begonnen, adlige Gönner und andere Interessierte, vor allem Geometer und Naturwissenschaftler, in ihre Reihen aufzunehmen. Diese Neuaufgenommenen begannen allmählich zu dominieren, das handwerkliche Element trat in den Hintergrund. Was blieb und entwickelt wurde, war Sitte, Brauch, Zeremoniell der Gemeinschaft, beeinflußt durch italienisches Gedankengut der *Accademia* – italienische Häretiker spielten als Emigranten ihre Rolle. Die Erfolge der *Royal Society* und der starke Aufschwung der englischen Aufklärung überhaupt taten ihr übriges. Am 24. Juni 1717, am Johannistag – der Evangelist Johannes ist Patron der Freimaurer –, erfolgte der Zusammenschluß der Londoner Logen zur Großloge von England, die sich 1723 in den Andersonschen Konstitutionen eine feste Organisation gab.

Der Großmeister der englischen Großloge war Oberhaupt aller Logen. Die einzelnen Logen waren alle gleich organisiert. Die Mitglieder sind in Lehrlinge, Gesellen und Meister eingeteilt; Grade, die der Reihe nach zu durchlaufen sind.

Die Versammlungen bestehen aus dem gemeinsamen Mahl, aus Vortrag, Diskussion und Kollekte. Besonders feierlich ist das Johannisfest: «Wir halten vierteljahr-, oder jährlich, aufs wenigst ein Liebesmahl auf Johannis des Täufers oder des Evangelisten Tag, nach dem es sich unserem Groß-Meister schicket; da finden sich ein, alle Meister, Gesellen, Lehrlinge von allen Logen.» Man beobachtete «eine Gleichheit unter den Brüdern, Verbannung aller Präzedenz und Rangs-Streits. Da sitzet ein jeder an die bereitete Tafel, wie er dran kommt, kommt ein geringer Handwerker neben einem Herzog zu sitzen, so wird dieser mit demselben so vertraut, leutselig und freundlich Gespräch führen, als ob er sein leiblicher Bruder wäre. Es ist sich zu verwundern, daß ungeachtet einer so großen Anzahl (oft bei 500 Gästen) doch alles so still, mäßig, einträchtig und freundlich zugeht, und zu guter Zeit die Mahlzeit beschlossen wird ... Das Tischgebet verrichtet entweder der Groß-Meister selbst, oder er darf auch einen Bruder, der ein Geistlicher ist, oder den Sekretär dazu brauchen, daß er vor und nach der Mahlzeit bete.»

Die Loge unterhält oft eine Bibliothek – fast wie eine Lesegesellschaft. Wichtig ist die Korrespondenz mit anderen Logen.

Unter den Freimaurern herrscht sehr weitgehende Solidarität: «Wenn ein Mitbruder wegen Schulden in Verhaft geraten ist, so bezahlet man solche, so bald man ein Zeugnis von seiner Redlichkeit beibringen kann.»

«Ein kranker Mitbruder, welcher sich außer Stande sieht, das nötige zu seiner Wartung darzureichen, empfängt von der Loge, deren Mitglied er ist, wöchentlich zwei Guineen, wann anders seine Krankheit nicht von Schwelgerei und unordentlichem Leben herrührt. Der Medicus, Wund-Arzt und Apotheker der Loge erweisen sich bereit, ihnen mit ihrer Vorsorge, Handreichungen und Arzneien umsonst an die Hand zu gehen. Diese drei Gesundheits-Bedienten werden von jeder Loge besoldet.»

Die Freimaurer stehen bewußt an der Zeitwende des im Barock auslaufenden Mittelalters und der anbrechenden Epoche eines neuen Lichts. Sie wollen die alten Symbole des Tempelbaus mit neuem Inhalt erfüllen. Das bedeutet Neuinterpretation der christlichen Tradition in humanitär-aufgeklärtem Sinn. Spürbar ist der Hintergrund der Glorreichen Revolution mit ihrer Relativierung der ständischen und konfessionellen Unterschiede und ihrer Betonung der Rechte des Bürgers und des Menschen. Die Freimaurerei drückt das Bedürfnis aus, durch eine neue Brüderschaft den so oft erstarrten religiösen Bindungen einen lebendigen Sinn zu geben. In den *Konstitutionen* heißt es, daß der Freimaurer ein Mensch sein solle, der, von Wohlwollen und Menschlichkeit erfüllt, ein *guter Mensch* sein müsse, treu, von Ehre und Ehrlichkeit bestimmt. Er ist «Freund der Reichen und der Armen», sofern sie tugendhaft sind. Später wird dies in einer Verteidigungsschrift von 1746 so formuliert: «Die Freimaurergesellschaft hat kein anderes Ziel als den Frieden und die Einigkeit unter den Menschen zu fördern. Alle entwickelten Staaten sollten ihr Schutz angedeihen lassen, wenn sie an der Entwicklung ihrer Wohlfahrt und ihres Glücks interessiert sind.» In freimaurerischer Sprache heißt das, daß der Bau am Salomonischen Tempel fortgesetzt werden solle. Es geht um das *Reich Gottes auf Erden*.

Damit steht diese Bewegung einerseits in sehr alten christlichen Vorstellungen, andererseits vertritt sie ein aufgeklärtes Christentum oder einfach die natürliche Religion. Der Konfessionsunterschied wird relativiert: Anglikaner, Dissidente, Katholiken – 1772 wird mit Lord Robert Edward Petre ein Katholik Großmeister der englischen Großloge – sind Mitglieder, und schon ganz früh können Juden aufgenommen werden.

Dergestalt werden die Freimaurerlogen zu Schulen der Toleranz. Die Bewegung entsprach jenem Bedürfnis der Zeit, in welchem die engen konfessionellen Schranken gesprengt wurden und man doch gleichzeitig in der angeborenen konfessionellen Tradition bleiben wollte.

Die alten maurerischen Riten und ihre Symbole sollten vor der Profanierung in der Öffentlichkeit durch strikte Verpflichtung auf Geheimhaltung geschützt werden. «Die Soldaten haben ihre Feldzeichen dabei sie unterschieden werden. Die Offiziers haben ihre Losungsworte, dabei sie sich selbst untereinander in Krieg- und Friedenszeiten kennen ... Und wir haben auch die Wörter, wobei man uns erkennet. Zum Beispiel: Jachin, Boas, Quadrat, Kompaß, Bleiwag, Kütt, Hiram, Salomon etc.» Gerade diese Geheimnisse wirkten attraktiv in einer vordergründig immer nüchterneren Welt.

Die Freimaurerei hatte sehr rasch einen beispiellosen Erfolg. 1725 – acht Jahre nach der Gründung – zählte man in Großbritannien schon 52 Logen. Schon vor 1730 verbreitete sich die Idee – meist durch reisende britische Lords und Offiziere, oft auch durch emigrierte Stuartanhänger – vorerst in Frankreich und Spanien und damit in den französischen, spanischen und natürlich auch den britischen Kolonien. Gleichzeitig setzte sie sich auch in ganz Italien durch – besonders in Rom, Florenz, Mailand und Turin –, dann in den Niederlanden, in der Westschweiz (Genf 1736) und von Hamburg (1737) aus im nördlichen und mittleren Deutschland, über Berlin, Breslau nach Wien, Prag und Dresden. Von Dresden aus kam sie nach Warschau. St. Petersburg war schon früh erreicht. In den vierziger Jahren folgten Schweden und Dänemark, schließlich auch das südliche Deutschland, Österreich, Siebenbürgen und Ungarn.

Um die Jahrhundertmitte waren die Zentren des europäischen Raumes und seiner überseeischen Dependenzen gewonnen. Es konnte der Prozeß einer Ausbreitung in den betreffenden Provinzen erfolgen. Erfaßt wurden Ober- und Mittelschichten. Franz Stephan von Lothringen (1731), der spätere Kaiser, und der Preußenprinz Friedrich (1738), der spätere König, wurden Freimaurer; hoher und niedriger Adel, viele Gelehrte und Geistliche – besonders im anglikanischen Klerus – schlossen sich an. Die *Weltbruderschaft der wahrhaft Aufgeklärten* war verwirklicht. In den Logen trafen sich hohe Adlige, hohe Hofbeamte, Berater und Freunde des Königs, reisende Ausländer, Diplomaten, Bankiers, Kaufleute und Offiziere. Man schloß Bekanntschaften, zuweilen Freundschaften, man erhielt Empfehlungsbriefe, die die Türen zu den Häusern bedeutender Persönlichkeiten zu öffnen vermochten. In den Logen konnten wichtige Gespräche geführt werden, die von einer Intimität waren, wie sie sonst kaum zu finden war.

Allerdings zeigten sich zwei Hindernisse, ein äußeres und ein inneres. Die katholische Kirche erließ 1738 durch die Bulle *In eminenti* ein allgemeines Verbot für den Eintritt in die Logen, das 1751 erneuert wurde. Damit nahm sie deutlich Stellung gegen diese aufklärerische Bewegung. Der Effekt war allerdings nicht sehr groß. Auch wenn 1743 im Großherzogtum Toscana eine richtige Verfolgung einsetzte und 1743 die Kaiserin Maria Theresia die Wiener Loge auflöste und es auch anderswo zu Eingriffen kam, so kümmerten sich andere katholische Staaten nicht darum, und weil die Gesellschaft ja eine Geheimgesellschaft war, so existierten die aufgelösten Logen oft einfach unter anderm Namen weiter. Gerade katholische Länder sind zu starken Freimaurerzentren geworden, etwa die Republik Genua, und an bestimmten Höfen waren Freimaurer von größtem Einfluß. Auch in protestantischen Ländern ließ man die Bewegung nicht immer in Ruhe. Die Republiken Hamburg, Genf und Bern, die Niederlande und Schweden haben nicht aus theologisch-religiösen, wohl aber aus staatspolitischen Erwägungen die Logen für kürzere oder längere Zeit verboten. Anstoß erregend war die eidliche Verpflichtung auf eine außerstaatliche, internationale Instanz. Auf lange Sicht hatten diese Interventionen aber keinen Erfolg.

Für die Freimaurerei selbst stiftete Verwirrung, daß sie sich von den vierziger Jahren an in verschiedene Observanzen spaltete, vor allem infolge der Weiterentwicklung des Zeremoniells, der Riten. Dies hing auch mit der dem Jahrhundert eigenen Rückwendung zu archaischeren Vorstellungen zusammen.

Trotz diesen Spaltungen verlor die Bewegung nichts von ihrer Attraktivität. Zu Ende des Jahrhunderts war ein großer Teil der Anhänger moderner Auffassungen bei der Freimaurerei.

Was die Freimaurer mit den Sozietäten verbindet, ist abgesehen von ihrer gesellschaftlichen Organisationsform einmal das lebhafte Interesse für die Wissenschaften: «Hier findet man die Schule der Wissenschaften, Künste und guten Sitten, eine gelehrte Akademie, deren Mitglieder unterschiedliche Gaben besitzen, und welche in ihrer Vereinigung ohne Widerspruch die gelehrteste Gesellschaft von der Welt ausmachen.» Tatsächlich gehörten viele Wissenschaftler der Freimaurerei an.

Des weitern wäre die Verpflichtung zur Wohltätigkeit zu nennen, die sich besonders in England, aber auch anderswo in vielen Initiativen zu ökonomisch-sozialer Reform direkt oder indirekt (durch Mitwirkung in anderen Sozietäten) äußerte: sei es durch die Errichtung von Armenschulen, von Armenhäusern oder die Organisation von ärztlichen Hilfeleistungen wie Pockenimpfungen und vieles andere mehr.

Ähnlich wie in vielen Sozietäten wurde der internationale Zusammenhang gepflegt.

Schließlich war die Freimaurerei den Sozietäten gleich in der Betonung der Gleichheit innerhalb der Gesellschaft. Adlige und Bürgerliche fanden sich hier auf gleichem Fuß als *Brüder* einem höheren Ideal, dem Tempelbau, unterstellt.

Wie sehr freimaurerisches Gedankengut weit über die Logen hinaus populär werden konnte, zeigt das Lied *Brüder reicht die Hand zum Bunde,* dessen Melodie Mozart zugeschrieben wird: Als eines seiner letzten Werke komponierte Mozart im November 1791 in Wien einen *Maurergesang* mit dem wohl von Schikaneder stammenden Anfang *Laßt uns mit geschlungenen Händen.* Bald darauf wurde ein anderer Text dieser Melodie unterlegt. Dieser Text ist als *Maurergesang oder auch Gesellschaftslied* weit verbreitet worden und faßt zusammen, was als Grundidee die ganze Reformbewegung charakterisiert:

«Brüder, reicht die Hand zum Bunde!
diese große Feierstunde
führ' uns hin zu lichtern Höh'n!
Laßt, was irdisch ist, entfliehen
unsers Bundes Harmonien
dauern ewig fest und schön.

Preis und Dank dem Weltenmeister
der die Herzen, der die Geister
für ein ewig Wirken schuf!
Licht und Recht und Tugend schaffen
durch der Wahrheit heil'ge Waffen,
sei uns göttlicher Beruf.

Ihr, auf diesem Stern die besten
Menschen all' in Ost und Westen,
wie im Süden und im Nord!
Wahrheit suchen, Tugend üben
Gott und Menschen herzlich lieben,
das sei unser Losungswort!»[19]

8. Die Sozietäten in der aufgeklärten Bewegung

Das Jahrhundert ist allmählich dicht durchsetzt von gesellschaftlichen Zusammenschlüssen und da, wo sich keine organisierte Sozietät befindet, da springen die Freimaurerlogen in diese Lücke, ganz besonders in Osteuropa. Wissenschaftliche Gesellschaften, Bildungsgesellschaften und gemeinnützige-ökonomische Gesellschaften sind die drei Haupttypen in der zweiten Jahrhunderthälfte. Darum herum gruppieren sich viele weitere Sozietäten mit verschiedensten Kombinationen von aufklärerischen Zielsetzungen, gelegentlich religiöser und – ganz selten – auch von politischer Art.

Die pietistisch-mystisch Gesinnten sammelte ab 1694 die Engländerin Jane Leade in der lose organisierten *Philadelphischen Sozietät,* die in Deutschland, Holland, Schweden und Finnland viele Anhänger zählte. Anglikanisch-staatskirchlich war die Gründung der *Society for Promoting of Christian Knowledge,* die in England weite Wirkung in christlicher Erziehung, Schulung und Alphabetisierung erzielte. Die Unterschichten waren am besten mit religiöser Organisation zu erreichen. Bald wurde die Society durch eine Tochtergesellschaft ergänzt, durch die *Society for the Propagation of the Gospel in Foreign Parts.* Verbreitung der Bibelkenntnis in den Kolonien – d. h. in Nordamerika bei den Ausgewanderten – war ihr Ziel. Das staatskirchlich lutherische Schweden folgte 1771 mit der *Societas Suecana pro Fide et Christianismo.* Auch diese Sozietät kämpfte für Glaube und Christentum, für Hebung der Volksfrömmigkeit gegen den wachsenden Sittenzerfall. Im gleichen Sinn gründeten fromme Schwaben in Basel 1780 die *Deutsche Christentumsgesellschaft.*[20]

Aber die meisten Sozietäten geben sich nicht primär kirchlich, kirchliche Zugehörigkeit war jedoch so selbstverständlich, daß sie als Unterton meist mitschwebte, ebenso wie die Staatszugehörigkeit.

Die Sozietäten geben sich in der Regel allerdings nicht politisch, denn das Politische im engern Sinn war Sache der zuständigen Regierung. Dennoch wirkten gerade die ökonomischen und gemeinnützigen Sozietäten im weitern Sinn doch politisch. Es ging für sie um das Wohl der Polis, der Stadt, des Staates. Sie nahmen ihm Aufgaben ab, für die er nicht vorbereitet oder nicht geeignet war, sprangen in die Lücken ein. Wenn z. B. in der Bretagne eine Landwirtschaftliche Gesellschaft gegründet wurde, so ging es eben um dieses Herzogtum, wenn Hamburg eine Patriotische Gesellschaft besaß, so ging es um diese Hansestadt – aber nicht im engern nationalen Sinn, sondern darum, daß die Bretagne bzw. Hamburg der Ort war, wo man zum Wohle der Menschheit zu wirken hatte und konnte.

Wenn 1761 Schweizer aus verschiedenen Kantonen eine *Helvetische Gesellschaft* gründeten, so ging es zwar um Helvetien, aber um die Schweizer Aufklärung. Man wollte dem Zerfall der Bundessolidarität entgegenwirken. Dieses nationalpolitische Ziel konnte man damals nur mit der Organisation eines Freundeskreises aus allen Kantonen, den Einzelstaaten dieser föderalistisch statuierten Nation erreichen. Dieser Freundeskreis traf sich zu einer jährlichen Versammlung von ein paar Tagen, an denen freie Diskussion waltete. Weil sich die wichtigsten Exponenten der verschiedenen Reformbewegungen unter den Mitgliedern fanden, wurde die Helvetische Gesellschaft zu einer Art von Dachgesellschaft der kantonalen Sozietäten. Sie sollte sich tatsächlich zu einer repräsentativen freiwilligen Nationalversammlung entwickeln. Unter den Sozietäten des 18. Jahrhunderts ist sie ein Unikum.[21]

Für alle Sozietäten gilt, daß sie getragen sind von der jeweiligen lokalen oder religiösen Elite aus Adel, Geistlichkeit, Magistratur und Kaufmannschaft. Im Freundschaftskreise der Sozietät treffen sich adlige Hofbeamte oder Landedelleute mit Pfarrern und bürgerlichen Unternehmern. Durch die Mitgliedschaften aus verschiedenen Ständen – gelegentlich auch solchen von Gewerbetreibenden oder Bauern – leisteten diese vielen Sozietäten einen wesentlichen Beitrag zum Übergang von der ständisch-zünftischen zur bürgerlich-demokratischen Gesellschaft, wie sie dann im 19. Jahrhundert dominierend werden sollte. Sie beförderten entscheidend die *Emanzipation des Bürgertums* in monarchischen Verhältnissen, und in republikanischen Staatswesen verbanden sie das Patriziat wieder mit der übrigen Bürgerschaft.

Gerade weil die Sozietäten in der Regel aus Freundeskreisen entstanden waren, pflegten sie eine neuartige *Geselligkeit.* Bei allem reformerischen Ernst und bei aller Aktivität fand sich an ihren Versammlungen immer genügend Zeit zu freiem Gespräch und zu heiterem Zusammensein bei Speis und Trank, bei Kaffee, Tee, Tabak oder Wein. Es gab Sozietäten, die auch Frauen offenstanden, auch wenn sie in den Mitgliederlisten selten vorkommen. Aber im Umfeld der Sozietäten sind sie vielfältig präsent, und nicht nur im geselligen Bereich. Im Geselligen fanden die Sozietäten jedenfalls eine vernünftige Mitte zwischen dem trinkfest-volkstümlichen Gehabe der Zunftgemütlichkeit und den preziös-elitären Umgangsformen höfischer Kultur.

Es wurde Mode, bei Gesellschaften mitzumachen. Es machte sich gut, Mitglied verschiedener Akademien oder Sozietäten zu sein. Zum Beispiel erscheint der den Physiokraten nahestehende Comte d'Albon, Prince d'Yvetot, auf dem Titelblatt seiner allgemeinen Analyse der Staaten England, Holland und der Schweiz 1779 als «Mitglied der Akademien zu Lyon, Dijon, Rom oder Nîmes, von den Arkaden und la Crusca, der gelehrten Gesellschaften von Florenz, Bern, Zürich, Chambéry, Hessen-Homburg etc. etc.» Mit der Beifügung der zwei Etcetera deutet dieser französische Adlige an, daß er noch weiteren Sozietäten angehöre und dergestalt voll in der aufklärerischen Bewegung stehe.

9. Zeitschriften und Bücher

Wenn Sozietäten breitere Wirkung erzielen wollten, gaben sie in der Regel eine Zeitschrift heraus. Zeitschriften waren aber keineswegs nur Sache von Sozietäten. Sie spielten ganz allgemein eine eminente Rolle als neuer Typus der aufklärenden Mitteilung zuhanden eines breiten Publikums. Sie gaben nicht mehr bloß Neuigkeiten, Nachrichten aus der Welt, Unglücksfälle und Verbrechen, sondern bewußte Analyse mit der Absicht, aufklärerisch zu wirken.

Voraussetzung waren Drucker und Verleger als selbständige Unternehmer. Voraussetzung war auch die größtmögliche Freiheit der Publikation. Diese Freiheit der Presse war vorerst nur in den Niederlanden möglich, insbesondere in Holland, wo Freiheit nicht nur Unabhängigkeit von Spanien, sondern auch Toleranz für andere Konfessionen als den Calvinismus bedeutete. Im 17. Jahrhundert wich man nach Holland aus, wenn man die einheimische Zensur umgehen wollte. Auch der fingierte Druckort – Amsterdam oder andere Städte in den Niederlanden – genügte, um ein Buch attraktiv zu machen, denn da vermutete man etwas Kritisches oder Subversives. Dann folgte das freier werdende Großbritannien. Noch zu der Zeit der englischen Restauration, unter König Karl II., galt der Grundsatz: «Der Druck und die Publikation von irgendwelchen Zeitungen, Pamphleten oder irgendwelchen Neuigkeiten ist illegal.» Dann aber erfolgte die Glorreiche Revolution. John Locke forderte Pressefreiheit, und als 1795 die alte *Licencing Act* – Lizenzen hatten bis jetzt die Zensur etwas gemildert – auslief, da gab das Parlament volle Pressefreiheit.

Das Modell der kommenden Zeitschrift lieferte 1710 bis 1724 der *Spectator,* der Zuschauer, herausgegeben von Addison und Steele. *Vice and Ignorance,* Laster und Ignoranz, sollten aus England verbannt werden. Das ethische Programm der Aufklärung sollte statt dessen verkündet werden. Die Zeitschrift gab sich als Zusammenstellung von Beobachtungen eines englischen Landedelmanns, des Sir Roger de Coverly, der London besichtigen geht als Spectator, als Zuschauer und Beobachter. Neben ihn treten Captain Sentry, der Soldat, Sir Andrew Freeport, der Kaufmann, und Will Court, der ältliche *Man of Fashion,* der Mann nach der Mode, sowie ein Advokat des obersten englischen Gerichts.

Im *Spectator* wurde nun in wöchentlichen kurzen Berichten über alle möglichen Gegenstände diskutiert: Zwischen dem 24. November und dem 20. Dezember 1714 zum Beispiel über

Division of Mankind into Classes – Spaltung der Menschheit in verschiedene Klassen.

On Eternity – Über die Ewigkeit.

Improper Behaviour in Church – Unziemliches Verhalten in der Kirche.

On Cleanliness – Über Sauberkeit.

On aiming at Perfection – Über das Streben nach Vollendung.

Enlargement of the Power of the Mind in a future state – Erweiterung der Stärke der Intelligenz in einem künftigen Zustand.[22]

Solche Abhandlungen werden jeweils gerne mit Zitaten aus antiken Autoren versehen.

Diese wöchentlich wiederkehrenden, kurzen und prägnanten Berichte und Abhandlungen fanden geneigte Leser, und fortan war Bahn gebrochen für Zeitschriften jeder Art, für sogenannte *Moralische Wochenschriften* mit verschiedener Gestaltung, verschiedenen Erscheinungsorten, teils auch spezialisiert auf eine bestimmte Thematik.

Der Kontinent zog bald nach, und nun erschienen sie alle, diese Zeitschriften mit ihren verschiedenen Titeln: Journal, Giornale, Tagebuch, Diario, Zeitung, Gazette, Magasin, Memorias, Mercure (ein französischer, ein deutscher, ein schweizerischer), Anzeigen, Beiträge und Almanache. Voraussetzung war eine zurückhaltende Zensur, denn der Kontinent war nicht das freie England. Aus Paris berichtete man um 1778: «Die Zensoren der Bücher in Paris sind vernünftiger und die gerechtesten in der ganzen Welt ... Paris ist die Stadt, wo am meisten Zeitungen gedruckt werden: Journal des Savants, Journal des Sciences et des Beaux Arts, Journal politique et littéraire, Journal du Théatre, Mercure de France etc.»[23] – Aus dem schweizerischen Bern verlautet 1786: «Unsere ohnehin nicht scharfe Zensurordnung schläft ganz gelassen ein ...»[24]

Schon lange hatte jedes Land, ja jede Stadt ihre Zeitschriften, und darunter solche, die von weitester aufklärerischer Wirkung waren, Deutschland zum Beispiel *Der Patriot* von Hamburg, der von 1724 bis 1726 erschien, herausgegeben durch eine Gruppe von fünf Magistraten, zwei Professoren, zwei Geistlichen sowie je einem Journalisten und einem akademisch gebildeten Kaufmann, die sich von 1723 an zu einer wöchentlichen Gesprächsrunde zusammenfanden. *Der Patriot* – ihre Publikation – stand in der Linie des englischen *Spectator* und wollte eine Art von Orientierungshilfe sein in den Wirrungen dieser Epoche. Er enthielt Satiren, Dialoge, Fabeln, Träume, Porträts, Erzählungen, fingierte und echte Leserbriefe. Hier wurde die Überlegenheit praktischer Vernunft über Ignoranz, Anpasserei und Vorurteil demonstriert. Ein Patriot im Sinne dieser Zeitschrift ist ein weltbürgerlich denkender Mensch ohne Vorurteil, der sich zum Wohl seines Gemeinwesens praktisch betätigt. Der Patriot wirkt durch Glaubwürdigkeit und Beispiel. Die Kritik des Patrioten richtet sich nicht gegen die bestehende gesellschaftlich-politische Ordnung, sondern gegen Mißstände innerhalb dieser Ordnung. *Der Patriot* ist einer der größten publizistischen Erfolge der ersten Hälfte des 18. Jahrhunderts geworden. Während der ersten neun Monate stieg die Auflage von 400 auf 5000. Später erlebte er noch vier Buchausgaben bis 1765.

Fast gleichzeitig hatte in einer andern Handelsstadt, in Zürich, eine Gruppe von jungen Leuten, ein halbes Dutzend Theologen sowie zwei Ärzte, sich zu einer Sozietät zusammengetan, die sich *Die Maler* nannte und von Juli bis Oktober 1722 zusammenkam. Sie haben von 1721 bis 1723 die *Diskurse der Maler* herausgegeben. Diese Zeitschrift stand ebenfalls in der Linie des *Spectator*. Sie verfolgte die gleichen patriotisch-politischen Tendenzen, mit stärkerer Betonung ästhetisch-literarischer Fragestellungen. Daß die Zensur hemmend eingriff, zeigt die politische Relevanz der Zeitschrift. Initianten und Hauptträger der Sozietät und der Zeitschrift waren Johann Jakob Bodmer und Johann Jakob Breitinger, beide später Professoren an der Zürcher Hohen Schule.

Diesen deutschen bzw. schweizerischen Beispielen sei ein drittes an die Seite gestellt, das aus dem italienischen Bereich stammt, die *Accademia dei Pugni,* Akademie der Fäuste, in Mailand von 1764–66. Sie steht nun schon mitten in der voll entwikkelten Aufklärung. Aber auch sie hat den gleichen Charakter eines Freundeszirkels, der sich als Sozietät versteht und mit einer Zeitschrift an die Öffentlichkeit treten will, *Il Caffè* betitelt. Schon diese zwei Bezeichnungen deuten auf die Selbstironie einer lebhaften, aber «unseriösen» Gründung. In diesen Jahren lagen die Ideen von Rousseau, von Helvétius und andern aufregenden Neuerern in der Luft. *Die Accademia dei Pugni* war ein Diskussionskreis kluger Leute, der besten Köpfe der oberitalienischen Aufklärung, Pietro Verri, Luigi Lambertinenghi, Alfonso Longo, Cesare Beccaria. Einmal in der Woche trafen sie sich mit andern Freunden um den weißen Kachelofen bei Pietro Verri. Sie diskutierten die Zeiterfordernisse, verurteilten die Politik der reinen Staatsräson, postulierten Reform und Praxisbezug: *belle virtù, doveri – virtù senza noia – edle Tugenden, Pflichten, – Tugend ohne Langeweile.* Es war italienischer *Sturm und Drang,* aber gemildert durch lombardischen Humor und lateinische Humanität. Sie wollten aber nicht beim Diskutieren allein stehenbleiben, sondern mit der Zeitschrift *Il Caffè* die Öffentlichkeit aufrufen und wenn möglich selbst in die defekte Verwaltung der oberitalienischen Herrschaften eingreifen. Auf diesem Hintergrund entstand das aufsehenerregende Buch von Marchese Beccaria *Dei delitti e delle pene* mit seiner Generalkritik der Zustände, nicht nur im Strafrechtswesen.

Im Kreis der *Pugni,* der nach den zwei Bänden *Caffè* nicht weiter aktiv blieb, präparierte sich schon die spätere Cisalpinische Republik.

Das wären drei Beispiele von Zeitschriften, die auch ein wenig politische Absichten hatten, mitsamt der vorherrschenden ethischen sowie ästhetischen Zielsetzung. Es ging auch um den guten Geschmack. Viele Zeitschriften enthalten auch Rezensionen von Neuerscheinungen. Überhaupt war des «Büchermachens kein Ende», wie schon der im 18. Jahrhundert besonders geschätzte alttestamentliche *Prediger Salomonis* (12/12) festgestellt hatte. Man befand sich im «tintenklecksenden Saeculum», wo das Tintenfaß den Schreibtisch dominiert und jeder Bogen Papier mit der Gänsefeder in aufklärerischem Stil zu bearbeiten war.

V.
Utopie und Reform

1. «Verbesserung und Träume»

Die Begriffe *Reform* und *Utopie,* die Franco Venturi als Titel für sein Werk *Utopia e Riforma nell' Illuminismo* verwendet hat, würden verdeutscht im 18. Jahrhundert *Verbesserung* und *Träume* heißen.

Während der deutsche Philosoph Christian Wolff zwischen 1713 und 1720 seine Ideen noch unter dem rationalistischen Titel *Vernünftige Gedanken von den Kräften des menschlichen Verstandes, Vernünftige Gedanken von Gott, der Welt und der Seele des Menschen* oder auch *Vernünftige Gedanken von des Menschen Tun und Lassen* erscheinen ließ, so publizierte eine Generation später der Schweizer Isaak Iselin 1755 seine Auffassungen unter dem Titel *Philosophische und patriotische Träume eines Menschenfreundes.* In seinen *Rêveries du promeneur solitaire,* den *Träumen des einsamen Wanderers,* träumte Rousseau über sein Werk und sein Leben ...

Das 18. Jahrhundert träumte tatsächlich den Traum von einer besseren Welt. Aber es träumte ihn nicht nur, sondern es wollte ihn realisieren. Darum finden wir unendlich viele Schriften, die sich mit der *Reform* von irgendeinem unhaltbaren Zustand befassen.

Wir greifen mehr oder weniger zufällig Schriften heraus, die, in den Hauptsprachen der Zeit verfaßt, von Reform reden:

Di una riforma d'Italia, 1767, vom Trientiner Schriftsteller Carlantonio Pilati – eine Kritik an der italienischen Rückständigkeit und ein Appell an die Fürsten zur Staatsreform antiklerikaler Tendenz.

Apuntes para una reforma de España, 1797, von Victorian de Villava, Finanzbeamter im Vizekönigreich Peru – eine ähnliche Schrift in bezug auf Spanien und seine Kolonien.

De l'administration provinciale et de la réforme de l'impôt, 1779, von Guillaume François Le Trosne, juristischer Beamter in Orléans – Kritik an der französischen Privilegienwirtschaft mit dem Postulat einer Neuorganisation der Provinzadministration und der Steuervereinheitlichung.

Adress to the People of England on the Intendend Reformation of Parliament, 1783, anonym erschienen, als Beitrag zum Problem der Modernisierung der Parlamentsvertretung.

Über die bürgerliche Verbesserung der Juden, 1781, vom preußischen Beamten Christian Wilhelm Dohm – eine Analyse der ungerechten Position des Judentums mit der Forderung nach dessen bürgerlicher Emanzipation.

Beiträge zur Kenntnis und Verbesserung des Kirchen- und Schulwesens in den königlich Braunschweigisch-Lüneburgischen Kurlanden, 1801, vom hannoverschen Hofprediger und Konsistorialrat Johann Christoph Salfeld – eine Abrechnung mit der dogmatisch erstarrten Kirche und dem entsprechend unterentwickelten Schulwesen mit dem Postulat der Praxisnähe in Seelsorge und Predigt und der Anwendung von neuen psychologischen und pädagogischen Methoden im Unterricht.

Von der Notwendigkeit der Verbesserung des Landbaues und den besten Mitteln dazu, 1760, von Pfarrer Albrecht Stapfer – eine Analyse der bernischen Landwirtschaft mitsamt den entsprechenden Reformvorschlägen.

Diese sieben Schriften befassen sich mit der Reform, der Verbesserung von unbefriedigenden Zuständen und zeigen die Weite der Reformbewegung von allgemeiner politischer Reform über die religiöse bis zur technischen «Verbesserung».

Reform hatte bis jetzt einen begrenzten Sinn gehabt. Es konnte im militärischen Bereich die Verminderung der Truppenzahl nach einem Krieg, im Textilverkauf die Verkürzung eines Stückes Stoff, konnte schließlich die Veränderung einer kirchlichen Disziplinarordnung bedeuten. Geläufig war der Begriff als *Reformation,* freilich umstritten, weil ihn die römisch-katholische Kirche in bezug auf die kirchlichen Vorgänge des 16. Jahrhunderts ablehnte.

Bis in die siebziger Jahre des 18. Jahrhunderts hatte man Begriffe wie *émulation, amélioration* oder *éducation,* im Deutschen *Aufmunterung, Beförderung* oder *Erziehung* verwendet. *Reform* oder *Verbesserung* wurde immer als gewaltlose Umänderung verstanden. Sogar der Begriff *Revolution* hatte diesen Sinn. In ihm war noch die Metapher der *re-volutio,* der Rückdrehung auf einen ursprünglich bessern Zustand lebendig. Man sprach von *glücklicher Revolution,* wie etwa die Engländer mit ihrer *Glorreichen Revolution* von 1688, die nach Möglichkeit im Rahmen des Gesetzmäßigen vollzogen worden war.

Diese Bewegung der Aufklärung hat sich in verschiedenen Etappen abgespielt. Paul Hazard hat für die erste Epoche die Bezeichnung *Crise de la conscience européenne* gewählt, was Krise des Bewußtseins, aber auch des Gewissens bedeuten kann. Diese Phase ist durch das rationalistische Überdenken aller Positionen gekennzeichnet, durch eine umfassende «Kritik». Der *Dictionnaire historique et critique* (1696/97) des Hugenottenemigranten Pierre Bayle ist der international sehr wirksame Ausdruck davon. Eine Elite stellte sich fortan die *Verbesserung* der Menschheit als Aufgabe. Sie waren alle inspiriert von der Machbarkeit der Welt, die ja an sich – so hatte es Leibniz gesagt – schon die beste aller möglichen Welten war. Je weiter das Jahrhundert fortschritt, desto optimistischer wurde man, denn – um es mit Jan Huizinga zu sagen –: «... nun zum erstenmal erklang der Ruf nicht mehr zurück, sondern vorwärts: Diese Zeit suchte ihr Heil nicht in vermeintlicher Wiederherstellung einer idealen Vergangenheit, sondern im Vertrauen auf die eigenen Kräfte der Vernunft und des Geistes. Zum erstenmal stand der Menschheit statt einer geträumten Vergangenheit eine geträumte irdische Zukunft vor Augen! ... Die Güte der menschlichen Natur, ihre Fähigkeit zur Vervollkommnung, der Fortschritt der Bildung waren Glaubenssätze geworden. Wenn die Vernunft ... nur der Natur, die man nun ja kannte und liebte, mit einer reineren Liebe als je zuvor auf ihren Pfaden folgte, dann würde alles gut werden.»[1]

Das Ziel kann mit jener bekannten Formulierung Jeremy Benthams erfaßt werden von *greatest happiness of the greatest number* (1788). Die Formel *vom größten Glück der größten Zahl* findet sich schon im Kreise der *Società dei pugni* um 1764 durch Cesare Beccaria: *la maggiore felicità divisa sul maggior numero possibile* und sechs Jahre früher bei Isaak Iselin: *daß sich in (dem Staate) die größte mögliche Summe von Glückseligkeit in den richtigsten und gerechtesten Verhältnissen ausgeteilet finde.* Wortwörtlich taucht der Satz Benthams jedoch schon 1726 bei Hutcheson auf![2]

2. Die Philosophie und die Philosophen des philosophischen Zeitalters

Die Denker des 18. Jahrhunderts pflegten ihr Jahrhundert gerne als *philosophisches Zeitalter* anzusprechen und verstanden sich selber gerne als *Philosophen.* In der Aufklärung bedeutet Philosophieren immer noch wie im Griechischen Liebe zur Weisheit oder einfach Kenntnisse haben, die Wissenschaft üben, studieren, durch Nachdenken herausbringen, Kenntnisse der Natur und der menschlichen Pflichten zu erwerben. Ironisch betrachtet war der Philosoph einer, der die Wirklichkeit nicht kennt, aber auch derjenige, der die Dinge mit der Ruhe des Philosophen nimmt, über den Dingen steht. Im 18. Jahrhundert bedeutete Philosophie im besondern die kritische und freie Äußerung über alle Probleme und Gegenstände – ohne Angst vor Diskriminierung. Alle Probleme könnten Objekte der Philosophie sein: Die Moral und die Religion, die Politik und der Staat, die Künste und die Wissenschaften. Aber die Diskussion bleibt in der Regel philosophisch, stellt allgemeine, grundsätzliche und theoretische Betrachtungen an und vermeidet, Namen und Institutionen zu nennen. Philosophieren kann nämlich je nach Land und dessen Verfassung gefährlich werden, und Vorsicht ist auch je nach kirchlichen Umständen geboten, solange die Herrschenden nicht selbst Philosophen geworden sind.

Philosophieren kann man auch über anspruchslosere und alltäglichere Themen, wie menschliche Tugenden und Untugenden, über deren Lächerlichkeit und deren eigentlichen Wert. In diesem Bereich stehen wir am Beginn der modernen Psychologie. Der philosophische Diskurs geschieht nach vernunftgemäßen Kriterien, aber nicht einseitig, sondern unter Berücksichtigung der verschiedenen Aspekte. Er sollte in Ehrfurcht vor der Schöpfung und mit der Absicht, eine bessere Welt heraufzuführen, geschehen, ethisch gebunden. Die Boshaftigkeit eines Swift, eines Voltaire, eines Lichtenberg hatten da ebenso ihren Platz wie die Gefühlsbetontheit eines Shaftesbury und eines Rousseau.

Es geht letzlich immer noch – wie schon in der Antike und im Humanismus – um elementare Fragen: Was macht das Wissen zu Wissen, sind Intuition und Evidenz verständliche Botschaften. Was sind die Quellen der Erkenntnis, was steht hinter dem, was wir Gefühl, was wir Verstand nennen. Die Themen können sehr verschieden sein. So hat etwa der französische Staatsmann Henri-François d'Aguesseau zur Zeit der Wende vom 17. zum 18. Jahrhundert in seinen Werken philosophiert über Fragen wie: Die Kenntnis des Menschen, Größe der Seele, Liebe zur Einfachheit, die Unabhängigkeit des Advokaten, die Würde des Magistraten, die politische Zensur ... und der schottische Autor David Hume gab 1742 kleine philosophisch gehaltene Aufsätze heraus, wie etwa über Würde oder Niedrigkeit der menschlichen Natur, Polygamie und Ehescheidung, Beredsamkeit, passiven Gehorsam, die britischen Parteien, die Nationalcharaktere ...

Philosophie war aber seit jeher eine strenge Schulsache gewesen. Am Anfang jedes höheren Studiums stand der Besuch der *Philosophischen Fakultät,* wo die Professoren einem Logik einhämmerten, mathematisches Denken beibrachten und geometrische Genauigkeit. In der Aufklärung wurden diese mechanischen Kenntnisse aber nun im Lichte vernünftiger Anwendung für ein strukturelles Denken benutzt und einem weiteren Publikum zugeführt.

Viele Länder haben damals ihre großen Philosophen hervorgebracht. Frankreich begann mit Descartes und Pascal, England führte weiter mit Newton und Locke. Deutschland besaß Leibniz, Thomasius und Wolff, Italien Vico und Muratori, Spanien konnte auf Gracián zurückblicken.

Wenn man in der Mitte des Jahrhunderts von «den Philosophen» sprach, so verstand man darunter primär die Gruppe französischer Autoren, die sich an der Großen Enzyklopädie beteiligten. Dieses Unternehmen war zuerst als französische Ausgabe einer englischen Enzyklopädie geplant, scheiterte aber an Konflikten zwischen Verlag und Herausgebern, bis 1746 Denis Diderot mit der Aufgabe betraut wurde. Mit Diderot gewann man für diese Aufgabe einen außerordentlich vielseitigen Intellektuellen, dessen Interessen von wahrhaft enzyklopädischer Breite waren. Von den Eltern zum Theologen bestimmt, hatte er sich schon früh von kirchlichen Bindungen gelöst. Er war ganz entschiedener Anhänger der aufklärerischen Philosophie. Diderot hat bald das enzyklopädische Unternehmen selbständig in seine Hand genommen und mit Subskriptionen finanziell abgesichert. Ihm zur Seite stand d'Alembert, ein nüchterner Mathematiker und maßvoller Philosoph, der um die Grenzen menschlicher Erkenntnisse wußte und auf Erfahrung und Vernunft aufbaute.

Am 1. Juli 1751 konnte der erste Band erscheinen: *Encyclopédie ou Dictionnaire raisonné des sciences, des arts et des métiers,* ein Wörterbuch der Wissenschaften, der Künste und der Techniken, herausgegeben *par une société de gens de lettres,* durch eine Gruppe von Intellektuellen. Das Erscheinen der Enzyklopädie wurde sofort zu einem Riesenerfolg – obwohl (oder gerade weil) klerikale Kreise, insbesondere die Jesuiten, über diese *Satansbibel* herfielen und auch ein königliches Verbot erreichen konnten, das jedoch nur von vorübergehender Wirkung war, weil einflußreiche Politiker und vor allem Madame de Pompadour selbst das Unternehmen schützten. Es konnte – trotz mannigfacher Schwierigkeiten – nach 29 Jahren abgeschlossen werden und umfaßte im ganzen nun 36 Bände, wovon 13 Tafeln und Abbildungen von bester Qualität enthielten. Fortan konnte man sich endlich – unter kompetenter Führung – über alle Gebiete des Wissens orientieren in zeitgemäßer Art, aufgeklärt-vernünftig, ziemlich antiklerikal zwar, aber nicht durchweg irreligiös.

Zu jener Gesellschaft von Intellektuellen bzw. Philosophen, die von 1751 an hinter der Enzyklopädie stand, gehörten die führenden Köpfe der französischen Aufklärung:

Montesquieu, der einstige Präsident des Parlaments von Bordeaux, d. h. des regionalen Gerichtshofs, hatte nur wenige Jahre vor dem Erscheinen des ersten Bandes der Enzyklopädie seinen *Esprit des lois* publiziert, jene philosophische Analyse und Systematisierung der Entwicklung des europäischen Rechts.

Voltaire, der mit Brillanz sich in allen möglichen literarischen, historischen und philosophischen Gebieten tummelte, gefürchtet dank seiner stets treffenden Ironie. Fünf Jahre nach dem 1. Band der Enzyklopädie sollte er das Publikum mit einer ganz neu konzipierten Weltgeschichte überraschen.

Rousseau, der eben begonnen hatte, die Welt mit seiner gegenläufigen Philosophie in Erstaunen zu versetzen. 1754 veröffentlichte er seine kritische Abhandlung über die Ungleichheit.

Baron Holbach, der – aller Spekulation abhold – eine mechanische Auffassung des Kosmos und der Menschheit vertrat, die er 1770 in seinem *Système de la nature* publik machte.

Turgot, der, literarisch und ökonomisch interessiert, später als führender Reformpolitiker hervortreten sollte. 1766 erschienen seine *Reflexions sur la formation et la distribution des richesses.* Wie die Reichtümer entstehen und wie sie verteilt sind, das war ein Thema, das ein breiteres Publikum zu interessieren begann.

Diese fünf Namen aus zwei Generationen französischer Aufklärung sind nur die bekanntesten unter den Mitarbeitern an der Enzyklopädie. Sie stehen hier als ein Beispiel für die Rolle der Philosophen in der Welt überhaupt.

Bald war die Menge der Philosophen nicht mehr zu zählen. Philosophie war zur weltläufigen *Weltweisheit* geworden, war nicht mehr nur lateinische Schulphilosophie, vermittelt durch katholische und protestantische Theologen orthodoxer Observanz. Sie wollte nicht mehr *Magd der Theologie* sein, sondern beanspruchte einen selbständigen, ja den ersten Platz. Sie wollte nicht mehr nur Theorie anbieten, sondern von Nutzen sein als *praktische Vernunft,* als gesunder *Menschenverstand.* Schon Descartes beginnt 1637 seinen *Discours de la méthode* mit den Worten: «Der gesunde Menschenverstand ist eine Sache, die in der Welt bestens verteilt ist, denn jeder denkt, er besitze ihn in genügendem Maße. Die Fähigkeit des richtig urteilen können und das Wahre vom Falschen unterscheiden zu können ist gerade das, was man gesunden Verstand oder Vernunft nennt ... es genügt nicht den richtigen Geist zu haben, sondern das wichtigste ist, ihn gut anzuwenden.» Das war noch im tiefsten 17. Jahrhundert geschrieben worden – aber auf dem, was Descartes mathematisch exakt entwickelt hatte, konnte man weiter aufbauen. Ein halbes Jahrhundert darauf stellte Leibniz fest, daß die vorliegende Welt die beste aller möglichen Welten sei. Sie ist in der Vernunft Gottes vorgedacht worden. Vernunft ist dem Menschen gegeben als seine eigene Natur. Der Mensch ist fähig, die Welt zu analysieren, in ihrem Ganzen und in ihren Teilen zu erkennen.

Durch solches Denken, wie es Descartes und Leibniz auf mathematisch-logisch erkennbaren Größen aufgebaut hatten, war die Philosophie der Theologie ebenbürtig geworden. Es war eine Selbstverständlichkeit, wenn in der zweiten Jahrhunderthälfte ein katholischer Theologe formulieren konnte: «... es ist in der Vernunft gegründet, daß ein Mensch in seinem Tun und Lassen keinen andern Richter, als seine eigene Vernunft habe und folglich keinem andern Menschen, als sich selbst Rechenschaft schuldig sei.»[3] 1783 zog Immanuel Kant die Bilanz in seiner berühmt gewordenen Antwort auf die Frage: *Was ist Aufklärung?* «Wenn denn nun gefragt wird: leben wir jetzt in einem aufgeklärten Zeitalter? so ist die Antwort: nein, aber wohl in einem Zeitalter der Aufklärung. Daß die Menschen, wie die Sachen jetzt stehen, im Ganzen genommen, schon im Stande wären, oder darin auch nur gesetzt werden könnten, in Religionsdingen sich ihres eigenen Verstandes ohne Leitung eines Andern sicher und gut zu bedienen, daran fehlt noch sehr viel. Allein, daß jetzt ihnen doch das Feld geöffnet wird, sich dahin frei zu bearbeiten, und die Hindernisse der allgemeinen Aufklärung, oder des Ausganges aus ihrer selbst verschuldeten Unmündigkeit, allmählich weniger werden, davon haben wir doch deutliche Anzeigen, in diesem Betracht ist dieses Zeitalter das Zeitalter der Aufklärung ...»[4] Für Kant war die Philosophie die autonome Wissenschaft der Vernunft und der Weisheit.

Der immer höher werdende Stellenwert der Philosophie hatte im Laufe des 18. Jahrhunderts seine Konsequenzen für Denken und Bildung. Das betraf auch den akademischen Unterricht. Die Philosophie sollte aus ihrer inferioren Stellung herauswachsen, nicht mehr bloßes Anfängerstudium sein, sondern Führerin der Universität, als idealistische, rationale und kritische Wissenschaft – Grundlage und Orientierung für Jurisprudenz, Medizin, Sprachkunde und Naturwissenschaften. Dieses Bildungsziel wurde in Deutschland durch Humboldt als Modell entwickelt und beeinflußte alle europäischen Hochschulen. Die Zeit, in welcher die Philosophie an den Universitäten führend war, blieb jedoch kurz. Bald sollte der Positivismus, der auf Metaphysik, auf philosophische Grundlagen verzichtete, herrschend werden, und die Philosophie wurde zu einer reinen Fachwissenschaft. In Universität und Gymnasium verlor sie im Laufe des 20. Jahrhunderts ihre leitende Stellung. Das war im 18. Jahrhundert noch anders. Da hatte sich das philosophische Grundlagendenken durchgesetzt. An den Universitäten lehrten philosophisch gebildete Professoren nach modernen Lehrbüchern.

Neben den Universitäten versuchten auch Akademien oder von den Universitäten unabhängige gelehrte Gesellschaften allgemeine Leitbilder philosophischer Prägung zu entwerfen. Besonders interessant ist in diesem Zusammenhang die Geheimgesellschaft *Phi Beta Kappa* an der amerikanischen Hochschule *William and Mary* in Virginia. Phi Beta Kappa ist die Abkürzung des griechischen Mottos Φιλοσοφία βίου κυβερνήτης – Die Philosophie ist die Führerin des Lebens.[5]

Intensiv bemächtigte sich die Philosophie der französischen Salons. Vernünftige philosophische Denkweise wurde Leitmotiv. Die Besucher des Salons verstanden sich als Philosophen.

Außerdem hatten frei philosophierende Schriftsteller mit ihren Büchern immer mehr Erfolg. Die philosophische Buchproduktion verdoppelte sich, während die theologische zurückfiel. Philosophieren blieb aber nicht nur frei schwebendes Theoretisieren. Die philosophischen Erkenntnisse sollten nicht nur für wissenschaftliche Erkenntnisse dienlich sein. Es wuchs die Überzeugung, daß wenn die Ursachen philosophisch erkannt seien, dann auch nach vernunftgemäßen Prinzipien gehandelt werde. Darum mußte philosophisches Denken unter das Volk gebracht, «popularisiert» werden. Die oft schwer verständliche Sprache der großen Philosophen wurde denn auch durch die Popularphilosophie allgemein faßlich umformuliert. Vor allem verstanden es die französischen und englischen Schriftsteller, die philosophischen Erkenntnisse in eleganter und räsonabler Art darzustellen, denn diese beiden Sprachen verfügten – jede auf ihre Weise – über die Möglichkeit, sich unpedantisch und doch sehr treffend auszudrücken. Ein gutes Buch sollte – nach Voltaire – *curieux, amusant, moral, philosophique,* d. h. reizvoll, lustig, moralisch und grundsätzlich abgefaßt sein.

In dieser Art konnte sich ein breiteres lesendes Publikum vertraut machen mit philosophischen Überlegungen. Man wußte, daß die Metaphysik Antworten gab über die allgemeinen geistigen Zusammenhänge, über Wissen und Glauben, über Vorstellungen und deren logische Richtigkeit. Die Ethik – nun oft Moralphilosophie genannt – belehrte über das richtige Tun und Lassen, über die Aufgaben des Menschen an sich, gleichviel welcher Konfession, Nation oder Rasse. Philosophisches Denken bedeutete selbständiges Denken. Man durfte sich nicht mehr hergebrachten Autoritäten anvertrauen. Alles mußte – mit heutigem Begriff gesagt – hinterfragt werden. Bis jetzt hatten die dogmatischen Aussagen der Kirche bzw. die absolute Weisheit des Herrschers genügt, um im Gehorsam zu handeln. Nun aber wollte man Autorität erst akzeptieren, wenn man sie mit philosophischen Maßstäben geprüft hatte. Es kam auf Nützlichkeit und Moral, Klarheit und Natürlichkeit im Ausdruck an.

3. Vernünftiges Christentum

Protestantismus und Aufklärung

Mehr als je in früheren Zeiten war das 17. Jahrhundert von der Theologie geprägt gewesen. Sie blieb auch im 18. Jahrhundert die erste Fakultät, und die Geistlichkeit blieb, wie wir gesehen haben, Träger des geistigen Lebens. Darum ist es nur billig, wenn vorerst einmal die Reformbewegung im kirchlich-theologischen Sektor betrachtet wird.

Die protestantische Theologie gründete immer noch auf den Interpretationen der durch die Orthodoxie verhärteten Reformation. Wenn man im 17. Jahrhundert eine theologische Fakultät erweiterte, so schuf man eine Professur der *Kontrovers-theologie,* d. h. für die dogmatischen Abgrenzungen. Diese Abgrenzungen waren vierfach: Einmal gegen Rom; dann gegen die anderen protestantischen Systeme; dann gegen die Ketzer in den eigenen Reihen, denn seit der Reformation gab es Gruppen, die die christliche Lehre liberaler interpretierten, ja wie die Sozinianer selbst die Gottheit Christi in Frage stellten. Schließlich grenzte man ab gegen die Sektierer, d. h. die Nachfahren der Wiedertäufer und gegen die neuen Pietisten, jene Gruppe, die eine persönliche, innige Frömmigkeit erstrebte und die kalte staatskirchliche Haltung ablehnte.

Einen letzten Triumph protestantischer Orthodoxie sollte die 1675 von den schweizerischen reformierten Kirchen erlassene *Formula Consensus* bedeuten, in welcher noch einmal ein überspitzter Calvinismus unter anderm darin gipfelte, daß jedes Bibelwort bis zu den hebräischen Akzenten als vom Heiligen

Geist direkt inspiriert zu betrachten sei und daß Christus nur für die Auserwählten, d. h. eigentlich nur für die Calvinisten den Kreuzestod erlitten habe. Die *Formula* erweckte allerdings außerhalb (und teils auch innerhalb) der Schweiz erstaunte und unwillige Reaktionen. Derlei erschien als sonderbar überholt und archaisch.

Vierzehn Jahre nachher sollte ein beweglicheres England seine *Toleration Act* für alle protestantischen Bekenntnisse erlassen. Fortan vollzog sich überall recht rasch eine Wendung. Man war der theologischen Haarspalterei überdrüssig; wenn man schon rational argumentieren wollte, dann nicht in einem irrationalen System wie demjenigen der Orthodoxie. Verdeckte humanistische Traditionen brachen wieder auf. Diese Aufklärung ging ein wenig auf Distanz zu den Reformatoren, bei denen man Reste des Papsttums entdeckte, von denen sich diese großen Männer nicht ganz hatten frei machen können. Schließlich hatte man genug vom Konfessionalismus, der ja nur Unglück gebracht hatte; für Deutschland den Dreißigjährigen Krieg, für England den Bürgerkrieg, für Frankreich die Austreibung der Hugenotten.

Die Wendung vollzog sich zuerst im englischen Anglikanismus. Dort postulierte Richard Cumberland, der 1690 Bischof von Peterborough wurde, die Reduktion der Lehre Christi auf *summa benevolentia aut amor universalis,* d. h. auf die Liebe Gottes und des Nächsten, auf die zehn Gebote und das Evangelium. John Locke ging weiter, als er 1695 sein Buch über *The Reasonableness of Christianity,* die *Vernünftigkeit des Christentums* publizierte. Das Christentum entspreche den Anforderungen der menschlichen Vernunft. Schließlich schrieb Jonathan Swift, der Dekan von St. Patrick in Dublin, seine *Tale of a Tub*, in welcher er drei Söhne – Peter (den Katholiken), Martin (den Lutheraner bzw. Anglikaner) und John (den Calvinisten) – um das Testament ihres Vaters (d. h. Gottvater selbst) streiten läßt, obwohl dieses Testament (die Bibel) sehr strikte Vorschriften betreffend Harmonie, Freundschaft und Liebe unter den drei Brüdern enthalte.

Nach den bitteren Erfahrungen der konfessionellen Kämpfe in Großbritannien waren die Anglikaner endlich bereit, die Hand zur Versöhnung mit den verschiedenen andern protestantischen Gruppen zu bieten, ja, sie begannen den Brückenschlag zu den Lutheranern und Calvinisten außerhalb ihres Landes. Die Katholiken, wenn sie nicht gerade Irländer waren, ließ man in Ruhe. Dies geschah auf der Basis des *Latitudinarismus,* einer weitherzigen theologischen Haltung. Man sagte damals, die anglikanische Kirche taufe alles, verheirate alles, beerdige alles – ein wenig teuer zwar, aber ohne lange Untersuchungen und Fragen, die den Frieden stören könnten, denn sie glaube, daß das Gewissen ausschließlich Sache Gottes sei. Bei den calvinistischen Puritanern wurde andererseits der alte Eifer durch *The cauld clatter of morality,* durch ein *kaltes Klappern der Moralität* ersetzt.

Die Rückwirkung auf das Festland ließ nicht auf sich warten, wo außerdem die hugenottischen Emigranten den Boden vorbereiteten. Sie hatten zuviel gelitten unter Verfolgung, um nun in einseitig calvinistischer Art weiterzumachen. Ihre Theologie war schon vor der Revokation des Edikts von Nantes als allzu frei verdächtigt gewesen.

Bereits 1709 formuliert ein Basler Theologe: «Nullum pondus habent argumenta nostra, si vita non doctrinae respondet.»[6] Unsere Argumente haben kein Gewicht, wenn unser Leben nicht dem Dogma entspricht. Das bedeutete, daß wichtiger als dogmatische Überzeugung eine christliche Lebensführung sei.

Man begann zögernd und vorsichtig, die Bibel selbst wissenschaftlicher Kritik zu unterwerfen. Man nahm die französischen Anregungen des Oratorianermönchs Richard Simon auf, der 1678 eine *Kritische Geschichte* des Alten Testaments verfaßt hatte, die in zweiter Ausgabe allerdings nur noch in Rotterdam herauskommen konnte. Der aus Genf stammende, aber in den Niederlanden wirkende Publizist Johannes Clericus forderte, daß man das *Alte Testament* als Literatur wie die griechische betrachten müsse. Zwar hielt jedermann noch am Offenbarungsbegriff fest, aber die Offenbarung war nun nichts anderes als die Vollendung der *natürlichen Religion.* Jeder Mensch hat eben von Natur ein religiöses Bedürfnis. Es galt nun einfach diese Anlage durch die christliche Lehre zu veredeln. Damit wurde allerdings ein Weg freigelegt zur Relativierung der Offenbarung, ja zu deren Ausschaltung, d. h. zum Deismus, der nur noch göttliche Naturgesetze kennt, nicht aber einen persönlichen Gott, oder gar zum Freidenkertum, zum Atheismus. Es gab viele Deisten im Jahrhundert und einzelne Atheisten; aber im großen und ganzen blieb man religiös verankert, und vor allem blieb man der angestammten Kirche treu; nicht nur weil es etwas riskant war, offen Deist oder gar Atheist zu sein: Man wurde zwar nicht mehr als Ketzer verbrannt, aber die Gefahr bestand allenfalls, des Landes verwiesen zu werden. Nur in England, in Holland und im Berlin Friedrichs II. konnte man sich mit derlei Lehren frei bewegen.

Für einen protestantischen Geistlichen bedeutete allerdings die neue Richtung oft einen Gewissenskonflikt, da man immer noch die alten Bekenntnisse zu beschwören hatte. Zu freie Auffassungen konnten, wie zu pietistische, zu Reibereien mit konservativeren Amtsbrüdern, ja bis zur Amtsenthebung führen. Doch setzte sich schließlich sozusagen überall die zeitgemäße aufgeklärte Haltung durch. Orthodoxe gerieten in die Minderheit.

Da die neue Haltung intensiven Praxisbezug forderte, so begann man an Weihnachten über die Konservierung des Heus zu predigen, da doch das Christkind in der Krippe auf Heu gebettet war, am Ostersonntag über *vernünftige Regeln für Christen, wie sie ihre Leichen begraben sollen,* am Pfingstsonntag über *wie wir uns bei Gewittern fromm und vorsichtig verhalten sollen.* In England erschien schon 1715 ein Büchlein mit dem Titel *Des Geistlichen Erholung, beziehungsweise das Vergnügen und den Nutzen, den man aus der Gartenkunst gewinnen kann.* Man mag heute über derlei lachen oder aus theologischen Erwägungen den Kopf schütteln. Für den Geistlichen und seine Hörer mochte das aber effektiv nützlicher sein als orthodoxe Dogmatik. Man fand die Pfarrer oft als eigentlichen Rückhalt in gemeinnützigen und andern Gesellschaften.

Etwas verkrampft versuchte man auch die Offenbarung so zu retten, indem man die Wunder Christi rational zu erklären suchte. Religiöse Toleranz wurde großgeschrieben. Sie sollte nicht einfach Duldung sein, sondern aktives Verständnis für die anderen. Relativ leicht war dies innerhalb der verschiedenen protestantischen Bekenntnisse, schwieriger, aber auch wichtiger dem Katholizismus gegenüber. Ein erster Kontakt ökumenischer Art bahnte sich tatsächlich an, oft einfach in menschlicher

Begegnung zwischen Geistlichen in gemischt konfessionellen Regionen.

Die protestantischen Kirchen waren an sich nicht schlecht disponiert für die Übernahme aufklärerischer Ideen. Die Bibellektüre hatte eine rationale Schulung gefördert, man war gewohnt, mit philologischen Mitteln zu interpretieren, und der Laie profitierte nun davon. Die Pluralität der Bekenntnisse konnte in positiver Wertung als Vielfalt der Wege zum Heil verstanden werden. Die Kollegialität in der Kirchenregierung – besonders bei den Reformierten – konnte Diskussion unter Gleichgestellten sein.

Es war nicht allein die Aufklärung – anfangs wie eine *vernünftige Orthodoxie* –, welche die alten Vorstellungen aufbrechen sollte, sondern auch die innerlich-fromme Bewegung des *Pietismus,* die ein Ausbrechen aus der engen rechtgläubigen, disziplinierten, für immer festgelegten Ordnung der orthodoxen Staatskirche brachte.[7] Angelegt war dieser Aufbruch schon im 17. Jahrhundert. In England standen im Schatten der anglikanischen Kathedralen und der alten Dorfkirche die *Chapels* der *Dissenters* oder *Non-Conformists*: Reformierte Presbyterianer und die Baptisten in Erinnerung an die Täuferbewegung. Neu dazu die ganz individualistisch frommen Quäker und die nach anglikanischem Modell bischöflich organisierten, aber pietistisch geprägten Methodisten. In den Niederlanden befanden sich unweit von der reformierten Hauptkirche, versteckt in Hinterhöfen, die *Scheenkerken* der Mennoniten – auch sie Nachfahren der Täufer – und anderer Denominationen. In Deutschland brach im lutherisch-sächsischen Halle eine neue christliche Bewegung auf, die auch in vielen andern Gegenden Deutschlands feststellbar ist und den Namen des *Pietismus* erhielt. Dann gründete Graf von Zinzendorf seine *Brüderunität* in Herrnhut mit geflüchteten *böhmischen Brüdern* aus der rekatholisierten Tschechoslowakei. Überall begannen Pietisten die offiziellen Kirchengemeinden zu unterlaufen.

Die Pietisten wollten eine Bruderschaft gemeinsamen Erlebens und gemeinsamer Verpflichtung sein. Sie zogen die Grenzlinie zwischen Bekehrten und Unbekehrten, fanden sich in individueller Frömmigkeit, im Direktbezug zum «Herrn», auf den sie ihre Sorgen werfen durften. Ein kleines Häuflein der wahren

Christen, in herber Strenge und zielgerichteter Zucht, methodisch vorgehend, wie die angelsächsischen *Methodisten* des John Wesley. Je nach Umständen konnten sie in der allgemeinen Kirche bleiben als aktives Ferment der Frömmigkeit. Oft aber begegnete ihnen die Staatskirche – ob noch orthodox oder schon aufgeklärt – mit Unverständnis und eigentlicher Verfolgung. Wie etwa im so steif lutherischen Schweden, wo «die liebe Kirche Gottes von Synkretisten, Pietisten, Quackern etc., der Ketzer anitzo zu geschweigen angesprengt wird ... Wir sind hie im Lande so weit glücklich, daß, obzwar obgedachter Schwarm sich auch hier und dort eingeschmieget, muß er sich doch ganz heimlich halten, und die Klauen gleich denen Katzen einziehen.»

So blieb die pietistische Bewegung separatistisch, irgendwo versteckt, eine «unsichtbare Kirche, ... die Gemeinde der Heiligen, verborgen aber ihrem Herrn nicht unsichtbar, noch verborgen ... als welcher Herzen und Nieren prüfet und ihren Glauben siehet». Nur in den Niederlanden und in England war sie einigermaßen frei, bzw. in den nordamerikanischen Kolonien, wo die freikirchliche Bewegung das religiöse Leben, das Leben überhaupt prägen sollte, denn da war genügend – auch durch die Natur angelegter – Freiraum vorhanden. Dort mochte Zinzendorfs Wort gelten: «Es gibt wohl zwanzig Religionen in der Welt, aber nur eine Familie Gottes.»

Diese Vision konnten auch aufgeklärte Christen träumen, die uralte Utopie des *Reiches Gottes auf Erden.* Ob pietistische *Ecclesiola in ecclesia* – Kirchlein in der Kirche – oder aufgeklärte Staatskirche – beide waren mit der Orthodoxie unzufrieden und suchten neue Wege. Gemeinsam war beiden das Postulat individueller Freiheit und ethischer Verantwortung. So konnte Lessing in seiner *Erziehung des Menschengeschlechtes* schreiben: «Sie wird gewiß kommen, die Zeit eines neuen ewigen Evangeliums, die uns selbst in den Elementarbüchern des Neuen Bundes versprochen wird. Vielleicht, daß selbst gewisse Schwärmer des dreizehnten und vierzehnten Jahrhunderts einen Strahl dieses neuen ewigen Evangeliums aufgefangen hatten; und nur darin irrten, daß sie den Ausbruch desselben so nahe verkündeten ... Gewiß hatten sie keine schlimmen Absichten, wenn sie lehrten, daß der *Neue* Bund eben so wohl *antiquiert* werden müsse, als es der *Alte* geworden. Es blieb auch bei ihnen immer die nämliche Ökonomie des nämlichen Gottes. Immer – sie meine Sprache sprechen zu lassen – der nämliche Plan der allgemeinen Erziehung des Menschengeschlechts.»[8]

Im Schauspiel *Nathan der Weise* hat Lessing das Konzept der *Tale of a Tub* Jonathan Swifts ausgeweitet auf nichtchristliche Religionen. Jedenfalls war der Weg zur Ökumene vorgezeichnet. Dies schon im ausgehenden 17. Jahrhundert, wenn der Protestant Leibniz mit dem Katholiken Bossuet korrespondierte und etwas später Zinzendorf mit dem Pariser Erzbischof Noailles.

So kann auch der Pietist Gerhard Tersteegen schreiben: «Ich glaube und bin darin gewiß, daß sowohl in der Partei der Römisch-Katholischen als unter den Lutheranern, Reformierten, Mennoniten und bei allen besonderen Gebräuchen dieser Parteien die Seelen nicht weniger als unter den Separatisten zu dem höchsten Gipfel der Heiligkeit und Vereinigung mit Gott gelangen können.»

Katholische Aufklärung

Mit der aufklärerischen Bewegung tat sich der Katholizismus schwerer als der Protestantismus. Die orthodoxe Straffung durch das Konzil von Trient (1563) hatte zu sehr intensivem religiösen Leben geführt. Die so gut organisierten Jesuiten hielten das Heft fest in der Hand. Aber im 17. Jahrhundert erhob sich im französischen Jansenismus eine ernsthafte Kritik am allzu kurialzentrierten und allzuweit von biblischer Einfachheit entfernten allmächtigen Jesuitismus. Sosehr der Jansenismus streng und kirchlich fromm war und weit vom Rationalismus der beginnenden Aufklärung, er hatte – weil er schließlich von Rom und dem König verfolgt wurde – eine ähnliche Wirkung wie der verfolgte Hugenottismus. Er versuchte innerhalb der Kirche letztlich ebenso undogmatisch *evangelisch* zu sein wie manche protestantische Bewegung. In den zwanziger Jahren sonderte sich sogar in Utrecht eine eigene jansenistisch-katholische Kirche ab, die den Schutz der Republik erhielt. Jansenismus bedeutete – ähnlich wie bei den evangelischen Pietisten – wirkliches Engagement in christlichem Leben und christlicher Liebestätigkeit. Die französische Elite der hohen Richter und die österreichische der hohen Geistlichen hingen dem Jansenismus an.

Das war zwar nicht Aufklärung im rationalen Sinn, aber anders als der gängige, jesuitisch geschulte Katholizismus offener und christlicher Praxis zugewandt. Es war also vornehmlich die vereinte Opposition im Katholizismus selbst, die in der neuen Richtung wirkte; Opposition der staatlichen Verwaltung gegen die Kirche als Staat im Staate, verbunden mit einer humanistisch-humanitären Orientierung.

Das große Beispiel für diesen Katholizismus des 18. Jahrhunderts war Fénelon (1651–1715), der als Erzbischof von Cambrai in Opposition zu Kirche und König geriet. Er hatte 1699 seine *Aventures de Télémaque, fils d'Ulysse* publiziert, den Erziehungsroman des von der Göttin Minerva in Gestalt des Mentors gelenkten Sohnes des Odysseus. Fénelon zeichnet hier das Bild vom guten Monarchen. Der *Telemach* ist zu einem der populärsten Bücher des 18. Jahrhunderts geworden. Von ihm sagt der protestantische Naturrechtler Barbeyrac – ein Hugenottenflüchtling: «Man wird jederzeit die majestätische Beredsamkeit des berühmten Erzbischofs von Cambrai loben, das Geschick und den Mut, den er gehabt hat, den Königen so viel schöne Ratschläge zu geben.»[9] Das Urteil eines modernen Historikers lautet: «Was hilft es, daß Ludwig XIV. sich sein Heilsreich in Versailles baut, wenn dieser hintergründige Bischof still und leichthin die besten Herzen und Köpfe Frankreichs *aufklärt*: beunruhigt euch nicht, Freunde, das alles ist Fassade, die verfällt; erregen wir uns, liebe Freunde, auch nicht darüber, daß wir hier verfolgt und vertrieben werden; niemand kann uns das innere Reich, das Leben in Gott, hier und heute, rauben.»

«Fénelon geht zudem auf seine Weise zum Angriff über: in offener Kritik zeigt er, wie in den devoten Stiftungen der Maintenon und ihres Königs, bei den *Damen des Heiligen Ludwig* und den Nonnen von *Saint-Cyr* in falscher Askese sich Hochmut, Eitelkeit, Dürre des Herzens als Frömmigkeit tarnen. – Fénelon führt hier den Kampf des Erasmus und der Erasmianer gegen die Perversion des monastischen Lebens weiter, auf einen neuen Höhepunkt zu. Zunächst zeigt er den Laien, daß es nicht angestrengter willentlicher Prozeduren bedarf, um mitten in der Welt ein gottseliges Leben zu führen, sondern daß es auf ein offenes Herz, brüderliche Gesinnung und staatsbürgerliche Tugenden ankommt. Nicht die zweifelhafte *Brüderlichkeit* in

Kloster und Stift, in der geschlossenen Welt einer Kongregation gilt, sondern die Brüderlichkeit mit allen Menschen, die in der Welt leben: alle Menschen sind Brüder.»

Es gab sogar einen Papst in diesem Jahrhundert, der vorsichtig in die neue Richtung ging. Es ist dies der hochgebildete Prosper Lambertini, als Benedikt XIV. Papst von 1740 bis 1758. Er gestattet kirchlich bewilligte Bibellektüre, er verringert die Unzahl der kirchlichen Feiertage, er mildert die kirchliche Zensur und revidiert den Index der verbotenen Bücher. Ja, er anerkennt die Freiheit der Forschung, indem er die Aufhebung des Verbotes der Schriften des Kopernikus und des Galilei in die Wege leitet. Er stand in Verbindung mit führenden Aufklärern. Voltaire drückte ihm seine Hochachtung aus. Allerdings war dieser kluge alte Mann in der Kurie des Deismus verdächtig.

Und über den späteren Papst Clemens XIV. sagt der ebenso bittere Feind des Klerikalismus, der Italiener Pilati: «Er haßte die Bigotterie und die äußerlichen Manifestationen der Frömmigkeit.» Über die Stadt Rom führt er aus: «Die Ketzer werden keineswegs belästigt. Man läßt sie machen was sie wollen. Sie knien weder vor Gott noch vor dem Papst und niemand beschimpft sie deswegen.» Die Zensur werde leger gehandhabt. Man könne in Rom alle Bücher kaufen.[10]

Der größte äußere Erfolg des aufgeklärten Katholizismus war die Aufhebung des Jesuitenordens. Die Jesuiten hatten das mittlere und höhere Schulwesen in Griff bekommen. In jeder katholischen Stadt stand ihr Kollegium, mit der Funktion eines wohlorganisierten Gymnasiums. Die Professorenschaft hatte internationalen Charakter. Der Einfluß ging weit über die Schulen hinaus und bis zu den Höfen, wo sie die Beichtväter der Könige und Königinnen stellten. Ihre strikte Unterordnung unter Rom und ihre geistige wie wirtschaftliche Macht paßten aber allmählich nicht mehr zu den sich emanzipierenden Höfen und deren Ministerien. Unglücklich war, daß sie gar keine Neigung zeigten, sich irgendwie den neueren wissenschaftlichen Strömungen anzupassen. Condorcet – selbst Jesuitenzögling – prangerte ihren philosophischen Unterricht an, wo alles, was die Philosophen Vernünftiges lehren, widerlegt wird. Er denunziert die absurde Moral, mit der man den Kindern beibringt, «daß man ohne im Stand der Gnade zu sein» keine guten Taten vollbringen könne, daß es zwei Arten von Verbrechen gebe, die eine, die fleischliche, für welche man während Jahrhunderten verbrannt worden ist, die andere, die Todsünde, für welche man in Ewigkeit verdammt ist ... Demütigung und Schande sind die natürlichen Zustände des Christen.»[11] Die Jesuiten lehrten immer noch eine Theologie, die der Protestantismus schon seit längerer Zeit aufgegeben hatte. Etwas weniger scharf, aber ebenso negativ ist ein Urteil über das Jesuitenkollegium in Luzern, der Hochburg des schweizerischen Katholizismus: «Allein die Wissenschaften werden bei uns so lange nicht ihre Liebhaber finden, so lange die Beschaffenheit unserer Schulen, und die Auferziehung in ihrem alten Stande verbleiben werden. Die Schulen sind in den Händen der Jesuiten; ihre Lehrensart ist bekannt und von wenig Grund und Nutzen, die Gottesgelehrtheit ausgenommen, welche sie bei uns am besten und weitläufigsten lehren. Von den übrigen auch notwendigen Wissenschaften findet man in Luzern keine Lehrmeister.»

Als das 1758 geschrieben war, war eben in Portugal das Schreckliche geschehen. 1757 hatte der allmächtige Minister Pombal die Aufhebung des Jesuitenordens im Königreich und seinen Kolonien dekretiert, und man ging daran, die Jesuiten zu vertreiben. 1764 folgte der gleiche Eklat in Frankreich, 1767 in Spanien und seinem großen kolonialen Bereich und 1768 auch noch in Parma. 1773 gab der Papst Clemens XIV. dem Drängen der Höfe – es waren die vereinten Bourbonen – nach und hob den Orden überhaupt auf. Es hatte eine regelrechte Jesuitenverfolgung eingesetzt – ein Schiff voll ausgewiesener Jesuiten fuhr im Mittelmeer alle Häfen an, ohne landen zu können. 1773 mußte man sie auch in den übrigen katholischen Staaten, d. h. vor allem in Deutschland, entlassen, je nach Land mit unterschiedlicher Härte. Zuflucht fanden sie ausgerechnet beim aufgeklärtesten aller Könige, bei Friedrich II., der sie gerne zur Entwicklung seines neugewonnenen, mehrteils katholischen Schlesien einsetzte, bis sie sein Nachfolger doch noch verbot. Schließlich blieb nur noch der Fluchtweg nach dem orthodoxen Rußland. Ein gewaltiges System, ein großes Werk brach zusammen; endgültig vor allem in Lateinamerika, wo die Jesuiten in Paraguay und den Andenländern bei den Indios eine wohlfunktionierende Dorfstruktur aufgebaut hatten.

Es blieb nun allerdings nicht nur bei der an sich negativen Aktion der Jesuitenaufhebung. Katholische Reform bedeutete eine eigentliche Umstrukturierung innerhalb des bisherigen Systems. Auf der einen Seite – wir haben schon darauf hingewiesen – übernahm der Staat die Kontrollfunktionen, die der protestantische Staat nun schon seit gut zweihundert Jahren ausübte: Staatliche Aufsicht über die Priesterseminare, Förderung der Schulen, sei es in Klöstern oder außerhalb, Förderung der Universitäten durch den Ausbau moderner Wissenschaften.

Der Geist der Aufklärung verlangte aber nicht nur den Griff des Staates auf geistliche Belange, sondern er wollte eine innere Umwandlung erzielen, eine Rückkehr zu den Quellen des Christentums. An die Stelle der *Andächtelei,* des Zuviel an Liturgie, an religiösem Ritual, an Feiertagen und Wallfahrten sollte eine Verinnerlichung treten. Wichtig war auch die Förderung der verständlichen Muttersprache anstelle des geheimnisvollen Lateins. Da traf man sich mit den protestantischen Postulaten der Praxisnähe. Eine Hoffnung war, in dieser Weise die Protestanten wieder zurück in eine gereinigte katholische Kirche gewinnen zu können. Toleranz wurde Selbstverständlichkeit, der Kontakt zu den Protestanten gesucht. Dies konnte bei Bischöfen geschehen wie bei Dorfgeistlichen.

Der so stark antiklerikal engagierte Voltaire hat vielleicht das schönste Zeugnis des neuen humanen Katholizismus der Aufklärung hinterlassen, seine *Prière à Dieu.* Dieses *Gebet zu Gott* schließt seinen *Traité sur la Tolérance,* die Abhandlung über die Toleranz, ab, die aus dem Entsetzen über den letzten Ketzerprozeß, den Frankreich erlebte, die Affäre Calas von 1762, entstanden war. Das die konfessionelle Frage betreffende Kernstück aus der *Prière à Dieu* lautet:

«Du hast uns kein Herz gegeben, um uns zu hassen, und Hände, um uns zu erwürgen. Mache, daß wir uns gegenseitig helfen, um die Last eines mühseligen und vorübergehenden Lebens zu ertragen ... daß die kleinen Nuancen, welche die Atome, die Menschen genannt werden, unterscheiden, nicht Zeichen des Hasses und der Verfolgung seien; daß jene, die Kerzen am hellen Tag anzünden, um Dich zu feiern, jene ertragen, die sich mit dem Licht Deiner Sonne begnügen; daß, die ihr Kleid mit einem weißen Linnen bedecken, um zu sagen, daß man Dich lieben soll, jene nicht hassen, die das gleiche unter einem Mantel von schwarzer Wolle sagen; daß es gleich sei, Dich in einer Sprache zu verehren, die von hohem Alter ist oder neueren Datums ...»

Voltaire endet mit den Worten: «Mögen alle Menschen sich daran erinnern, daß sie Brüder sind, daß sie tyrannischer Beherrschung der Seele mit gleicher Abscheu begegnen wie dem Straßenräubertum, das mit Gewalt die Früchte der friedlichen Arbeit und des Fleißes an sich reißt. Laßt uns doch, wenn schon die Geißel des Krieges unvermeidlich ist, nicht gegenseitig mit Haß begegnen; zerreißen wir uns nicht untereinander inmitten des Friedens! Laßt uns den kurzen Moment unserer Existenz dazu da sein, um in tausend verschiedenen Sprachen – von Siam bis nach Kalifornien – in das Lob Deiner Güte, die uns diesen Moment geschenkt hat, gemeinsam einzustimmen!»[12]

4. Das Naturrecht, der Weg zu den Menschenrechten

Dem Wandel in den theologischen Auffassungen entsprechen Wandlungen in der Auffassung vom Recht, die ihrerseits die Ethik, die Moralphilosophie beeinflussen. Diese Vorgänge erfolgen parallel und beeinflussen sich gegenseitig. Die Theologen interessieren sich für Rechtstheorien, und die Juristen leben in der Welt der Theologie.

Es gab ein Recht, das man aus der Bibel ziehen konnte, wie etwa die zehn Gebote. Es gab außerdem das Recht, das in der Antike formuliert worden war. Im Römischen Recht hieß es: *«Juris praecepta sunt haec: honeste vivere, alterum non laedere, suum cuique tribuere.» Die Grundlagen des Rechts sind folgende: Ehrlich leben, niemandem schaden und jedem das Seine zugestehen.* Jeder Gebildete war geschult an Ciceros *De officiis,* wo die *Pflichten* des Menschen und des Bürgers gültig fixiert waren. Das Mittelalter hatte es verstanden, antike und christliche Rechtsvorstellungen zu verbinden und ein System zu entwickeln, das für die ganze christliche Welt gültig war. Das nannte man *Jus naturae,* Naturrecht.

Mit der Reformation aber spaltete sich das bis jetzt übergeordnete Rechtsdenken. Protestantische Vorstellungen standen gegen katholische. Man vermißte schmerzlich Regeln, die in Krieg und Frieden für jede Partei gültig sein konnten. 1625 unternahm es der Niederländer Hugo Grotius in den drei Büchern *De jure pacis ac belli – Vom Recht des Friedens und des Kriegs* –, eine neue Basis für Natur- und Völkerrecht zu schaffen. Vorerst analysiert er den gegenwärtigen Zustand der Rechtsautoritäten: es gibt erstens das Recht des Stärkeren oder des Interesses, das was man *Staatsräson* nannte. Es gibt zweitens das Gewohnheitsrecht, das nur territoriale Gültigkeit hat. Es gibt drittens die philosophischen Lehrmeinungen aus allen Zeiten, die aber nicht einheitlich sind. Es gibt viertens das römische Recht, kodifiziert im Übergang von der Antike zum Frühmittelalter, das veraltet und unsystematisch ist, und schließlich das aus der Bibel abgeleitete göttliche Recht.

Grotius sucht eine allgemeine Basis und findet sie im Recht der Natur. Es geht vom Menschen bzw. vom Zusammenleben der Menschen aus. Aufgrund von historischen und logischen – heute würde man sagen psychologischen und soziologischen – Analysen kommt Grotius zum Schluß, daß der Mensch ein vernünftiges Wesen ist und eine moralische Freiheit besitzt. Vernunft und Freiheit sind ihm von Gott verliehen worden, aber das Naturrecht würde auch gelten, wenn kein Gott wäre, was an sich ein Ding der Unmöglichkeit ist. Aus dem *appetitus societatis,* der *Soziabilität* der Menschen unter sich, entwickelt Grotius fünf Grundgesetze des natürlichen Rechts: erstens die Enthaltung vom Besitz anderer, zweitens die Verpflichtung zur Rückerstattung angeeigneten Gutes, drittens die Verpflichtung, gegebene Versprechen einzuhalten, viertens die Verpflichtung zur Wiedergutmachung von Schäden und schließlich die Bestrafung entsprechend den Vergehen gegen diese natürlichen Rechte.

Diese einfache Grundlage – die Grotius im Vorwort zu *Jus pacis ac belli* entwickelt – wurde vor allem vom deutschen Juristen Pufendorf zu einem eigentlichen System ausgebaut, dem *großen* und dem *kleinen Pufendorf*: *De Jure Naturali et gentium*, *Vom Natur- und Völkerrecht* (1672) und dem *De Officio Hominis et Civis juxta legem naturalem, Von der Pflicht des Menschen und Bürgers nach dem Naturgesetz* (1682). *Der Pufendorf* wurde zum grundlegenden Werk für jede juristische Bildung im 18. Jahrhundert. Um ihn herum reihten sich viele andere Werke von Rechtsdenkern ähnlichen Inhalts und ähnlicher Tendenz, in Deutschland vor allem von Christian Thomasius und später Christian Wolff, in England von John Locke und Anthony Shaftesbury. Einem weiten Publikum wurde Pufendorf durch die Übersetzung des emigrierten Hugenotten Jean Barbeyrac (1706/07) bekannt.

In der Naturrechtsschule ging es einmal um die Schaffung eines tragfähigen internationalen Rechts, eines Rechts, das über den Staaten stehen sollte. Da die *universitas christiana* gespalten war – der Papst war einst Schiedsrichter gewesen –, trat nun das Völkerrecht in die Lücke. Wenn die Diplomaten des 18. Jahrhunderts als *europäisches Konzert* zusammensaßen an den Friedenskongressen von Rastatt, Utrecht, Baden, Wien, Aachen und Paris, so ließen sie sich von solchen naturrechtlichen Erwägungen leiten, die ermöglichten, daß Sieger und Besiegte zusammen Lösungen finden konnten.

Aus naturrechtlichem Denken heraus empfand das 18. Jahrhundert übernational, kosmopolitisch: Abbé de St. Pierre entwarf in seinem Traktat vom allgemeinen Frieden 1713 schon die Utopie eines Völkerbunds. Im *Telemach* formulierte Fénelon, an die Monarchen gewandt: «Die beste Sicherung für einen Staat ist die Gerechtigkeit, die seinen Nachbarn das Maß, das Vertrauen und die Sicherheit gibt, daß ihr Territorium nicht besetzt werde. Die stärksten Mauern können infolge unvorhergesehener Umstände fallen: Das Glück im Kriege ist launenhaft und unsicher. Aber die Liebe und das Vertrauen Eurer Nachbarn – wenn sie Eure Mäßigung erfahren haben – bewirken, daß Ihr Staat nicht besiegt werden kann und daß er fast nie angegriffen wird.»[13] Das war eine weitere Utopie des Jahrhunderts – in welchem ein Friedrich II. Schlesien annektierte und drei Monarchen an die Teilung Polens gingen. Doch das Jahrhundert glaubte sich auf dem Weg zu dieser skizzierten besseren Zukunft zu befinden; daß dann im 19. Jahrhundert an die Stelle universaler Harmonie die Nationalstaaten mit ihrer imperialistischen Politik traten, war noch nicht vorauszusehen.

Die Naturrechtler bekämpfen die Lehre von der Staatsräson, die Lehre vom brutalen Einzelinteresse des Machtstaates, wie sie Machiavelli im *Principe* (1532), Hobbes im *Leviathan* (1651) entwickelt hatten. Beide sind im 18. Jahrhundert in Mißkredit geraten.

Aus den *Pflichten* der Menschen und des Bürgers entwickelte sich im Laufe des 18. Jahrhunderts die Lehre von den *Rechten* des Menschen und des Bürgers: Recht auf Unverletzlichkeit der Person, Recht auf gerechtes Gericht, Recht auf ungestörten Besitz und – neu und wichtig –: Recht auf Gewissensfreiheit. Dem Menschen wurde eine bestimmte Freiheit eingeräumt, von der er allerdings einen Teil an die Gesellschaft abzugeben hatte, um ein Zusammenleben überhaupt zu ermöglichen. Aber die Gesellschaft bzw. der Staat ist verpflichtet, diese Individualrechte zu respektieren und in ihr System einzubauen. Dies geschah tatsächlich in der *Bill of Rights* der Glorreichen Revolution und in der Menschenrechtserklärung der Verfassung von Virginia. So sollte fürstlicher Willkür eine Grenze gesetzt werden. Auch ohne Verfassung war es zumindest der Wille aufgeklärter Monarchen und aufgeklärter Minister, diesen ungeschriebenen Rechten Beachtung zu verschaffen durch einzelne Erlasse oder gezielte Maßnahmen. Der alte Respekt vor dem Mitmenschen, mit dem man seit altersher in Christo eins war, fand hier eine neue, genauere und bindendere Formulierung.

Auf einem besonderen Gebiet, wo Ungerechtigkeit und Unmenschlichkeit als ganz besonders kraß empfunden wurden, hat sich das Jahrhundert um eine eigentliche Reform bemüht, auf dem Gebiet des Strafrechts, der Kriminaljustiz.

Man basierte auf altbewährter harter Straftradition, wie sie etwa die *Carolina,* Karls V. *Peinliche Gerichtsordnung* von 1532, fixiert hatte. Todesstrafe mit verschiedenen Varianten, Prügelstrafe, Galeerenstrafe sollten abschrecken. Der Straßenräuber und der Mörder hatten beide Todesstrafe zu gewärtigen. Geständnisse wurden durch die Tortur erreicht. Katholische Staaten kannten den Inquisitionsprozeß. Die Kritik am bisherigen System wurde immer deutlicher, bis 1764 Cesare Beccaria seine erregende Abhandlung *Dei delitti e delle pene, Von den Verbrechen und den Strafen,* publizierte.[14] Beccaria greift nicht nur die Tortur an, welche zur Verdammung des physisch schwachen Unschuldigen führen muß, und die Inquisition, die dem Angeklagten keine rechtlichen Sicherungen gibt, da er anonym angeklagt werden kann und nicht mit den Zeugen konfrontiert wird. Er geht so weit, die Todesstrafe in Frage zu stellen: «Was ist das für ein Recht, das sich die Menschen anmaßen, um ihresgleichen zu töten?» Vor allem beschäftigt ihn der Strafvollzug, die Gefängnisse, die er durch Besuche der Mailänder Gefängnisse kennt, wo die Sträflinge wie Sklaven gehalten werden. Beccaria fordert nicht nur ein differenziertes Maß von Strafen, sondern auch Präventivmaßnahmen, um das Verbrechen überhaupt zu verhindern.

Beccaria war insofern revolutionär, als er das Strafrecht als Folge einer schlecht eingerichteten Gesellschaft erkannte: «Was sind denn diese Gesetze, die ich respektieren soll ... Wer hat diese Gesetze gemacht, die Reichen und die Mächtigen. Laßt uns diese fatalen Fesseln sprengen, greifen wir die Ungerechtigkeit an ihren Wurzeln an!»

Schon vor Beccaria hatte Friedrich II. 1740 für seine Staaten die Tortur aufgehoben. Richter, die sich vom *gesunden Menschenverstand* leiten ließen, wandten sie nicht mehr an. Gegen Ende des Jahrhunderts folgten Frankreich und Österreich mit humaneren Strafgesetzen.

Zumindest hörte die Hinrichtung von Hexen, die noch im 17. Jahrhundert Orgien gefeiert hatte, allmählich auf. Letzte Hinrichtungen fanden 1712 in England, 1718 in Frankreich, 1749 im deutschen Bistum Würzburg und 1782 im schweizerischen Glarus sowie in der deutschen Abtei Kempten statt.

5. Politik und Regierung

Wenn die Politiker und Schriftsteller des 18. Jahrhunderts über die politische Realität ihres Zeitalters nachdachten, Utopien entwarfen und an Reformen gehen wollten, so befanden sie sich in einem politisch-staatlichen Dasein, das ihnen furchtbar veraltet vorkam. Sie befanden sich in einem festgefahrenen Spätmittelalter. Alles war verfestigt, unlogisch und kaum mehr zu überblicken. In den scheinbar so einfach strukturierten Monarchien der Könige mit ihrer so sicheren Herrschaft war doch alles blockiert. Der königliche Wille stieß sich an tausend ererbten Selbständigkeiten. Städte und Landschaften, ganze Provinzen, die Kirche, die Korporationen, Universitäten, Zünfte, geistliche Stiftungen, der kleine Adel, alle führten ihr Eigenleben in autonomer Position, gestützt auf Privilegien, die man sich irgend einmal in Vorzeiten erworben hatte. *Everything, that is is right, if it can show a charter,* hieß es in England: Jede Institution war im Recht, wenn sie ein Privileg, einen gesiegelten Brief vorweisen konnte.

Da war es schlicht unmöglich, zu regieren und zu verwalten, geschweige denn zu erneuern. Darum versuchten die Könige, ihre Höfe und Minister, Ordnung in diese Vielfalt zu bringen und die eine, klare Herrschaft der Zentrale an die Stelle der immobilen Unordnung zu bringen. Das nannte man Absolutismus. Der Absolutismus aber – mit der theoretischen Allmacht des Monarchen bzw. der von ihm ernannten Verwaltung – widersprach andererseits den Postulaten des Naturrechts. Der absolute König, wie ihn Ludwig XIV. vorgelebt hatte, war nicht mehr das gute Ordnungsprinzip in ungerechter, veralteter Privilegienwelt, er war zum Despoten, zum Tyrannen geworden, der nicht mehr des Volkes wegen da war, sondern nur noch für sich selbst. Fénelon sagt im *Telemach*: «Der König ist des Königtums nur würdig, wenn er sich selbst vergißt, um sich dem öffentlichen Wohl zu opfern.» Sich selbst zu vergessen war nun aber kaum die Sache der Könige des 17. Jahrhunderts und auch des 18. Jahrhunderts. Fénelon fügt darum noch den Satz bei: «Die absolute Macht des Königs führt dazu, daß er ebensoviel Sklaven besitzt, wie er Untertanen hat.»[15]

Die Kritik konnte weiter gehen. Sie konnte das alte Widerstandsrecht anrufen, jenes Recht – so alt wie der Staat –, Widerstand leisten zu dürfen, ja zu müssen, wenn der Herrscher seine Pflichten vergißt. Der Naturrechtler Barbeyrac sagt darum, es gebe ein Recht der Untergebenen, ein Recht, das sie gegenüber dem Herrscher besitzen, wenn er durch enorme und unerträgliche Ungerechtigkeit und durch Verletzung der Verpflichtungen, die er gegen sie hat, die Untertanen von den Pflichten löst, die sie ihm gegenüber gehabt hatten.

Das ganze Jahrhundert fragte sich, in welcher Form man dieses Widerstandsrecht ausüben dürfe, so, daß es nicht zu Revolution und Anarchie führe.

Großbritannien hatte in der Glorreichen Revolution einen mehr oder weniger legitimen Weg gefunden. Der Weg hieß eigentlich zurück zum spätmittelalterlichen Dualismus in der Staatsregierung. Das heißt zum System einer sich gegenseitig kontrollierenden Regierung durch König und Parlament zusammen, ein Parlament, wo sich die zwei Parteien, die konservativen Tories und die liberalen Whig, ablösten – beide aristokratischen Charakters. In manchen Ländern – zum Beispiel in einzelnen deutschen Fürstentümern – existierten diese Parlamente noch als Landtage. War es möglich, sie in Einklang zum monarchischen Einheitsprinzip zu bringen, oder waren sie wie die französische Ständeversammlung oder der spanische Cortes so überaltert in ihrer Struktur, daß man sie lieber einschlafen ließ, um ungestört im Sinne des Staatswohls regieren zu können, ohne auf regionale und ständische Egoismen Rücksicht nehmen zu müssen?

Nun aber wirkte auf Europa das englische Beispiel. Weniger dieses sehr altmodisch und unpraktisch zusammengesetzte Parlament, dessen Wahlen zu einer Groteske geworden waren, als die Theorien, die aus diesem System von 1688 an gezogen wurden. Dies geschah besonders durch John Lockes *Two treatises of Government,* die *Zwei Abhandlungen über die Regierung,* die gleich nach stattgehabter politischer Änderung 1690 erschienen.

Locke ist Naturrechtler. Er geht davon aus, daß der Staat auf einem Vertrag zwischen Regierung und Regierten besteht, d. h. zwischen König und Volk. Ließe man die Menschheit total frei, würde dies zur Anarchie führen, zum Krieg aller gegen alle. Die vernünftige Lösung ist hier der Vertrag und nicht die Unterwerfung unter den Mächtigen, der durch Gewalt Ordnung in die Anarchie bringt – heute würde man von totalitärer oder faschistischer Lösung sprechen. Im 18. Jahrhundert erinnert man sich nun gerne an die historischen Verträge zwischen König und Volk. England etwa besitzt die *Magna Charta* von 1215. Es gilt diese mittelalterlichen Dokumente neu zu interpretieren!

So schreibt denn Locke im Artikel 95 des zweiten Traktats: «Da die Menschen, wie gesagt, von Natur aus alle frei, gleich und unabhängig sind, kann niemand ohne seine eigene Zustimmung (consent) diesem Zustand entrissen und der politischen Gewalt eines andern unterworfen werden. Der einzige Weg, durch den irgend jemand sich seiner natürlichen Freiheit beraubt und die Bindung der bürgerlichen Gesellschaft auf sich nimmt, ist der, durch Übereinkommen (agreeing) mit anderen Menschen sich zu einer Gemeinschaft zusammenzuschließen und zu vereinigen mit dem Ziel ihres bequemen, sicheren und friedlichen Lebens untereinander in einem sicheren Genuß ihres Eigentums und in einer größeren Sicherheit gegen alle, die nicht zu dieser Gemeinschaft gehören.»

Auf die politische Realität bezogen heißt dies – im Artikel 89: «... dort einzig und allein ist eine politische oder bürgerliche Gesellschaft vorhanden. Und das geschieht, wo immer irgendeine Zahl von Menschen, die sich im Naturzustand befinden, zu einer Gesellschaft zusammentreten, um ein Volk, eine politische Körperschaft unter einer obersten Regierungsgewalt zu bilden, oder sonst, wenn irgend jemand sich irgendeiner bereits bestehenden Regierungsgewalt anschließt und sich ihr unterwirft. Denn dadurch ermächtigt er die Gesellschaft oder, was ganz dasselbe ist, die gesetzgebende Gewalt derselben, für ihn Gesetze zu erlassen, so wie es das Gemeinwohl der Gesellschaft erfordern wird.»[16]

Die *Gesellschaft* bzw. das Volk wird repräsentiert durch die Legislative, die als Vertretung der Bevölkerung die Gesetze macht, die dann die Regierungsgewalt, d. h. der König und sein Ministerium zu vollziehen hat.

Derlei Gedanken und deren entsprechende Realität in England – auch wenn sie sehr unvollkommen war – wurden zum Vorbild für zumindest einen Teil der Regierungsverantwortlichen in Europa. Hinter den aufgeklärten Ministern stand die große Zahl der Juristen und der politischen Schriftsteller. Aufgeklärtes politisches Denken erreichte seinen Höhepunkt, als es in französischer Sprache und naturrechtlich wie historisch umfassend begründet durch Montesquieu im *Esprit des Lois* – im *Geist der Gesetze* – 1748 noch einmal formuliert wurde. Montesquieu sah im englischen System die Gewaltenteilung verwirklicht: Den König als Exekutive, das Unterhaus als Legislative und – fälschlicherweise – das Oberhaus als richterliche Behörde. Die Idee, die dahinterstand, war die Ermöglichung einer Kontrolle und Bremse für den absolutistischen Regierungsapparat. Montesquieu wollte damit die Monarchie in gesetzliche Bahnen zurückführen. Für ihn war das absolutistische System – er nannte es das *despotische* – auf dem Prinzip der *Furcht* aufgebaut. Die richtige Monarchie sollte vom Prinzip der *Ehre* geleitet sein, denn der Adel war ja deren Rückhalt. Für die Republik aber erkannte er die *vertu politique,* das politische Ethos, als Grundprinzip. Das tönte schon recht bürgerlich.

Dann trat Rousseau auf, vor allem mit seinem *Contrât social* im Jahr 1762. Das Werk wirkte revolutionär, weil es die Republik zur Idealform erhob und die Gleichheit der Bürger postulierte. Die *volonté générale* sollte entscheidend sein, nicht ein ständisches Prinzip. Beccaria, Mably und andere nahmen diese Gedanken auf, die nun in Richtung einer politischen Utopie gingen.

Außer in Großbritannien gelang es eigentlich nur in Dänemark, eine legale Änderung durchzuführen. Das Königreich Dänemark hatte im Stammland 1665 mit der *Lex Regia* alles auf den König konzentriert, der ohne ständische Vertretung regieren konnte. Der Absolutismus brachte immerhin die Gleichheit aller Untertanen. Gut hundert Jahre später wurde der dänische Absolutismus sukzessive auf gesetzlichem Weg abgeschafft: Keine Zensur mehr, eine Freiheit, von der die Dänen klugen Gebrauch machten, und Befreiung der Bauern von den Gutsbesitzern. Es hatte sich um einen «gutmütigen» Absolutismus gehandelt. Voltaire sprach von den Skandinaviern als «peuples libres sous les rois» – Völker frei unter den Königen. Auch Schweden – wenn auch weniger gradlinig – flickte an seinem Absolutismus herum.

Einzig in den neu entstandenen Vereinigten Staaten von Amerika konnte man im Einzelstaat wie in der Gesamtkonföderation eine «moderne» republikanische Verfassung realisieren. Sie beruht auf Besitz und Bildung. Sie ist später – mitsamt der kurzlebigen ersten französischen Revolutionsverfassung – zum Modell für den liberalen Staat des 19. Jahrhunderts geworden.

Eine *Verfassung* aufgrund naturrechtlicher Sicherungen für den Bürger blieb im Europa des 18. Jahrhunderts Utopie – aber der Boden war ideell schon sehr stark aufgelockert.

6. Ökonomie, Arbeitsethos, Wirtschaftsfreiheit

Die voraufklärerische Welt lebte noch großteils in einem mittelalterlichen Wirtschaftssystem, der Bauer produzierte für den Selbstunterhalt und wenn möglich für den städtischen Markt.

Getreide wurde in weiter gelegene Gebiete ausgeführt, wie auch Butter und Käse, wobei letzterer gerne als Proviant für Überseeschiffe diente. Die bäuerliche Produktion unterlag in der Regel dem alten System des Fruchtwechsels, traditionell geregelt.

Ähnliches gilt vom Gewerbe, das den Zunftordnungen unterstellt war. Kaufleute hatten allerdings das starre System durchbrochen und unterwandert. Sie verfrachteten ihre Ware auf Saumpferden, Flußkähnen und Schiffen schon längst weit über die europäischen Grenzen hinaus. Das Textilgewerbe verlegte die Produktion auf die Landschaft, wo die Heimarbeiter für sie am Webstuhl und am Spinnrad tätig waren. Nachher gingen die Stoffe in alle Welt, eine Welt, die schön eingezäunt war von zahllosen Schlagbäumen an Toren und Brücken, wo mannigfache Zölle vereinnahmt wurden.

Bei aller Gemütlichkeit des Lebensstils wurde auch wacker gearbeitet, jedoch nicht überall mit gleicher Intensität. Dies besonders, seitdem das alte biblisch verankerte Arbeitsethos intensive Förderung durch die Reformatoren – insbesondere Zwingli und Calvin – empfangen hatte. Die beiden postulierten Arbeit als christliche Pflicht, als fröhliche Arbeit im Weinberg des Herrn und verdächtigten das Mönchtum als hinter Klostermauern organisierten Müßiggang.

Jedenfalls stellte man im 18. Jahrhundert fest, daß protestantische Länder insgemein arbeitsamer und infolgedessen reicher waren: «Die Katholiken sind arm an den gleichen Orten, wo die Protestanten reich sind ... In den katholischen Ländern tanzt und trinkt der Pöbel in allen Wirtshäusern, was nur selten bei den Protestanten beobachtet werden kann ... Trotz ihrer extremen Schwerfälligkeit sind die deutschen Katholiken von Natur aus gutgeartete Bürger und Adlige, die selten an den fürstlichen Hof kommen, sind im allgemeinen von einer schwerfälligen Gutmütigkeit und leisten Gutes in ihrem Sinn, d. h. sie sorgen für das Essen und das Trinken. Aber die Protestanten sind distingiert und reserviert und ein wenig mißtrauisch. Sie geben weniger auf Geselligkeit und Fröhlichkeit als die Katholiken ...»[17]

In diesen Worten eines italienischen Katholiken ist die berühmt gewordene These Max Webers von der *Protestantischen Ethik und dem Geist des Kapitalismus* schon völlig vorgebildet. Im Detail konnte man noch feststellen, daß die Calvinisten reicher seien als die Lutheraner, und als die reichsten galten die dem Täufertum entsprossenen Mennoniten in den Niederlanden.

Eine spektakuläre Demonstration des calvinistischen Wirtschaftsgebarens war für die ganze Welt die Vertreibung der Hugenotten aus Frankreich, von welcher England, Holland, die protestantischen Teile Deutschlands und der Schweiz profitierten. Diesbezüglich stellt Voltaire empört einem englischen Kritiker gegenüber fest: «Protestanten, die die Staaten des Königs verlassen hatten, transferierten eine Industrie, die den Reichtum Frankreichs ausmachte, zu Euch. Zählen denn bei Euch alle die Seiden- und Porzellanmanufakturen für nichts? Letztere wurden bei Euch durch unsere Refugianten perfektioniert und wir haben verloren, was Ihr gewonnen habt.»[18]

An sich waren zwar die betreffenden Gegenden meist schon industrialisiert, als die Hugenotten ankamen – aber sie brachten neue Verkaufsmethoden und neue Techniken.

Die hugenottische Tätigkeit fand noch im Rahmen alter wirtschaftlicher Ordnungen statt.

Das merkantilistische Wirtschaftssystem – nach dem Finanzminister Ludwigs XIV. *Colbertismus* genannt – war im 18. Jahrhundert zur Praxis der Monarchien geworden. Der Staat begünstigte eine Industrie, die vor allem dem Luxuskonsum der Höfe, des hohen Adels und Klerus wie des reichen Bürgertums diente – z. B. mit den Gobelins und königlicher Spiegelmanufaktur – oder der Armee und Marine mit Kanonengießereien, Arsenalen und Werften. Durch Förderung des Exports und hohe Zölle für den Import wollte man das Geld anderer Länder ins eigene Land locken. Eine Seenation wie England versuchte dies durch Importsperren gegen die sich wirtschaftlich im Freiraum der Meere bewegenden Niederlande durchzusetzen.

Die Kritik des bisherigen Wirtschaftssystems kam zuerst von einer Gruppe von französischen Theoretikern um den königlichen Leibarzt de Quesnay, von den *Physiokraten.* Sie gingen weiter als die mehr praktisch orientierten Agronomen, die sich vor allem in England fanden. Ihre Schule nannte sich *Physiokratie,* weil sie zurück zur *Herrschaft* der *Physis,* der *Natur* gehen wollte, d. h. zur vom Colbertismus sträflich vernachlässigten Landwirtschaft, die doch mit ihrer Produktion und ihren Steuern das ganze herrschaftlich-höfische System erst möglich machte. Die Physiokraten wollten in Fortsetzung der Agronomen Englands und Frankreichs den Adel wieder zur Kultur seines Grundbesitzes zurückrufen, auf daß er sein Kapital der Landwirtschaft zuführe und für den Staat ein neues ökonomisches System schaffe, das auf der Abschaffung der wirtschaftlichen Privilegien, auf der Abschaffung der Zölle, d. h. auf der vollständigen Freigabe der Produktion und des Handels beruhte. Die Theorie war erschreckend neu und als System nicht leicht zu verstehen. Bald verwickelten sich die Physiokraten in wilde publizistische Streitereien mit ihren Gegnern, bis sie als *die Sekte* verschrien waren und schließlich ihre Publikationen in Frankreich verboten wurden, da man sehr gut realisierte, daß sie mit ihrem Postulat der Aufhebung der Steuerfreiheit für Adel und Klerus das bisherige politische und wirtschaftliche System der alten Monarchie von Grund auf gefährdeten.

Die Physiokraten brachten in die dörflich-konservativ-genossenschaftliche oder seigneural-patriarchalische Bauernwelt neue aufklärerische Vorstellungen ein. Sie arbeiteten mit mathematisch-statistischen, rationalen, rechenhaften Methoden. Ihre Theorie war profitorientiert, und sie vertraten ein individualistisches Besitzdenken, kombiniert jedoch mit Erkenntnissen, die heute fast ökologisch anmuten. Zum Beispiel opponierten die Physiokraten gegen die unsinnige Verschwendung von bebaubarem Boden durch das System der neuen *Routes royales,* der königlichen Straßen. Seit den dreißiger Jahren des 18. Jahrhunderts «wurde in Frankreich ein vergleichsweise gigantisches Straßenbauprogramm von mehreren tausend Kilometern geplant und von den fünfziger Jahren an realisiert. Die neuen *Routes royales* sollten Paris mit allen wichtigen Provinz- und Hafenstädten verbinden, die Reisezeit um die Hälfte verkürzen und zu jeder Jahreszeit, auch bei Regen und Schnee, befahrbar sein. Diese Chausseen zogen sich, wenn immer möglich, schnurgerade durch die Landschaft und waren rund 20 Meter breit, mit den flankierenden Gräben und Alleen sogar gut 27 Meter. Auf der mit einem guten Unterbau versehenen und geschotterten Mittelfahrbahn und den Rändern fanden nebeneinander problemlos sechs Kutschen oder Fuhrwerke Platz – es waren Autobahnen avant la lettre, und bis zu deren spätem Bau in Frankreich taten diese Chausseen zweihundert Jahre lang ihren Dienst bestens.»[19] Die physiokratische Opposition hatte insofern Erfolg, als der ihr nahestehende Minister Turgot das Programm beschnitt und die Straßenbreite differenzierte.

Im ökonomisch auf allen Gebieten führenden Großbritannien ist etwas später ebenfalls eine den Physiokraten nicht unähnliche ökonomische Theorie entwickelt worden. Dies geschah durch Adam Smith in seinem bis heute berühmt gebliebenen Buch vom *Wealth of Nations,* Wohlstand der Nationen, von 1776. Wie die Physiokraten unterzog er das bisherige System der Monopole und Privilegien einer umfassenden Kritik und postulierte den freien Handel als Lösung für die Zukunft: «Unter einem solchen Freihandel würde der Wettbewerb unter allen Nationen bewirken, daß die Gewinnspanne weder auf dem neuen Markt, noch in dem neuen Erwerbszweig ihre übliche Höhe überschreitet. Der neue Markt würde ein neues Erzeugnis für seinen eigenen Bedarf oder sein eigenes Angebot schaffen, ohne dem bestehenden Markt irgend etwas zu entziehen, und dieses neue Produkt würde neues Kapital für den Betrieb des neuen Gewerbes bilden ...»[20]

Es war nur natürlich, daß der Freiheitsgedanke der Naturrechtler sich auch auf die Wirtschaft beziehen mußte. Die neuen ökonomischen Theoretiker dachten weltweit wie die Naturrechtler und sahen die Welt als Ganzes in einem immensen freien Markt, der sich selbst regulieren würde. Das bisherige System war immobil, führte zum Abschluß von einem merkantilistischen Staat zum andern; es führte zu Krieg und gegenseitiger Verheerung. Man mußte etwas Zukunftsträchtigeres an dessen Stelle setzen. Auch dies war eine der großen Utopien, die das 18. Jahrhundert träumte.

Wie die Bücher der Naturrechtler, der Staatsphilosophen, so wurden auch die Bücher der Ökonomen von der lesenden Elite verschlungen. Und manche Staatsmänner versuchten innerhalb des bisherigen Systems die Lehren der Staatstheoretiker und Ökonomen für die Praxis nutzbar zu machen. Anstelle der absoluten Despoten sollte der *gute König* als Landesvater moderner Gesinnung treten, beraten von seinem aufgeklärten Minister. Groß ist denn auch die Zahl dieser klugen Männer, die mit viel Intelligenz und Umsicht den Zustand ihrer Staaten zu bessern versuchen: In Österreich etwa ein Kaunitz, in Mailand ein

Firmian, in der Toscana ein Rosenberg-Orsini, in Spanien Enseñada, Aranda und Campomanes, in Hannover Münchhausen, in Frankreich etwa d'Argenson und d'Aguesseau und, mit wenig Glück, Turgot und mit noch weniger Struensee in Dänemark. Da ging es um Modernisierung der Verwaltung, Abschaffung von Privilegien und Ungleichheiten, um gerechtere Verteilung der Mittel.

7. Naturwissenschaft – Medizin – Technik

Die im 18. Jahrhundert entwickelten Gedanken auf religiösem, politischem und ökonomischem Gebiet tragen alle utopischen Charakter, ob es sich um ein vernunftgemäßes Reich Gottes auf Erden handle, um eine auf den Bürgerrechten fußende Monarchie oder um eine Wirtschaftsordnung mit freier Produktion und freiem Handel. Naturwissenschaft und Technik wirken weniger utopisch, denn ihre «Entdeckungen», die sich mit dem 17. Jahrhundert zu überstürzen beginnen, sind Wirklichkeit, auch wenn sie oft von den Zeitgenossen nicht begriffen worden sind. Allerdings – auch der Naturwissenschaft und Technik war die Utopie, die Spekulation, nicht fremd; ohne sie wäre man oft nicht zu den entsprechenden Entdeckungen gelangt, und – wie wir sehen werden – es blieben noch etliche Utopien bestehen, Probleme, die mit den Mitteln des Jahrhunderts nicht gelöst werden konnten.

Naturwissenschaften, Mathematik und Technik hatten schon immer ihren Platz in der Öffentlichkeit eingenommen. Mathematik und Physik gehörten zu den alten sieben Freien Künsten, die man aus der Antike ins Mittelalter übernommen hatte und die auf Lehrstühlen an Universitäten gelehrt wurden; allerdings eher am Rande und lange nur im Dienste der Theologie. Verschiedene Faktoren führten im 15. und 16. Jahrhundert zur Erweiterung, nicht zuletzt die Erfordernisse der so wichtig gewordenen Seefahrt. Während im 17. Jahrhundert das System der theologischen Orthodoxien in vieler Hinsicht konservierend und bremsend wirkte, so entwickelte sich diese Wissenschaft in aller Stille weiter, wobei vieles Spielerei und Nebenbeschäftigung war.

Im 18. Jahrhundert konnte man fortfahren. Diesen Vorgang hält der Zürcher Arzt und Naturforscher Johann Jakob Scheuchzer 1721 in bezeichnender Weise fest. Scheuchzer (1672–1733) ist in mehr als einer Hinsicht typisch für den Naturforscher dieser Epoche. Er stammt einmal aus guter Familie, einem Zürcher Ratsherrengeschlecht zünftlerischer Prägung, aus der Mittelschicht. Schon der Vater war Arzt. Die medizinische Ausbildung erfolgt in Utrecht, d. h. in den Niederlanden, die nicht nur für naturwissenschaftliche, sondern auch geistige Offenheit bekannt sind. 1694 wird er dort zum Doktor der Medizin promoviert. In der heimatlichen Republik bekleidet er das Amt des Stadtarztes und später dazu die mathematische Professur an der Hohen Schule. Er wirkt zeit seines Lebens in der kleinen Heimatstadt, in Zürich. Dort ruft er die naturwissenschaftlich-polyhistorische *Gesellschaft der Wohlgesinnten* ins Leben, die 1697 bis 1709 existierte, eine kleine republikanische Gelehrtenakademie. Aber er gehört auch zur internationalen Gelehrtenrepublik, ist Mitglied der deutschen *Academia naturae curiosorum,* der Londoner *Royal Society* und der *Akademie von St. Petersburg.* Mit Scheuchzer tritt die Hochgebirgsforschung, die Alpengeologie, in den wissenschaftlichen Bereich ein.

1721 gibt er in Zürich ein dickes Buch heraus mit dem Doppeltitel *Jobi Physica Sacra oder Hiobs Naturwissenschaft verglichen mit der heutigen.*[21] Ein typisches Werk. Noch festgegründet in der theologischen Welt, versucht es, die biblische Wahrheit mit den naturwissenschaftlichen Entdeckungen in Einklang zu bringen.

Der dritte Vers des 28. Kapitels des Buches Hiob gibt Scheuchzer den willkommenen Anlaß, über den Fortschritt der Naturwissenschaften zu sprechen. Der Vers heißt: «Tenebris posuit (Deus) terminum et ad omnem perfectionem ipse scrutatur lapidem in caligine et denissima umbra abditum.» – «Er setzet der Finsternis ein Ende. Er kann alle Dinge vollkommenlich ergründen: die Steine, die Finsternis und den Schatten des Todes.»

Scheuchzer setzt hier *Gott* ein – vermeintlich sinngemäß. Nach heutigem Verständnis ist hier jedoch der Mensch gemeint, der der Finsternis ein Ende setzt – was aufklärerischer Meinung mehr entsprechen würde. Scheuchzer geht es, wie er an anderer Stelle sagt, um die *Erkenntnis Gottes aus der Natur.* Damit liefert er der damaligen aufgeklärt-orthodoxen Theologie wichtiges Beweismaterial.

Dieses 28. Kapitel des Buches Hiob handelt insgesamt von der wahren Weisheit Gottes und des Menschen in bezug auf die Erforschung und Nutzbarmachung der in der Tiefe der Erde verborgenen Schätze.

Scheuchzer diskutiert zuerst ältere Interpretationen. Dabei lehnt er unter anderem die Meinung ab, daß Finsternis hier das *Nichts* bedeute, und fährt fort: «besser gefällt mir die Meinung ... Job deute auf allerhand neue Erfindungen, welche von Zeit zu Zeit nach Gottes allweiser Providenz in diesen oder jenen Saeculis aus der Finsternis an das Licht gebracht werden, zu sonderem Nutzen der menschlichen Gesellschaft.»

Mit dem *Nutzen der menschlichen Gesellschaft* kündete sich die neue Auffassung an, in der allmählich das Nutzbringende allein Geltung haben sollte, oft auf Kosten seelischer, geistiger und künstlerischer Belange. Scheuchzer vertritt anschließend die typisch aufklärerische Meinung, daß man am Ende der Finsternis angelangt sei, daß eine neue bessere Zeit anbreche: «Wann je diese Erklärung wahr und das Ende der Finsternis auf ein gewisses Saeculum gesetzet, so mögen wir wohl sagen, keins sei so fruchtbar gewesen an neuen Erfindungen als das unlängst verstrichene XVII., in welchem allem mehr erfunden worden als in siebzehn vorhergehenden zusammen genommen.»

Dann folgte die Verneigung vor dem großen Philosophen des 17. Jahrhunderts: «Was hat nicht vor(dem) eine Figur gemachet Cartesius mit seiner neuen Philosophie, und ob er gleich nicht auf dem Thron geblieben, auf welchen er erhoben worden, wenigstens das Tor eröffnet zu der noch jetzt regierenden Philosophia Mathematica, welche sich nicht nur die Naturwissenschaft, sondern auch die Arzneikunst und zum Teil auch die Sittenlehre, insoweit sie von gründlicher Erkenntnis der Gemütsbewegung abhanget?»

Scheuchzer anerkennt die entscheidende Rolle von Descartes für das moderne Denken. Ausgehend vom grundsätzlichen Zweifel hatte Descartes im mathematischen Denken die einzige richtige Methode postuliert. Dieses mathematisch logische Denken ermöglichte es seither, naturwissenschaftliche Entdekkungen zu machen, die vorher nicht denkbar gewesen waren.

Das Wesen des Menschen als vernünftiges Wesen ist erkannt worden. Später sollten sich Gegenstimmen melden, doch zur Zeit Scheuchzers regierte immer noch die *Philosophia Mathematica* mit ihrem mechanischen Verständnis der Welt, einer Welt, die, einer Uhr gleich, von Gott aufgezogen nach festen Gesetzen ihren Ablauf nimmt.

Den menschlichen Körper betrachtete man fortan als *Maschine*. Montesquieu sagt: «Meine Maschine ist so glücklich konstruiert, daß ich genügend stark durch alle Gegenstände beeindruckt bin, so daß sie mir gerade genügend Vergnügen geben können, ohne mir Schmerzen zu verursachen.»[22]

Tatsächlich hat man den menschlichen Körper nun medizinisch weit genauer analysieren können. Als Arzt geht Scheuchzer zuerst auf die medizinischen Entdeckungen des 17. Jahrhunderts ein: «In der Medizin haben wir neue Erfindungen ... an der Zirkulation des Geblüts, welche an das Licht gebracht Guil(elmus) Harveus (Harvey) ... In der Anatomie sind unzählig viele neue Sachen entdeckt worden : ... neue ductus salivales oder Speichelgänge; die Gestaltsame des Gehirns von Willisius (Willis) ... des Ohrs, ... des Herzens, ... der subtilsten Drüslein und Aederlein. In Summa es hat die ganze Anatomie des menschlichen Leibes ein ganz neues Ansehen bekommen.»

Das 18. Jahrhundert brachte die Medizin noch weiter und eröffnete deren hervorragende Position unter den Wissenschaften, die sie dann im 20. einnehmen sollte. Die neuen Entdeckungen veränderten sehr bald die medizinische Praxis. Es entstanden nach und nach neuartige Schulen für praktische Medizin neben den Fakultäten: Zum Beispiel 1724 das *Collegium Medico-Chirurgicum* in Berlin, 1795 die *Pépinière* für Militärärzte, ebenfalls in Berlin.

Während sich die Humanmedizin in die Praxis begab, fand damals die Tierarznei ihren Weg in die Wissenschaft. 1762 wurde in Paris die *Ecole vétérinaire* eröffnet, 1790 die *Tierarzneischule* in Berlin. Dies war auch ein Teil der Reform, der für die Landwirtschaft wesentlich werden sollte.

Anschließend begibt sich Scheuchzer auf das große Gebiet der Mathematik und der Mechanik. Was Newton und Leibniz geleistet hatten, sollte von den Bernoulli weiterentwickelt werden; von jener einzigartigen Basler Mathematikerdynastie, welche in drei Generationen acht führende Mathematiker und Physiker hervorbrachte, die in den Niederlanden begannen, um dann in St. Petersburg, Berlin und im heimischen Basel zu lehren. In der vierten Generation erfolgte ihr Übergang zur Technologie, nun schon im 19. Jahrhundert: «Von mathematischen und mechanischen neuen Erfindungen ist die ganze Welt voll. Ich könnte auf das theatrum stellen einen Cartesium mit seiner nachgehends auf den höchsten Punkt (point) getriebenen Algebra, einen Leibnitium und Neutonum mit ihrem calculo infinitesimali, die Bernoullios mit neuen curvis und dero Eigenschaften. Galileum de Galileis, einen glücklichen Restaurator der copernicanischen Lehr, mit neuen Telescopiis, eben diesen vortrefflichen von der römischen Klerisei verfolgten Mann.»

Und nun ist Scheuchzer bei Galileo Galilei angelangt und damit beim kritischsten Punkt der neuen Wissenschaften. Mit der Bemerkung über dessen Verfolgung durch die *römische Klerisei* berührte Scheuchzer den damals immer noch aktuellen Streit um die kopernikanische Lehre.

Im biblischen Buch Josua befand sich jener 13. Vers des 10. Kapitels: «Also stund die Sonne mitten am Himmel und verzog unterzugehen, beinahe einen ganzen Tag», dies, um auf Geheiß des Herrn den Sieg des auserwählten Volkes der Israeliten über die Amoriter zu ermöglichen.

Wenn man der Auffassung war, die Erde drehe sich um die Sonne, so war nicht mehr die Erde im Zentrum des Universums, diese Erde mit ihren alleinseligmachenden Kirchen und den von Gott eingesetzten Obrigkeiten. Einer Relativität der Dinge war damit Tür und Tor geöffnet. Kopernikus aber hatte noch in der freieren Zeit des 16. Jahrhunderts durch Beobachtung und Berechnung – Kombination von Belehrung durch die Natur und durch die Mathematik – die neue Lehre von der Heliozentrie entwickelt. Galilei hatte sie besser untermauert und war deswegen von der Kirche zum Schweigen verurteilt worden. Aber nicht nur die römische, sondern alle anderen Kirchen hielten an der alten Lehre fest.

Hinsichtlich seines *Hiob* ist denn auch Scheuchzer von der Zürcher Zensur befohlen worden, alle die kopernikanische Lehre betreffenden Stellen zu streichen. Scheuchzer unterzog sich der Aufgabe mit etwelcher Ironie, strich alle Partien, die

Laien verstehen konnten – aber die hier zitierte ist stehengeblieben: Die Zürcher Zensoren scheinen sie nicht bemerkt zu haben. Diese Zensur war eines der letzten Zeichen des Widerstandes der alten Orthodoxie. Die protestantischen Kirchen zeigten sich schon damals dort offen, wo die alte Theologie von der *Vernünftigen Orthodoxie* bzw. dem *Latitudinarismus* abgelöst worden war. Die römische Kirche folgte bekanntlich kurz nach Jahrhundertmitte.

Scheuchzer hatte hier Galilei besonders erwähnt seiner Teleskope wegen. Er stellte an seine Seite: «Cassinum (Cassini) und Hugenium (Huygens) mit ihren neuen Planeten um den Jupiter und Saturnum ... Leuwenhoek mit seinen Microscopialibus oder Vergrößerungsgläsern ... Tschirnhausen mit seinen Brenngläsern, einen Guerike ... und andere mit ihren Thermometris, Toricellium, Pascal mit Barometris, ... Drebbelium ... mit navigiis subaquaeis oder Schiffen, die unter dem Wasser fortgehen ...»

Damit ist Scheuchzer in die Welt der Technik übergegangen. Die Anwendung jedoch sollte teilweise noch lange auf sich warten lassen. Das 17. und 18. Jahrhundert spielte noch mit den Entdeckungen – etwa mit der Elektrizität, mit chemischen Experimenten. Ein gutes Beispiel wäre Drebbelius mit seinen *navigiis subaquaeis,* die als Unterseeboote ja erst zu Beginn des 20. Jahrhunderts technisch möglich geworden sind. Ähnliches wäre vom *Luft-Schiff* zu sagen. Die ersten Heißluftballone sind allerdings schon zu Ende des 18. Jahrhunderts gen Himmel gestiegen. Goethe sagte damals: «Wer die Entdeckung der Luftballone mit erlebt hat, wird ein Zeugnis geben, welche Weltbewegung daraus entstand, welcher Anteil die Luftschiffer begleitet, welche Sehnsucht in so viele tausend Gemüter hervordrang ..., wie frisch und umständlich jeder ... geglückte Versuch die Zeitungen füllte ...»[23] Die Flugmaschinen mußten noch weitere hundert Jahre warten.

Scheuchzer sieht richtig die neuen Möglichkeiten technischer Art und fährt mit den großen Kanalbauten weiter: «Es verdienen auf dem theatro zu erscheinen große Fürsten und Könige mit zuvor unerhörten Unterfangen, ein Ludovicus XIV, König von Frankreich, mit seiner ... Vereinigung des Oceani mit der Mittelländischen See; ein Fridericus Wilhelmus, Kurfürst in Brandenburg, mit Vereinigung der Oder und Spree, eines Herzog von Holstein Gedanken von Vereinigung des Deutschen Meeres mit dem Baltischen, eines Petri Alexiewitsch moskowitischen Zaren Unternehmungen von Vereinigung der Kaspischen See und des Pontus Euxinus (Schwarzes Meer), so auch des Weißen und Baltischen Meers.»

Damals ist ja Europa, insbesondere Frankreich, von einem Kanalnetz durchzogen worden, das für das Transportwesen große Erleichterung bot. Die besseren Straßen folgten. Dies war wiederum nur möglich, weil sich die Ingenieurkunst immer stärker entwickelt hatte und entsprechende Schulen eingerichtet worden waren.

Zu guter Letzt kehrt Scheuchzer noch einmal zu den Erfindern zurück, zu den *Privatpersonen.* «Von hohen Potentaten komme ich wiederum zu den Privatpersonen und gedenke eines Becherianischen und Drebbelianischen perpetui mobilis, der Guerikanischen und Boyleischen antliae pneumaticae oder Luftpumpe, der Hugenianischen pendulorum in Uhren, des Papinianischen Hafens, in welchem man die Beine zu einem Mus oder Brei kochen kann (Drucktopf) ...»

Hier erwähnt Scheuchzer gleich zwei für das Jahrhundert entscheidende Erfindungen. Die Uhr könnte man ja zum eigentlichen Symbol des Jahrhunderts erheben, mit ihrer schon damals hochpräzisen Mechanik, mit ihrer Möglichkeit, nun die Zeit genau einzuteilen und damit immer besser nutzen zu können; allerdings hatte man fortan von der zeitlosen Gemütlichkeit der alten Welt Abschied zu nehmen. Der Drucktopf führt schließlich zur Dampfmaschine, welche die Technik zu Ende des 18. Jahrhunderts revolutionieren sollte. Die Dampfmaschine ist durch das Technikerteam der *Lunar Society* in Birmingham in den sechziger Jahren entwickelt worden.

Scheuchzer endet seine Aufreihung technischer Erfindungen mit den Worten: «In summa die Zeit würde mir selbst zu lang werden, wenn ich wollte erzählen alle neuen Erfindungen, welche anzutreffen in den Transactionibus Anglicanis, Mémoires de l'Académie Royale, Deutschen Ephemeridibus, Berlinischen Miscellaneis etc ...»

Damit weist Scheuchzer auf die Rolle der großen wissenschaftlichen Akademien hin. Es handelt sich in seiner Aufzählung um die Publikationsreihe der *Royal Society,* der *Académie des sciences,* der deutschen *Academia Naturae Curiosorum* und der *Berliner Akademie.* Später sollten die gemeinnützig-gewerblichen und die landwirtschaftlich-ökonomischen Gesellschaften für Propaganda, Weiterentwicklung und Anwendung der wissenschaftlichen und technischen Erfindungen sorgen. Sozietäten, in denen die von Scheuchzer angezogenen *Privatpersonen* – häufig Pfarrer mit ihrem Naturalienkabinett und mit meteorologischen Beobachtungen oder auch erfinderische Handwerker – Hilfe und Anregung finden konnten.

Mit erstaunlichem Optimismus schreibt der sonst skeptische Voltaire über den *Fortschritt des menschlichen Geistes im Jahrhundert von Ludwig XV.,* d. h. in den Jahrzehnten von 1720 bis 1770: «Die Akademien haben viel geleistet, indem sie die jungen Leute an die Lektüre gewöhnten und ihre Begabung durch Austeilung von Preisen aufgemuntert haben. Eine gesunde Physik hat die notwendigen industriellen Techniken entwickelt, die schon die Wunden zu heilen beginnen, die zwei fatale Kriege dem Staat zugefügt haben.» Die Textilien können dank neuer Methoden billiger hergestellt werden. Die Landwirtschaft ist durch wissenschaftliche Forschungen vervollkommnet worden «und ein aufgeklärter Minister hat die Freiheit des Kornexportes ermöglicht, der allzulange verboten war ...»[24]

8. Erziehung – Schule – Volksaufklärung

Wenn man später auf die technische Entwicklung zurückblickte, fragte man sich etwa: Was kam zuerst, der moderne Pflug oder das Volksschullesebuch?

Die Frage ist nicht eindeutig zu beantworten, aber die Rolle des Lesebuchs, des Schulbuchs als Mittel zur Ausbildung besonders der ländlichen Schichten ist jedenfalls nicht zu unterschätzen. Eine bestimmte Lesefähigkeit bzw. eine bestimmte Schulung liegt nicht nur in der Technik, sondern auch am Beginn philosophischer wie politischer Bildung. Erziehung ist wesentlich, sei es um überkommene Werte zu tradieren oder für neue Bahn zu brechen.

Die Aufklärung mußte das Erbe der Reformation und der Gegenreformation antreten. Die Protestanten hatten überall besonderen Wert auf die Ausbildung eines gebildeten Pfarrerstandes gelegt, wußten aber, daß die Erziehung weiter zu greifen habe, denn es war ja das ganze Volk zum neuen Glauben zu erziehen. Und das bedeutete allgemeine Schulung aller Kinder. Es ging primär im kirchlichen Unterricht anhand des Katechismus, jenes Frage- und Antwortbüchleins, das über den rechten Glauben und das rechte Tun Auskunft gab, subtile theologische Konzentration der aus der Bibel geschöpften Vorstellungswelt, aber so geschrieben, daß jedermann verstehen konnte. Anhand des Katechismus lernte man lesen, memorieren, aufsagen. Man übte sich im vorgegebenen Antwort- und Fragespiel, erhielt Anweisung für richtiges und falsches Verhalten, lernte elementare theologische Begriffe zu erkennen und wurde eingeführt in die Welt des Volkes Israel, in eine uralte Hochkultur, die eine Basis europäischer Bildung darstellte. All das mußte durch intensive Bibellektüre vertieft werden.

Auch der katholische Katechismus konnte ähnliche Wirkung erzielen, doch fiel da die Bibellektüre weitgehend weg, und der intensivierte Kultus des Barocks nahm Gefühl und Sinne in Beschlag. Dort wurde die Größe der christlichen Welt erlebt. Wissen und Lesen war doch weit mehr Sache der Oberschicht und der Geistlichkeit, insbesondere der Jesuiten mit ihrem Lehrmonopol des höheren Unterrichts.

Jedenfalls baute die Aufklärung da, wo es möglich war, auf dem reformatorischen Werk auf. Allerdings waren doch Akzentverschiebungen nötig. Wenn Locke *On Education* schrieb, wollte er freie Menschen heranbilden, Individuen und Bürger erziehen. Fortan war der pädagogischen Publikationen kein Ende. Rousseau setzte einen neuen Akzent, wenn er das Kind, *le petit homme*, ins Zentrum stellte und ihn als *Emile* naturgemäß erziehen wollte. Pestalozzi fuhr in dieser Richtung fort, wenn er eine Erziehung zur Menschlichkeit forderte, anstelle des Abrichtens auf lernbare Techniken.

Reform der Schulen wurde zu einer Hauptaufgabe der Aufklärung. Denn man fand ja ein ausgebautes Schulsystem vor, das man als erstarrt und eng betrachtete. In jedem Bereich stürzte man sich auf Veränderung des Bisherigen, oft gegen Widerstand, der häufig von der Lehrerschaft ausging. Auf jeden Fall sperrte man sich zum Beispiel an der Universität Basel gegen Reformvorschläge, die vom großen Mathematiker Jakob Bernoulli ausgingen, mit der grundsätzlichen Formulierung *limites quos posuere Veteres non moveto*[25] – die Grenzen, die die Alten gesetzt haben, dürfen nicht verändert werden.

Das war 1691 gesagt worden. Wenn eine Universität sich jedoch weiterhin behaupten wollte, so mußte sie sich wenigstens minimalen Änderungen unterziehen. Neben die alten Disziplinen der Mathematik und der Physik – die tunlichst ausgebaut wurden – trat Naturkunde als Beobachtung an Tier, Mensch oder Pflanzen, aber auch am toten Gestein als Geologie. Die Geographie gab Kunde von dieser so wunderbaren Erde, auf der man lebte und wo sich die Entdeckungen nur so überstürzten. Aber auch die Geschichtskunde – einst ein Teil der Rhetorik zum höheren Lobe des Monarchen – wurde nun als Wissenschaft vom Menschen in seinem Tun und Lassen im Lauf der Jahrhunderte erfaßt, wenn nicht als ein Fortschreiten in eine bessere Zukunft. Neben die bis jetzt so beherrschende Antike trat neuere Geschichte und die Geschichte des eigenen Vaterlandes – die *Historia Patriae*. In den juristischen Fakultäten bahnte sich das Naturrecht seinen Weg und ersetzte die aristotelische Ethik.

Doch blieb die Universität weiterhin lateinisch dominiert, auch wenn da und dort in der heimischen Sprache doziert wurde. Der Weg zu ihr ging durch die Lateinschule, die etwa mit dem zehnten Altersjahr einsetzte. Erst das 19. Jahrhundert brachte den Durchbruch der Nationalsprache als Unterrichtssprache und die Öffnung zu den Fremdsprachen. Auch sonst blieben Universität und Gymnasium den alten Strukturen verhaftet: Vorgeschriebene Lehrbücher, Vorlesung als Unterrichtsform, Disputation als Examensmodus. Das Gespräch über Literatur im weitesten Sinn war Sache der Salons, wissenschaftlicher Sozietäten und von Lesegesellschaften, in denen allerdings häufig Professoren tonangebend waren.

Die Universität bereitete aber nur auf die traditionellen drei akademischen Berufe vor, bildete Theologen, Juristen und Mediziner aus, mit wenig Praxisbezug. Die Praxis aber führte gegen Ende des Jahrhunderts zu wesentlichen Veränderungen in der medizinischen Fakultät. Bis jetzt war der Doctor Medicinae der Fachmann, der die Krankheit diagnostizierte und wissenschaftlich analysierte. Das Handwerkliche war Sache von nichtakademisch ausgebildeten Chirurgen als Handlangern der Doktoren. Die Fortschritte in der medizinischen Wissenschaft zwangen zu Neuorientierung, entweder an der Universität selbst oder in medizinisch-chirurgischen Gesellschaften. Der Weg zum modernen Arzt war geöffnet.

Nun hatten aber die Gesellschaft und ihr Staat dringend weitere Berufe mit anspruchsvoller Schulung nötig. Es waren vor allem Ingenieure auszubilden, weil der technische Fortschritt überall sich bemerkbar machte. Zimmerleute, Baumeister, Brückenbauer, Architekten hatte es schon seit jeher gegeben. Nun aber begann deren systematische Schulung mit mathematisch-geometrischen Mitteln. Vor allem hat Frankreich Ingenieurschulen entwickelt: 1718 *Ecole des Ingenieurs,* 1747 *Ecole des Ponts et Chaussées,* 1765 *Ecole du Génie marin,* 1778 *Ecole des Mines;* alle in Paris und stark auch für die militärischen Belange gedacht. Mathematik spielte für die Artillerie eine bestimmte Rolle. – In Deutschland kamen zuerst Bergakademien: 1770 Berlin, 1775 Clausthal-Zellerfeld, 1776 Freiberg in Sachsen. Der Beruf des Ingenieurs war im Entstehen begriffen; er sollte sich im 19. Jahrhundert der großen polytechnischen Hochschulen, endgültig durchsetzen. Für eine breitere gewerblich-technische Ausbildung sorgen schon von der zweiten Hälfte des 18. Jahrhunderts an die *Kunstschulen,* Vorläufer der Gewerbeschulen, der Industrieschulen wie der mathematisch-naturwissenschaftlichen Gymnasien und der technischen Lehranstalten.

Parallel dazu wurde auch die Ausbildung von Kaufleuten durch praxisorientierte *Handelsschulen* eine Notwendigkeit, mit Unterricht in Buchhaltung und vor allem auch in den wichtigsten Fremdsprachen. Für die immer zahlreicher werdenden Beamten boten sich *Kameralschulen* an, juristisch-nationalökonomischen Charakters. Schon Ludwig XIV. hatte Kadettenschulen ins Leben gerufen für künftige Offiziere und Beamte. Manche Fürsten der Aufklärung – nicht nur Herzog Karl Eugen von Württemberg mit seiner Hohen Karlsschule – sorgten für bessere Ausbildung ihrer Staatsfunktionäre.

Aber durfte die Aufklärung dabei stehenbleiben? Berufliche Ausbildung war gewiß notwendig und sehr wünschbar – aber bestand nicht die Gefahr, vor lauter Techniken und rational erfaßbarem Wissen den Menschen zu vernachlässigen? Da bot sich die philanthropische Richtung an, erste Versuche einer ganzheitlichen Erziehung, wie sie Basedow in Dessau, Martin Planta und Ulysses von Salis in Graubünden zu verwirklichen versuchten.

Solches aber erfaßte nur eine bestimmte Elite: Oberschichts-, im besten Fall Mittelschichtskinder aus städtischen Verhältnissen. Genügte das? Es lag doch im Wesen der neuen Bewegung, möglichst alle am neuen Licht teilnehmen zu lassen, sei es aus allgemeinmenschlicher Überzeugung oder aus Erwägung kluger Staatspolitik. Schon zu Beginn des Jahrhunderts beginnt man sich zu fragen, ob nicht ganz einfache alltägliche Probleme ebenso würdig wären untersucht zu werden, wie die großen Fragen der Philosophie: «Nur die Kunst wohl und klüglich Haus zu halten scheinet jedermann verächtlich und nicht würdig zu sein, einige geschickte Lehrsätze darüber zu verfassen.»[26]

Wenn das Volk aufgeklärt werden sollte, dann zuerst durch die Bekämpfung des Analphabetismus, durch bessere, umfassendere und möglichst vielen zugängliche Schulbildung. Das konnte einmal durch die Errichtung von besonderen Schulen für die Unterschicht bewerkstelligt werden, durch Fabrikschulen, Armenschulen – wie sie etwa Pestalozzi im schweizerischen Aargau, im Neuhof oder Junker Rochow im märkischen Rekahn für Bauernkinder einrichteten.

Man konnte auch die bisherigen städtischen und ländlichen Schulen demokratischer gestalten, so daß sie für jedes Kind offen wurden. Da mußte man eben in Kauf nehmen, daß die Kinder des Patriziers mit den stinkenden Armleutekindern ins gleich dumpfe Lokal eingesperrt wurden, und so zog man oft weiterhin den privaten Unterricht durch arbeitslose Kandidaten der Theologie der öffentlichen Schule vor. Erst das 19. Jahrhundert sollte dann den Traum von reich und arm auf der gleichen Schulbank realisieren – aber je nach Staat mit mehr oder weniger Erfolg.

Solche Maßnahmen betrafen die Kinder. Was sollte aber mit den Erwachsenen geschehen, deren bescheidene Schulkenntnisse ja bald durch ihr strenges Tagewerk in Vergessenheit geraten konnten? Was sollten die denn für einen Lesestoff erhalten, wenn die verfügbare Lektüre in der Regel auf höhere Schichten zugeschnitten war? Auch die so beliebten Enzyklopädien halfen da kaum, denn wer konnte sich schon diese Prachtwerke leisten? Man mußte eine neue Form der Mitteilung finden, Literatur, die in volkstümlicher Art Anweisungen gab, vor allem im landwirtschaftlichen Sektor, in welchem ja ein Großteil der Menschheit beschäftigt war. Es ging nun nicht mehr allein um Gebote der Sittlichkeit, um Anweisungen auf moralischem Gebiet – die man ja auch modern revidierten Katechismen entnehmen konnte –, sondern ganz praxisbezogen um konkrete Belehrung über konkrete Sachverhalte.

Diese Belehrung brauchte nicht unbedingt schriftlich vor sich zu gehen. Sie konnte eine neue Aufgabe für die Dorfpfarrer werden – insbesondere im protestantischen Raum. Der Pfarrer konnte mehr tun, als nur die obrigkeitlichen Mandate zu verlesen. Seine Predigt konnte praxisorientiert werden. Der Seelsorger konnte zum Volkslehrer werden. Er hatte ja nicht nur das jenseitige Heil, sondern auch das diesseitige im Auge zu haben; darum jene später so bespotteten Predigten über das Heu an Weihnachten oder über Gott wohlgefällige Blitzableiter. Der Pfarrer selbst bezog dieses praktische Wissen aus den entsprechenden Schriften gemeinnütziger und ökonomischer Gesellschaften. Dabei war im übrigen stets Sorge zu tragen, daß die herrschende Sozialordnung nicht gefährdet werde. Für Grundbesitzer und Magistraten ging es ja einfach darum, daß aus der Wirtschaft des Landes eine höhere Produktion erzielt werde. Andererseits hatte man doch auch alles Interesse, daß sich die Zahl der gänzlich ungebildeten Armen vermindere.

Die Vermittlerrolle der Pfarrer wurde bald ergänzt durch die Verbreitung von populären kleinen Schriften mit bestimmten Anweisungen, die nun direkt in die Hände der Bauern – soweit sie lesen konnten – gelangen sollten. Noch in den vierziger Jahren mußte man sich aber mit alten Auffassungen auseinandersetzen. «Bestritten wird 1749 das Vorurteil, welches mancher aus dem auf den Erdboden nach dem Fall gelegten Fluch hernimmt, und daher meinet, es sei vergeblich, sich um die Verbesserung des Ackerbaues zu bekümmern. Wer einen so düstern Kopf hat, so wird dazu bemerkt, daß er die Theologie von andern Wissenschafften nicht besser zu unterscheiden weiß, der wird damit wenig gebessert sein. Entsprechend sind in der gemeinnützig-ökonomischen Publizistik zahllose praktische Ratschläge zu lesen, welche die alltägliche Arbeit erleichtern und effektiver gestalten sollen. Wie sind die neuen Erkenntnisse der Naturforschung in der Landwirtschaft zu nutzen? Wie ist die Landwirtschaft – im großen wie im kleinen – so zu verbessern, daß dies zum Nutzen aller Stände ausschlägt? ... Welche neuen Futterkräuter taugen für welchen Boden? Wie sind Getreidekrankheiten zu bekämpfen? Was ist gegen Viehseuchen zu tun? Über den Nutzen der Schweinezucht wird der Leser belehrt, ein Düngelexikon soll ihm helfen, den Boden zu verbessern, ja, es wird selbst diskutiert, wie armen Leuten wohlfeil warme Betten zu verschaffen seien.»

Man konnte 1756 in der moralisch-ökonomischen Wochenschrift *Der Wirt und die Wirtin* die Aufforderung lesen: «Lasset uns mit vereinigten Kräften an dem Wohl unserer Mitbrüder arbeiten; Lasset uns nicht schämen, Lehrer des gemeinen Mannes abzugeben; Denn was wir sind und mehr, das würden diese sein, wenn sie, wie wir, erzogen wären. Uns kann die Welt sehr leicht, sie aber nicht entbehren.»

Neben den kleinen Schriften der Anweisungsliteratur – die auch die Form von Katechismen mit dem pädagogischen Spiel von Frage und Antwort annehmen konnten – stehen die Zeitungen, die *Intelligenzblätter* und natürlich die althergebrachten *Kalender,* in welche man ökonomische und naturwissenschaftliche Erkenntnisse in populärer Art einfließen lassen konnte. Der Kalender gehörte ja zur Minimalbibliothek des Landmanns, der außerdem noch ein paar weitere Bücher geistlich-moralischen Inhalts besaß – etwa ein Psalmbuch oder eine Sammlung von Andachten.

Natürlich hatte da auch der medizinische Ratgeber seinen Platz. Den Beginn machte des Lausanner Arztes Auguste Tissot *Anleitung für das Landvolk in Absicht auf seine Gesundheit* von 1761, die in mehr als ein Dutzend Sprachen übersetzt worden ist. Diesem *Avis au peuple sur la santé* folgten zahllose weitere medizinische Schriften. 1768 zählt man über achthundert Schriften zur Pockenbekämpfung im deutschsprachigen Raum. Dazu kommen Hunderte von veterinärmedizinischen Schriften. Parallel dazu verlief der Kampf gegen den Aberglauben. Schon 1755 kam in Leipzig ein *Register abergläubischer Meinungen und Handlungen* heraus.

Allmählich entdeckten städtische Aufklärer ihren Musterbauern. Ein Beispiel ist der zürcherische Jakob Guyer, der durch die vom Stadtarzt Johann Kaspar Hirzel verfaßte *Wirtschaft eines philosophischen Bauers,* französisch als *Socrate rustique* – ländlicher Sokrates – weltbekannt geworden ist. In der Stadt Zürich hielt die Ökonomische Kommission der Naturforschenden Gesellschaft regelmäßig *Bauerngespräche* ab, an denen Bürger und Bauern teilnahmen. Bürgertum und Adel erkennen allmählich, daß auch beim Volk gesunder Verstand und die Fähigkeit zum Selbstdenken anzutreffen sind.

So entdeckte die Aufklärung das Volk und baute es in die Welt des Bürgertums ein, begann Brücken zu schlagen von einem Stand zum andern, in jedem Land auf verschiedene Art und mit verschiedenem Erfolg. Wir haben uns hier an deutsche und schweizerische Beispiele gehalten, wo die Bewegung besonders intensiv war. Es ging um ein Stück Patriotismus, um eine gewisse Abwendung von der abgeschlossenen ständischen Welt mit ihren Vorurteilen. Der junge Goethe kritisiert darum auch einen Schriftsteller, der das Volk nicht aus eigener Anschauung kennt: «Wie so gar anders würden seine Urteile ausgefallen sein, wenn er sich heruntergelassen hätte, den Mann in seiner Familie, den Bauern auf seinem Hof, die Mutter unter ihren Kindern, den Handwerksmann in seiner Werkstatt, den ehrlichen Bürger bei seiner Kanne Wein ... zu sehen!»

9. Tugend und Patriotismus

Die Aufklärung wollte einen neuen, besseren Menschen heranbilden. In diesem Sinn nahm sie die alte Konzeption der Tugendlehre auf: Die Lehre von *Arete* und *Virtus* der griechischen und römischen Ethik. Jene Lehre, die sich zur Vorstellung der vier Kardinaltugenden verfestigt hatte – *Justitia, Prudentia, Temperentia, Fortitudo* – Gerechtigkeit, Weisheit, Mäßigkeit, Tapferkeit –, die man noch an vielen Orten auf Brunnenstöcken, an und in Rathäusern und Kirchen dargestellt vorfinden konnte. Tugenden waren göttlichen Ursprungs. Nun aber galt es, sie den Grundsätzen des Naturrechts und der Vernunft entsprechend neu zu formulieren und für alle gültig zu machen.

In der Regel unterscheiden die aufklärerischen Schriftsteller zwischen Individualtugenden, die für die Einzelperson in ihrem eigenen, privaten Tun und Lassen maßgebend sein sollen, und den Tugenden, die für den Menschen in der Gesellschaft bzw. im Staatsleben gültig sind.

Für die Individualtugenden wird eine Haltung vorausgesetzt, die sich an bestimmte Grundsätze hält. Man ist dem Gewissen verpflichtet, hält sich an ethische Prinzipien. Für den Deisten ist das Naturgesetz verpflichtend, auch wenn er keine persönliche Gottheit anerkennt. Atheisten befolgen ihre innere Stimme. Die meisten Aufklärer bleiben weiterhin von einer religiösen Haltung bestimmt. Dies natürlich nicht mehr im Sinn einer orthodoxen Ausrichtung, sondern als *Religiosität der Gebildeten.*[27] Man gehörte ja einer Kirche an, besuchte deren Gottesdienst, ging zur Messe oder zum Abendmahl. Den Tag begann man mit einer persönlichen Andacht. Auch konnte man seinen ganzen Haushalt zu einer Hausandacht versammeln. Dabei stand nicht die Dogmatik der betreffenden konfessionellen Ausrichtung im Zentrum, sondern eine mehr allgemein aufklärerisch bzw. jansenistisch oder pietistisch getönte Frömmigkeit. Man wußte, daß der Mensch ein Ebenbild Gottes sei. Mit oft schriftlich festgehaltener Selbstprüfung kontrollierte man sein Denken und sein Verhalten. Das Gewissen sollte einem sagen, was richtig oder falsch sei. Der deutsche Theologe Spalding erklärt, so «lernte ich noch mehr mit mir selber umgehen und das Gewissen ward mir immer wichtiger». Dieses Gewissen konnte auch den von kirchlichen Bindungen befreiten Deisten wie den erklärten Atheisten anleiten und trat an die Stelle der Religiosität.

Das allgemeine Interesse am Menschen konnte sich als Tugend der *Menschenliebe* äußern, sie nimmt in der Tugendlehre der Aufklärung einen der ersten Plätze ein, ist aktive Umsetzung einer religiösen Haltung. Das Jahrhundert prägte dafür den Ausdruck der *Philanthropie,* die als aktive Menschenfreundschaft verstanden wurde und natürlich in der Tradition des *Gutes tun* christlicher Überzeugungen stand, sich nun aber auch außerkirchlich in gemeinnützigen Werken äußerte. Der in jedem Menschen liegende Egoismus, die Konzentration auf die eigene Person und ihre Interessen mußten dergestalt gebändigt werden.

Damit einher ging die Tugend der *Bescheidenheit,* Bescheidenheit auch im äußeren Auftreten. Hierhin gehört der von vielen geführte Kampf gegen den Luxus, die Üppigkeit, wie man damals sagte, die Reduktion des persönlichen Aufwands.

In der Nähe der Bescheidenheit steht die Tugend der *Mäßigkeit,* nicht nur in den persönlichen Bedürfnissen, sondern auch in der Selbstdisziplin und der Bekämpfung der Leidenschaften, die sich im barocken Zeitalter nicht nur in der Kunst hatten ausleben können. Mäßigung bedeutete die Wahl des Mittelweges, wie ihn ein englisches Dictum – bezugnehmend auf die beiden Parlamentsparteien – formuliert: *In moderation placing all my glory, the Tories call me Whig and Whigs a Tory.* Den Mittelweg wählend, muß man eben in Kauf nehmen, bei beiden Parteien in Mißkredit zu geraten.

Schließlich gehört die *Arbeitsamkeit,* die Emsigkeit auch zu den Individualtugenden. Faulheit bleibt ein Laster und ist zu bekämpfen. Die Disziplinierung des 19. Jahrhunderts mit ihrer Verachtung von Muße und Meditation zeichnet sich schon ab.

Die Individualtugenden Religiosität, Menschenliebe, Bescheidenheit, Mäßigkeit und Arbeitsamkeit sind an sich Voraussetzungen für das Verhalten im sozialen Bereich, in Familie und Staat. Bei allem sehr intensiven Familienzusammenhalt, bei aller Obsorge für Kinder und Vettern, bei aller Behauptung sozialer Positionen in Adel und Bürgertum: tugendhaft war es – gerade wenn man durch Glück, Tradition und Arbeit es zu etwas gebracht hatte –, Zeit, Mühe und Geld für die Öffentlichkeit bereitzuhalten. Geld und Stellung hätte man in diesem luxuriösen Jahrhundert auch anders einsetzen können: Der Adel für Jagd, Spiel und Frauen, der Kaufmann für weitere Vermögensanhäufung oder für irgendwelche Zunftstubengemütlichkeit, der Geistliche für Pfründenintrigen, Essen, Trinken und faules Dahindösen.

Wenn man sich in einer politischen Position befand, sei es als Ratsherr, Richter, Landvogt, Amtmann, Bürgermeister oder fürstlicher Minister, hatte man sich uneigennützig dem *gemeinen Besten* zur Verfügung zu stellen. Dieser Einsatz konnte oft in gemeinnützigen und ökonomischen Gesellschaften geschehen. Das 18. Jahrhundert verfügte überall über eine solche gesellschaftliche Elite – natürlich je nach Land mit verschiedener Durchschlagskraft, Leitbild war der *Patriotismus.* Wir finden ihn in unendlich vielen Variationen formuliert. Er kann den König, den Minister, adlige Gutsherren, ländliche Verwaltungsleute, Bürgermeister und Räte, Kaufleute und Handwerker, Pfarrer, Lehrer, Ärzte und aufgeklärte Bauern beseelen. Er ist keineswegs nur in Republiken anzutreffen, dort aber – wo Ruhm und Ehre lokal begrenzt bleiben – besonders stark empfunden worden. In der Hansestadt Hamburg wird einmal der Patriotismus so definiert: Es ist «derjenige starke innere Trieb, der das Beste des Staates zum Augenmerk hat und seine Wohlfahrt auf alle mögliche Art zu befördern sucht».[28]

Voraussetzung für das Wirken in der Allgemeinheit, in der Öffentlichkeit war die Sicherung einer möglichst großen *Freiheit* für den Einzelmenschen. Jeder Mensch sollte Anspruch auf gewisse Rechte haben. Diese Rechte sind die persönliche Freiheit, die Sicherheit und die Garantie des Besitzes. Diese Minimalrechte sollte der Staat achten und schützen. Dabei war es sekundär, welche politische Form der Staat besaß, ob er Monarchie oder Republik sei. Solange die Würde des Menschen respektiert wurde, war alles in Ordnung.

Zu den Individualtugenden müssen sich nun patriotische Tugenden gesellen bzw. für die Öffentlichkeit nutzbar gemacht werden. Hier leben die alten Kardinaltugenden in neuer Interpretation weiter.

Prudentia, die *Weisheit,* ist selbstverständliche Voraussetzung. Hier wird das alte Gefecht gegen die *Stultitia,* die Dummheit, weitergeführt, nun mit dem geschliffenen Witz eines Swift und eines Voltaire. Aber immer noch wird das klassische Büchlein des Erasmus *Moriae Encomium sive stultitiae laus,* das *Lob der Torheit,* neu aufgelegt, übersetzt und gelesen.

Die Kardinaltugend der *Temperentia,* der *Mäßigung,* kann nun als Toleranz ausgelegt werden. Eine der ersten Formulierungen dieses Grundsatzes findet sich in William Penns *Frame of Government* für die Kolonie Pennsylvanien: «Alle in dieser Provinz lebenden Personen, welche den Einen Allmächtigen und Ewigen Gott anerkennen und bekennen als den Schöpfer, Erhalter und Herrscher der Welt und sich von ihrem Gewissen verpflichtet fühlen, friedlich und gerecht in der bürgerlichen Gesellschaft zu leben, dürfen in keiner Weise wegen ihrer religiösen Überzeugung belästigt oder benachteiligt werden.»[29] In diesen Toleranzartikel ist die bittere Erfahrung langjähriger Verfolgung religiöser Minderheiten im England der Stuarts eingegangen; zugleich trug er wesentlich dazu bei, der Indianerpolitik William Penns ihr einzigartiges Gepräge zu geben. Dieses Gesetz ist mehr als bloße Duldung, es gibt die *Freiheit* für die religiösen Überzeugungen. So dachten die Aufklärer längst vor den entsprechenden Edikten in Preußen oder Österreich. Toleranz ist ein Ausdruck religiöser Gesinnung.

Die Kardinaltugend der *Justitia,* der *Gerechtigkeit,* bleibt Selbstverständlichkeit für die Aufklärer. Sie bedeutet in der Praxis auch Unparteilichkeit als Verpflichtung für alle, die in irgendeiner Form in staatlichen Bereichen Verantwortung tragen.

Die Kardinaltugend der *Fortitudo,* der *Tapferkeit,* bedeutet nun den Mut des Einstehens für die Sache der Aufklärung, für den Mut, Rückschläge in Kauf zu nehmen. Von der *Furcht vor dem Urteile der Menschen* spricht ein Beitrag in der Publikationsreihe der bernischen Ökonomischen Gesellschaft:

«Es werden selten aus Vor(aus)sicht nützliche Unternehmungen gegründet; in einer entfernten Aussicht machen die Gegenstände nur einen schwachen Eindruck. Man denkt gewöhnlich erst an die Mittel, wenn das Übel anfängt, sie notwendig zu machen. Auch dannzumal behindert uns oft eine natürliche Trägheit, wo sie nicht durch den Trieb einer Leidenschaft überwogen wird, einem vor unsern Augen wachsenden Schaden zu steuern, indem uns bald Eifer und Wille, bald die Standhaftigkeit fehlet, einige Schwierigkeiten zu übersteigen, die sich die erschrekkende Einbildungskraft selbst vergrößert. Das Mißtrauen in unsere Kräfte selbst kann auch aus einer tadelhaften Quelle fließen; es kann eine allzu sklavische Furcht vor dem Urteile der Menschen, das von dem Erfolge abhängt, zum Grunde haben; unsre Eigenliebe will nicht die Gefahr laufen, sich geirrt zu haben.»[30]

Standhaftigkeit muß Trägheit, Vertrauen in die eigene Kraft muß Mißerfolg überwinden. Wenn man mit menschlichem Elend, mit Unglück und Katastrophen durch Naturgewalten konfrontiert wird, so mag dieser Anblick den *Menschenfreund* betrüben, «nur müde machen, das soll und muß er nicht».[31] Die äußerste Grenze der Tugend der Tapferkeit bedeutet schon in der Antike der Tod für das Vaterland. *Vom Tod fürs Vaterland* schrieb der deutsche Schriftsteller Thomas Abbt auf dem Hintergrund des Siebenjährigen Krieges. Doch dieses Opfer ist vornehmlich Offizieren und Soldaten vorbehalten. Der aufklärerischen Auffassung liegt nahe, daß auch ein nichtkriegerisches Leben geführt werden kann, das dem Vaterland alle seine Kräfte opfert.

Und was heißt das, Vaterland? Das *Vaterland* ist der Raum, in welchen man hineingestellt ist, wo es hier und jetzt zu wirken gilt. Seine Grenzen sind nicht national, denn was man für die Heimat tut, das tut man für die Menschheit. Wenn der Patriot das Glück des eigenen Landes befördert, so befördert er auch das Glück der gesamten Menschheit. Patriotismus ist noch nicht Nationalismus.

Es gibt einen *politischen Patriotismus,* der sich besonders gut in der Republik erfüllen kann, wo der Bürger seine Pflicht tut, sich dem Staate zur Verfügung stellt. Aber auch in Monarchien stehen dem Untertan Möglichkeiten der Mitarbeit am Staate offen, in getreulicher Verwaltung anvertrauter Herrschaft.

Ein *nationaler Patriotismus* orientiert sich am Geschichtsbild der eigenen Nation. Er eifert den Helden nach, die sich für das Vaterland eingesetzt haben, in Krieg und Frieden. Er weiß um die Verteidigung höchster Güter, wenn sie bedroht sind.

Der *universale Patriotismus* erkennt, daß die Nation nur vorläufig ist, daß ihre Geschichte auf ein universalistisch-humanitäres Endziel hinauslaufen soll, *wenn aus allen Nationen eine nur geworden ist,* wie dies Lavater im «Gebetlied» als Hoffnung ausdrückt.

Der *ökumenische Patriotismus* führt die christlichen Traditionen weiter, nun aber im überkonfessionellen Sinn, im Sinn der Toleranz, für alle religiösen Überzeugungen – auch die nichtchristlichen –, soweit sie sich human geben.

Wenn Utopie zur Reform wird, heißt das, daß ein *pädagogischer Patriotismus* sich um die Bildung der Mitmenschen zur Menschlichkeit bemüht, daß ein *sozialer Patriotismus* sich um die Fürsorge für die leidenden Mitmenschen kümmert und ein *ökonomischer Patriotismus* für ein Mindestmaß von wirtschaftlichem Auskommen der Mitmenschen arbeitet.

Die Tugendlehre der Aufklärung sieht die Aufgabe schon im kleinen Bereich, der sich leichtlich auf einen größeren ausdehnen läßt. «Ein jeder Hausvater befördert des Vaterlandes Bestes durch gute Kinderzucht: eine jede Hausmutter durch ordentliche Haushaltung, und Vermeidung der Üppigkeit: die Jugend durch Ehrerbietigkeit und Gehorsam: die Alten durch Erfahrung und gute Exempel: der Herr durch sorgfältige Aufsicht: das Gesinde durch Treue: der Arbeiter und Handwerks-Mann durch Fleiß: der Soldat durch die Waffen: der Kaufmann durch Billigkeit und guten Glauben: der Gelehrte durch nützliche Wissenschaften, Schriften und Erfindungen: der Geistliche durch reine Lehre und frommes Leben: die Obrigkeit durch Handhabung der Gerechtigkeit, und Regierung der Welt nach den Gesetzen.»[32]

Das war jenes einfache Programm des Zeitalters der Vernunft, in klarer Sprache, unbelastet von tiefgründiger Philosophie und Theologie, eine schlichte Ethik, wie sie seit Jahrhunderten immer wieder gefordert worden war und – faßbar seit den entlegenen Tagen des Sokrates und des Epiktet – im Kampf mit der Bosheit der Welt lag.

Die Begriffe Tugend und Patriotismus sind im Laufe des 19. Jahrhunderts oft mißbraucht worden. Tugend konnte zur Heuchelei, zu bloßem Wohlverhalten werden. Patriotismus konnte zu blindem, überheblichem Nationalismus entarten. Außerdem entkleidete die neue Lehre von der Psychoanalyse die Tugend ihres göttlichen Ursprungs und reduzierte sie auf bloße psychische Veranlagungen. Der Faschismus und der Nationalsozialismus sollten die patriotischen Tugenden endgültig pervertieren. Dennoch bleibt das Programm der Aufklärung bestehen, so utopisch es auch konzipiert war, so viel es vom Einzelmenschen verlangte. Hatten nicht die Leute der *Accademia dei Pugni* in Mailand recht, wenn sie *belle virtù, doveri – virtù senza noia – schöne Tugenden, Pflichten – Tugenden ohne Pedanterie* forderten?[33] Tugend sollte heiter und unbeschwert sein, nicht langweilig. Tugendstreben eine faszinierende Aufgabe.

So wuchs jener Mensch der Aufklärung heran, mit seinem logisch-klaren Verstand, seiner trockenen Tapferkeit und seinem gemessenen, wohlabgewogenen Handeln. Nüchtern, sachlich, nicht mehr von traditionellen Vorstellungen beherrscht, von leidenschaftlicher Rechtgläubigkeit und barockem Enthusiasmus. Es war, wie wenn die römischen Stoiker wiederauferstanden wären. Bravheit und Biederkeit, kühler Rationalismus waren die Kehrseiten. Seichte, platte, triviale Vernünftelei die Vorwürfe, welche die nachkommende romantische Generation der

Aufklärung gegenüber erheben sollte. Und doch halten die Bildnisse des 18. Jahrhunderts jene klugen Köpfe von Frauen und Männern mit ihrem klaren Blick, ihrer aufrechten Haltung und ihrem freundlichen – und oft eine gewisse Selbstironie verratenden – Lächeln bis heute fest.

VI.
Die große Öffnung in die weite Welt

Die Aufklärung war vorerst europazentriert. Man hatte im alten Europa mit so viel aufzuräumen, so viel neu zu betrachten und zu deuten und zu überdenken. Aber die Europäer wußten, daß sie sich nicht allein auf der Welt befanden. Man war schon zu sehr mit anderen Kontinenten vernetzt, so daß man sich auch neue Verhaltensweisen überlegen mußte.[1]

Wenn Voltaire seine Weltgeschichte mit *De la Chine* begann, setzte er einen entscheidenden neuen Akzent. Er relativierte damit die antik-christlichen Vorstellungen. Bis jetzt war einem das *Volk Israel,* das *alte Griechenland,* das *alte Rom* in Schul- und Kirchenunterricht als selbstverständliche historische Basis mitgegeben worden. An den *alten Orient* war man seit jeher gewohnt, von dort war ja einst das Licht gekommen. Allerdings waren diese Beziehungen belastet. Die Türkenkriege, die Belagerung von Wien lagen noch sehr nahe, und im Mittelmeerraum fochten zu Beginn des 18. Jahrhunderts die Venezianer ihre letzten Seekämpfe aus.

Doch seit Kolumbus' Entdeckung hatte man Kunde vom großen Kontinent über dem großen Meer. Spanier und Portugiesen hatten die Welt des 16. Jahrhunderts unter sich aufgeteilt. Von Mexiko bis Chile erstreckte sich ein zweites Spanien, und Brasilien gehörte den Portugiesen mitsamt Afrika und Indien. Aber bald störten die Niederländer, die Engländer und die Franzosen dieses Gleichgewicht. Jeder am Atlantik liegende Staat wollte seine Kolonien haben, selbst die Dänen, die 1755 mit ein paar Virginischen Inseln ihr Dänisch-Westindien aufbauten. So gut wie alle wichtigen Hafenplätze von Afrika und Indien gerieten unter europäischen Einfluß. Entdeckte Territorien wurden durch Wappenpfähle der jeweiligen Kolonialmacht gegen die anderen abgesteckt. Europäer konnten in die fremden Kontinente auswandern. Beide Amerika wurden zu europäisch besiedelten Gebieten, insbesondere der Norden, als klassisches Einwanderungsland der Armen oder derjenigen, die um des

Glaubens willen die Heimat verließen: Presbyterianer in Boston, Hugenotten in Charleston, Wiedertäufer bzw. Mennoniten in Ontario und anderswo.

Die Aufklärung fand dergestalt schon eine europäisch durchdrungene Welt vor. Der Kaufmann aus Amsterdam war in Batavia auf Java zu Hause, derjenige aus London in Madras, der französische in Pondichéry, der portugiesische in Goa. Spanische Vizekönige und Erzbischöfe residierten schon längst von Mexiko bis Lima. Portugiesen, Briten, Niederländer und Franzosen betätigten sich in ihren Faktoreien an der afrikanischen Küste.

Die Europäer waren als Eroberer, als künftige Herrscher, als Abenteurer und Kaufleute gegangen. Sie wollten wirtschaftliche Gewinne erzielen und politische Macht ausüben, so wie sie es in Europa gewohnt waren, wo man jedoch überall an alte Grenzen stieß. Allen Entbehrungen zum Trotz war jedoch die Kolonisation zu leicht vor sich gegangen. Für die so überlegenen Europäer war ja der Eingeborene kein ebenbürtiger Mensch. Er war Barbar. Barbaren waren von Natur aus zur Sklaverei bestimmt, wie man schon bei Aristoteles nachlesen konnte. Sie waren vorerst einmal zu unterwerfen und dann zu domestizieren. Diese Kolonialmethode traf als erste die Indios, deren unverständliche Hochkultur man sehr rasch beseitigen konnte. 1780/81 haben sie noch in Peru einen verzweifelten Aufstand versucht, geführt von Túpac Amaru, dem Abkömmling der Inkadynastie, der noch einmal den Mythos der präkolumbianischen Zeit heraufbeschwören wollte. Immerhin waren die Indios zu katholischen Christen gemacht worden, und sie erhielten ihre prachtvollen Kathedralen bis in die entlegensten Gebirgsgegenden hinein. Schon früh hatte sich das schlechte Gewissen der kolonisierenden Christen geregt. Bartolomé de las Casas, der spanische Bischof im mexikanischen Chiapas, setzte sich gleich nach der Eroberung ein Leben lang für die Indios ein und erreichte eine gewisse Schutzgesetzgebung. Im Laufe des 17. Jahrhunderts bauten dann die Jesuiten im spanisch/portugiesischen Grenzland zwischen Paraguay und Ober-Peru ihre Theokratie auf, wo die Indios in den 31 Reducciones Schutz und Schirm genossen, bis sie zwischen 1750 und 1776 unter beiden Kolonialmächten aufgeteilt wurden und wieder in ihr Helotendasein zurückfielen.

In Nordamerika stellte sich der englische Quäker William Penn in seinen Landverträgen mit den Indianern auf gleichen Boden. Er verpflichtete sich in der *Charter,* dem Freibrief von 1680, «den wilden Eingeborenen auf gütige und gerechte Weise der Zuneigung zur gesitteten Gesellschaft und christlichen Religion nahezubringen». Penn war von englischen Aufklärern wie Locke und Shaftesbury beraten worden. Es ging um das Problem der Toleranz wie zu Hause in England. Das *heilige Experiment* mißriet allerdings auf die Länge, und man kennt das Schicksal der nordamerikanischen Indianer nur allzu gut.

Der Kolonialismus traf ganz besonders die Afrikaner, die als Negersklaven in beiden Amerika eingeführt wurden, vor allem im 18. Jahrhundert. Man zählt etwa 10 Millionen, die während drei Jahrhunderten über den Ozean verfrachtet worden sind. Der Sklavenhandel war eine Selbstverständlichkeit, und andersstämmige Afrikaner lieferten ja nur zu gerne ihre feindlichen Nachbarn aus. Während die Schwarzen in Lateinamerika in der weniger rigiden Umwelt lateinisch-katholischer Herkunft – besonders in Brasilien – einigermaßen integriert werden konnten, so dauerte es lange, bis sie im britisch-protestantisch geprägten Nordamerika ihre eigene kulturelle Identität entwickeln konnten. Sie wurde erst möglich durch die im beginnenden 19. Jahrhundert einsetzende Christianisierung.

In der zweiten Hälfte des 18. Jahrhunderts erkannten viele Europäer und weiße Amerikaner mit Schrecken, was eigentlich vorgefallen war: Eine grauenvolle Vernichtung von Menschen anderer Farbe und anderer Kultur, nicht nur Versklavung und Demütigung, sondern auch Genozid durch Einschleppung von Krankheiten, gegenüber denen sich die Eingeborenen als nicht resistent erwiesen. Da wurden antikoloniale Stimmen laut. Voltaire erklärte, indem er Bezug auf den Bericht von Las Casas nahm, er möge an mehr als einer Stelle übertreiben, aber das übrige genügte noch immer, um einen mit Entsetzen zu erfüllen. Nun geriet die Ausbeutermentalität unter aufklärerischen Beschuß. Wenn man schon in Europa von gleichen Rechten, von freier Selbstbestimmung des Menschen schrieb und redete, so mußte das doch für alle gelten, eben auch für die *Wilden.* Und diesen Wilden begann man schon seit einiger Zeit als den guten, den edlen Wilden zu betrachten.

Baron de Lahontan, ein französischer Abenteurer, lernte in den achtziger Jahren des 17. Jahrhunderts die nordamerikanischen Indianer kennen. 1703 publizierte er den *Dialog zwischen dem Autor und einem Wilden gesunden Menschenverstandes.* Lahontan diskutiert mit Adario, dem Wilden: «Adario stellt da dem Evangelium triumphierend die Naturreligion entgegen. Den europäischen Gesetzen, die nur Furcht und Strafe inspirieren, stellt er die natürliche Moral entgegen. Der Gesellschaft stellt er einen einfachen Kommunismus gegenüber, der gleichzeitig Glück und Gerechtigkeit absichert ... Selbst die Unwissenheit Adarios ist ein Privileg. Weil er weder lesen noch schreiben kann, erspart er sich Leiden, denn die Wissenschaft und die Künste sind eine Quelle der Korruption. Er gehorchte seiner guten Mutter, der Natur, und darum ist er glücklich. Die Zivilisierten sind die wirklichen Barbaren: Möge das Beispiel der Wilden sie lehren, die Freiheit und die menschliche Würde wieder zu finden.»[2]

Das war längst vor Rousseau und Voltaire niedergeschrieben worden, die in der Jahrhundertmitte den Stimmungsumschwung markieren. Voltaire im *Essai sur les moeurs et l'esprit des nations* (1756) – dem Versuch über die Sitten und den Geist der Nationen, Rousseau im *Discours sur l'origine de l'inégalité parmi les hommes* – dem Diskurs über die Ungleichheit unter den Menschen (1754). Voltaires umfangreiches historisches Werk verließ erstmals die ausgetretenen Pfade einer christozentrisch orientierten Universalgeschichte, wobei die chinesische und die islamische Kultur, ihres hohen Zivilisationsstandes wegen, dem Autor besondere Achtung abnötigten. Während Voltaire dem aufgeklärten Fortschrittsdenken verbunden blieb ..., trug Rousseau zu einer überaus folgenreichen kulturellen Verunsicherung des Europäers bei, indem er das Augenmerk auf schriftlose, «unzivilisierte» Phasen der Menschheitsentwicklung lenkte. Rousseaus hypothetische Fiktion des Naturmenschen war dem Verdruß des Individualisten gegenüber der absolutistisch-höfischen Gesellschaft des Rokoko entsprungen; mit der Gegenfigur des ökonomisch unabhängigen, politisch freien und sittlich lauteren *homme naturel* (dem natürlichen Menschen) wurde allem der Kampf angesagt, was den Menschen der damaligen Zeit zu beengen, zu korrumpieren und sich selbst zu entfremden schien. Daß der Reisende, indem er den Raum durchmaß, sich zugleich auf eine Entdeckungsfahrt zurück zu seinen Ursprüngen und zu glücklicheren Phasen seiner Entwicklung begab, war ein neuer und wichtiger Gedanke, der in den Schriften von Rousseaus Anhängern große Popularität gewann.

Zwanzig Jahre danach gab der Präsident der Royal Society zuhanden der Weltreise des Captain Cook folgende Empfehlungen: «Es muß immer im Auge behalten werden, daß es ein Kapitalverbrechen ist, das Blut dieser Völker zu vergießen; denn es handelt sich um menschliche Wesen aus der Hand desselben allmächtigen Schöpfers und dessen Obhut ebensosehr anheimgestellt wie die geschliffensten Europäer, dabei vielleicht noch weniger kriegerisch und der göttlichen Gunst würdiger. Sie sind die natürlichen und in striktem Wortsinne legalen Besitzer der verschiedenen Gebiete, die sie bewohnen. Keine europäische Nation hat das Recht, einen Teil ihres Landes zu besetzen oder unter ihnen zu siedeln ohne ihre freiwillige Zustimmung. Die Unterwerfung eines solchen Volkes kann keinen glaubwürdigen Rechtstitel verleihen, weil es nicht als Angreifer aufgetreten ist.»

Das war die naturrechtliche Anerkennung der Rechte dieser exotischen Völker und die grundsätzliche Absage an den Geist des Kolonialismus. Menschen anderer Rasse und anderer Kulturen mußten in ihrer Mitmenschlichkeit respektiert werden. Dergestalt erhielt auch der alte Missionsgedanke eine aufklärerische Komponente. Schon längst hatten ja die christlichen Missionen sich der farbigen Menschheit angenommen, versucht, sie an den christlichen Heilserwartungen teilnehmen zu lassen. Wenn dies auch einseitig – eben als Bekehrung – vor sich ging, so nahmen doch die Jesuiten und Kapuziner und später die pietistischen Protestanten sie als Geschöpfe Gottes ernst. Für alle Missionare gilt, was von der pietistischen Mission gesagt werden kann: «Viele zogen unter den größten Entsagungen und Gefahren hinaus zu unerhörten Pionierleistungen weit weg vom durch Tradition und Konvention gesicherten, geregelten und eingehegten kirchlichen Leben der Heimat. Unzählige andere erlebten das Abenteuer der Mission in Asien und Afrika mit durch Berichte und Traktate und erfuhren dadurch eine Ausweitung nicht nur ihrer geographischen Horizonte, sondern auch ihres sonst so provinziellen, binneneuropäischen Kirchenbewußtseins ... steht doch hinter Mission der große Gedanke eines Land und Meer umfassenden universalen Gottesreichs.»[3] Es ist überdies nicht zu vergessen, daß die englischen Methodisten die ersten waren, die sich von den siebziger Jahren an für die Antisklavereibewegung eingesetzt haben.

Es ging im Verhältnis zu den fremden Kulturen aber nicht allein um christliche Menschlichkeit, sondern auch um Neugier und wissenschaftliches Interesse in diesem auf alles Neue erpichten aufklärerischen Zeitalter. Man wollte mehr wissen von der ganzen Welt. Reiseberichte wurden zu einer Lieblingslektüre, *Exotismus* zur Mode bis in die Gestaltung von Interieurs und Gartenanlagen.

Weiteste Wirkung erzielte der 1719 erschienene *Robinson Crusoe* des englischen Schriftstellers Defoe. Auch wenn der Brite den Neger *Freitag* zu europäisieren sucht, so behandelt er ihn doch als bildungsfähigen Menschen, nicht als zu verachtenden Barbaren.

Der Robinson wird von Defoe auf der Insel Juan-Fernandez im Stillen Ozean angesiedelt. Die Inselwelt der Südsee ist die faszinierendste unter den neuen Entdeckungen. Bis jetzt waren außer dem holländisch gewordenen Indonesien diese geheimnisvollen Inseln von geringer Attraktion für die Europäer gewesen. Sie sind als letzter Teil der Welt erst in der zweiten Hälfte des 18. Jahrhunderts ins Bewußtsein der Europäer gerückt.

In diesen Jahrzehnten reisten die Entdecker anders als vorher. Sie suchten Kontakte, wollten von den Eingeborenen lernen. Der französische Naturforscher de Gérando schreibt um 1800: «Das Hauptziel, dem sich Erwartung und Eifer des wahrhaft philosophischen Reisenden heute zuwenden sollte, müßte darin bestehen, alle Mittel, die es erlauben, in die Gedankenwelt der Völker, in deren Mitte er weilt, einzudringen, mit Sorgfalt zu versammeln, um sich deren Handlungen in ihren Folgen und in ihrem Bezug verständlich zu machen. Dieses Forschungsziel ist nicht nur in sich selbst das wichtigste; es dient auch als Vorstufe und Einführung in alle anderen Wissensgebiete. Wie kann man stolz darauf sein, gut beobachtet zu haben, wenn man die Leute nicht versteht und sich mit ihnen nicht unterhalten kann? Das beste Mittel, um die Wilden gut kennenzulernen, besteht darin, in einem gewissen Sinne wie sie zu werden – und indem man ihre Sprache erlernt, wird man zu ihrem Mitbürger.»

Harte Kritik wurde an der früheren Art der Begegnung geübt, wenn de Gérando beifügt: «Kolumbus hat nach der Neuen Welt bloß habgierige Eroberer entsandt ..., die grausamen spanischen Abenteurer brachten nur Zerstörung mit sich.»

Nun ist gar europäische Selbstkritik möglich: «Es ist wirklich im Ernste zu wünschen», sagt der deutsche Naturforscher Forster, der Cook auf seiner zweiten Reise begleitet hatte, «daß der Umgang der Europäer mit den Einwohnern der Südseeinseln in Zeiten abgebrochen werden möge, ehe die verderbten Sitten der zivilisierten Völker diese unschuldigen Leute anstecken können, die hier in ihrer Unwissenheit und Einheit so glücklich leben. Aber es ist eine traurige Wahrheit, daß Menschenliebe und die politischen Systeme von Europa nicht miteinander harmonisieren.»

Allerdings war man schon früh auf Kulturen gestoßen, die sich als resistent erwiesen hatten, auf alte Hochkulturen wie Ägypten, Persien, Indien, Japan und China, wo schon längst – als die Europäer selbst noch Wilde waren – geschrieben und gelesen wurde, Staatsverwaltung und Gesetzgebung komplizierter Art sich entwickelt hatten, man mit Raffinement gebaut hatte und feine Umgangskulturen Selbstverständlichkeit waren.

Schon im 17. Jahrhundert ist der nähere Orient Gegenstand europäischer Überlegungen: Der *weise Ägypter, le sage Egyptien* – schon in der Antike bei Herodot und Strabo vorgebildet – wird von Kapuzinermissionaren in Oberägypten wiederentdeckt. Der Theologe des klassischen Frankreich, Bossuet, nahm diese Gestalt in seiner Universalgeschichte wieder auf, korrigierte Irrtümer, die über die Mohammedaner in Umlauf waren. Es folgten weitere Berichte, auch über die Araber. 1730 schreibt Boulainvillers seine *Vie de Mahomet,* wo er am Leben Mohammeds zeigt, daß er die Weisheit der Araber gelebt hat wie Christus diejenige der Juden.

Alles aber stellt China in den Schatten, wo die Jesuitenmissionare auf ganze andere Bedingungen als in Amerika oder in Afrika gestoßen waren. Da hatte man es nicht mit Wilden zu tun, sondern mit sehr höflichen Leuten, die nicht nur über gediegene Tischmanieren verfügten, sondern ein intellektuelles

Interesse an den Europäern und ihren Usancen zeigten. So fremd diese uralte Kultur anmutete, man empfand eine gesellschaftliche Inferiorität. Die Chinesen selbst betrachteten die Europäer zwar als Barbaren, aber solche, die man mit Anstand zu behandeln habe. Die Jesuiten lernten bald, sich geschickt anzupassen, und wurden in Kenntnis dieser Welt zu den wichtigsten Informanten über China. «Während die Anhänger Rousseaus sich in verschiedenen Spielformen dem Kult des edlen Wilden hingaben, wandten Voltairianer, Freidenker und Fortschrittsenthusiasten ihre Sehnsüchte dem Reich der Mitte zu, das, gerade weil es so schwer erreichbar und gleichsam entrückt blieb, utopische Vorstellungen weckte. Was in den Jesuitenberichten noch kritische Beurteilung fand, wurde nun ins Positive umgedeutet. So führte Leibniz, in Europa einer der frühesten China-Verehrer, die gemutmaßte militärische Schwäche dieses Landes auf eine dort verbreitete pazifistische Grundströmung zurück, die er mit christlicher Denkart in Verbindung brachte, und Voltaire sah in der ausgeprägten hierarchischen Stufung und im Zentralismus des chinesischen Herrschaftssystems den Ausdruck einer weisen Sorge um das Gemeinwohl, wie die aufgeklärte Despotie sie verkörperte. Wenig später übernahm das Rokoko bereitwillig dekorative Elemente und neue Techniken fernöstlicher Kunst und gab der *Chinoiserie* einen Spielraum in der Gestaltung höfischer Interieurs, wie ihn seit dem Islam nie wieder eine überseeische Kultur hatte beanspruchen können. Anreize zu einer ernsthaften geistigen Annäherung an die fernöstlichen Kulturen jedoch sind aus dieser Modeströmung nicht hervorgegangen.»

Das Wissen um all diese merkwürdigen Länder so verschiedener Art schöpfte man vorerst aus den Missionsrapporten der Jesuiten und Kapuziner, später aus Reiseberichten, die im 18. Jahrhundert immer zahlreicher werden. Durch Anson (1748), Byron (1768), Bancks und Solander (1771), Wallis (1773), Hawkesworth (1773) und Forster (1777) konnte man sich über Reisen um die ganze Welt orientieren, Berichte, die besonders faszinierten durch ihre Beschreibung der bisher kaum bekannten Welt des Pazifischen Ozeans. Wollte man sich in Asien auskennen, so boten sich Choisy für Siam (1687), Chardin (1711) und Holwell (1766) für Indien an. Das Nordamerika des guten Wilden hatte Lahontan schon 1683 beschrieben. Später folgte Venegas über

Californien (1757). Von Südamerika berichteten Gumilla über den Orinoco (1738) und de la Condamine über den ganzen Kontinent (1743). In Hinsicht auf Afrika rapportierten Kolb über das Kap der guten Hoffnung (1705), Coyer über die Goldküste (1714), Barbot über Nord- und Südguinea (1732). Eine ganz reiche Literatur bestand über den nahen Orient: Drummond über den Euphrat (1754), Hanway über Persien (1753), Norden über Ägypten und Nubien (1755). Das aus der Bibel altvertraute Palästina brachten Maundrell (1703), Pococke (1745) und Hasselquist (1757) nahe. Shaw berichtet 1765 über den vorderen Orient. Neues Interesse weckte auch der äußerste Norden: Egede über Grönland (1741), Hoegstroem über Lappland (1747) und Horrebow über Island (1750). 1747 kam die *Histoire générale des Voyages* von Prévost heraus, eine Sammlung von Beschreibungen aus aller Welt.

Im 18. Jahrhundert wußte man allmählich so viel über die exotischen Länder, daß man an die systematische Deutung und Analyse gehen konnte. Erste Aufgabe war die kartographisch richtige Aufnahme der Meere und der Küsten, die sogenannte Hydrologie, die am Anfang der Geographie steht. Nach den Reisen von James Cook (1768–79) war man imstande, die Karte des Pazifik richtig wiederzugeben.

Eigentliche Forschungsreisende begaben sich immer mehr ins Hinterland, wo sich keine europäischen Niederlassungen befanden. Mungo Park gelangte im Auftrag der Londoner African Association bis zum Nigerbogen, Lewis und Clark erreichten vom Mississippi aus den Pazifik, Antonio Ruiz de Pavon erforschte das peruanisch-chilenische Andenhochland, Humboldt den Amazonas. Im 19. Jahrhundert sollten Innerafrika und Australien an die Reihe kommen, und man begann die vom Urwald überwucherten Tempelruinen im inneren Mexiko freizulegen und den präkolumbianischen Kulturen auf die Spur zu kommen.

Geographie bedeutete keineswegs nur Kartographie, sondern ging mit intensiven botanischen und zoologischen Forschungen einher. Ein Sammel- und Ordnungseifer setzte überall ein. Die Schüler des schwedischen Botanikers Linné begannen ihre Tätigkeit: Peter Kalm in Nordamerika, Adam Atzelius und Andreas Sparrmann in Afrika, Karl Peter Thunberg in Japan, Karl

Solander in der Südsee. Ihre Forschungen brachten für Europa eine ungemeine Erweiterung der Kenntnisse der Arten von Pflanzen und Tieren.

Das umfassende Werk lieferte von 1746 an Buffon mit seiner vielbändigen *Histoire naturelle.* Da findet man in der Einleitung zum Kapitel über die wilden Tiere einen Passus, der zeigt, wie sehr die Zoologie universell geworden war: «Bei den Haustieren und beim Menschen haben wir die Natur nur beschränkt, selten vollkommen, oft verändert, mißgestaltet, und immer von fremden Einflüssen und Beifügungen umgeben, erkennen können. Von nun an wird sie nackt, in ihrer Einfachheit allein, aber beeindruckender durch ihre naive Schönheit, ihren leichten Gang, ihre freie und reine Art und durch die andern Attribute der Vornehmheit und Unabhängigkeit erscheinen.»[4]

Da figurieren die europäischen Tiere wie Hirsch, Eichhörnchen, Igel, Wolf und Bär neben den exotischen wie Rhinozeros, Giraffe, Löwe und Panther. Das exotische Tier konnte ebenso edel, wenn nicht edler sein als das europäische. Buffon war Mitglied der Académie des Sciences und Direktor des Jardin des Plantes in Paris. Ein lebendiges Herbarium boten später die Kew Gardens in London.

Nicht allein Pflanzen und Tiere interessierten, sondern der Mensch an sich. Die Wissenschaft der Völkerkunde, der Ethnologie entstand, nicht mehr als bloße Mitteilung von Kuriositäten, sondern als wissenschaftlicher Forschungsbereich.

Wenn man fortan Weltgeschichte schreiben wollte, mußte man eigentlich auch nicht mehr mit dem hochkultivierten China (statt Israel) anfangen, sondern mit den *ersten* Menschen, deren Sitten und Bräuche man ja noch in Afrika, Amerika und der Südsee antreffen konnte. Menschheitsgeschichte hatte alle Kulturen, höhere und niedere, zu berücksichtigen. 1759 publizierte Antoine-Yves Goguet *De l'origine des lois, des arts et de leur progrès chez les anciens peuples* (Vom Ursprung der Gesetze, der Künste und von ihrem Fortschritt bei den alten Völkern). 1760 erschien von Nicolas-Antoine Boulanger *Recherches sur l'origine du despotisme oriental* (Untersuchungen über den Ursprung des orientalischen Despotismus). Im gleichen Jahr verfaßte der Däne Jens Kraft seine *Kurze Geschichte der vornehmsten Einrichtungen, Sitten und Meinungen der wilden Völker.* 1761 erscheint

Charles de Brosses *Du culte des Dieux fétiches* (Vom Kult der Fetische). 1764 publizierte Isaak Iselin seine *Philosophischen Mutmaßungen über die Geschichte der Menschheit,* deren Hauptteile ethnographisch konzipiert sind. 1766 folgten Adam Ferguson mit seinem *Essay on the History of civil society* (Versuch über die Geschichte der zivilisierten Gesellschaft) und Johann Gottlieb Steeb mit dem *Versuch einer allgemeinen Beschreibung von dem Zustand der ungesitteten und gesitteten Völker nach ihrer moralischen und physikalischen Beschaffenheit.* In diesem Titel liegt das ganze Programm offen. Der Bann war gebrochen.

Die Welt war universal geworden und universal zu erfassen. So kann der große Mediziner, Naturforscher und Philosoph Albrecht von Haller 1755 sagen: «Nichts ist fähiger, Vorurteile zu zerstreuen, als die Kenntnis vieler Völker, bei denen die Sitten, die Gesetze, die Meinungen verschieden sind, eine Verschiedenheit, die durch eine leichte Bemühung uns lehrt, dasjenige wegzuwerfen, worin die Menschen uneinig sind, und das für die Stimme der Natur zu halten, worin alle Völker mit einander übereinstimmen: So wild, so grob die Einwohner der in der friedlichen See zerstreuten Inseln sind, so weit der Grönländer von Brasilien oder vom Vorgebirge der guten Hoffnung abliegt, so allgemein sind doch die ersten Grundsätze des Rechts der Natur bei allen Völkern. Niemand beleidigen, einem jeden das seine lassen, in seinem Beruf vollkommen sein, sind der Weg zur Ehre bei den alten Römern, bei den Anwohnern der Straße Davis, und den Hottentotten.»[5]

VII.
Emanzipation – die Befreiung aus alten Zwängen

1. Politisch-soziale Emanzipation

Wenn Aufklärung aktiv wird, bedeutet sie Emanzipation, d. h. Freisetzung für neue Möglichkeiten unter Beseitigung alter Ordnungen. Der Begriff *emancipatio* steht im Römischen Recht für *Entlassung aus väterlicher Gewalt,* d. h. Befreiung aus patriarchalischen Bindungen, etwa im Sinn einer Äußerung zu Ende des 18. Jahrhunderts: «Die Emanzipation von blindem Gehorsam, die alle Zwangsmittel und alle Befehle überflüssig macht, setzt zugleich voraus, daß wir die Richtschnur unseres Verhaltens in unserm Innern besitzen.»[1] Die Emanzipation, die Loslösung aus der traditionellen Welt, betraf Einzelpersonen und Gruppen: Das Bürgertum, die Untertanen, die Unterschicht, die Leibeigenen, die Sklaven, ganz besonders die Juden und in einem besonderen Sinn die Frauen.

Das Bürgertum emanzipierte sich vor allem in den Monarchien, wo es seinen Platz neben dem privilegierten Adel beanspruchte. Mit der Kaufmannschaft war es vermögender geworden als viele Adlige und nicht nur mit seinen Akademikern gebildeter. Es strebte nach wirtschaftlicher und geistiger Freiheit und nach Mitbestimmung im Staat. Da waren viele Hindernisse zu überwinden, und oft waren sie zu hoch. In republikanischen Verhältnissen war Emanzipation des Bürgertums von vornherein angelegt. Hier war nur die Reduktion der privilegierten Stellung des Patriziats zu erstreben.

Bis jetzt hatte der reichgewordene Bürger hoffen können, eines Tages geadelt zu werden. Voltaire bespottet diese Haltung, wenn er von den Träumen eines ehrgeizigen Elternpaars sagt: «Als der Vater ihn (seinen Sohn) so beredet sah, bedauerte er es lebhaft, daß er ihn nicht hatte Latein lernen lassen, denn dann hätte er ihm ein hohes Amt in der Robe (d. h. im Verwaltungsadel) gekauft. Die Mutter, die vornehmere Gefühle hegte, bereitete sich darauf vor, ihm ein Regiment zu erwerben (d. h. eine hohe Offizierscharge zuzuschanzen).»[2]

Allmählich aber wollte das Bürgertum nicht mehr in den Adel aufsteigen oder ins Patriziat aufgenommen werden, sondern es wollte bürgerlich bleiben und war stolz darauf, Bürger zu sein.

Ganz allgemein betrifft die Emanzipation die Untertanen, seien es diejenigen der vielen Monarchien oder auch von Republiken. Hier ging es um das Problem der Rechtsgleichheit. Nicht daß man den Monarchen stürzen wollte, das hatten nur die Engländer zur Zeit Cromwells versucht oder die Niederländer im Kampf gegen die General- bzw. Provinzstatthalter aus dem Hause Oranien mit ihren monarchischen Allüren. In der «freien» Schweiz zählt man immerhin zwischen 1653 und 1789 etwa ein Dutzend von regionalen Untertanenrevolten, die mit einer Ausnahme alle unterdrückt werden konnten.

Das Ziel der Regierenden war es in der Regel zu beweisen, daß ihre Untertanen eigentlich glücklich seien dank wohlwollender Fürsorge durch ihre Herren. Die Mehrheit der Bevölkerung war meist zufrieden mit dem gegebenen Zustand, mit der Herrschaft des gütigen Landesvaters oder «Unserer Gnädigen Herren». Gegen eigentliche tyrannische Willkürherrschaft – wie man sie in gewissen deutschen Fürstentümern antreffen konnte – war es fast unmöglich, den Widerstand auf breiterer Basis zu organisieren. Die fürstliche Polizei bzw. die Soldarmeen waren immer da, um allfällige Versuche im Keim zu unterdrücken. Wenn ein Jakob von Moser oder ein Daniel Schubart zu kritisch wurden, sperrte man sie in den Festungen des Hohentwiel oder des Hohenasperg ein. In Frankreich diente dazu die Bastille in Paris.

Noch im 19. Jahrhundert konnte man in Preußen vom *beschränkten Untertanenverstand* sprechen. Diese Untertanen waren jedoch in der Regel nicht arme Schlucker, sondern Besitzbauern, Kaufleute, Akademiker ...

Auch die «armen Schlucker» betreffend läßt sich eine emanzipatorische Bewegung feststellen. Doch da kam die Emanzipation von oben, denn was wollten Analphabeten, halbe Bettler und Bedürftige schon von selbst unternehmen, wenn nicht der Hunger sie zur Verzweiflung trieb. Das Problem der Armen bzw. der Unterschicht wurde aber durch die Aufklärer erkannt. In jedem Land – nicht nur in Industrieländern – war man der Überzeugung, daß etwas zu geschehen habe.

Wir nehmen hier das Beispiel Spaniens, wo die gemeinnützigen Gesellschaften sich vor allem um das Armenproblem kümmerten. Zuerst geschah dies theoretisch durch die Analyse des Problems in Untersuchungen, nachdem der Rat von Castilien an die *Sociedades de los Amigos del País* gelangt war. 1777 stellte die Gesellschaft von Valencia fest, daß die «obere Sozialklasse anderen Bevölkerungsklassen helfen könnte durch das Mittel der Gesellschaft, gute christliche und bürgerliche Sitten zu schaffen, welche Untätigkeit und Bettelei beenden könnten».[3] In Valencia seien Schwärme von Bettlern festzustellen, die aus durchaus gesunden Leuten aller Altersklassen bestünden, vor allem auch Kinder beiderlei Geschlechts, «viele von ihnen mit dem Titel Student, die kaum lesen können». Sie seien eben in ungenügenden, schlechten Verhältnissen aufgewachsen, und sie würden ihr Leben lang arbeitslos sein und zu Kriminellen werden. Dies sei die Folge der Wirtschaftskrise von 1771, wo in Valencia viele Seidenfabriken geschlossen wurden und etwa 1600 Familien in Armut gestürzt worden seien.

Im übrigen stellte man fest, daß das Zuviel an Festtagen – ein Problem der ganzen katholischen Welt, das die protestantische seit der Reformation nicht mehr kannte – zur allgemeinen Untätigkeit ansporne.

Man griff das bisherige unkontrollierte, blinde und willkürliche System des Almosengebens an. Die Spanier hätten die falsche Vorstellung, daß Almosengeben eine Tugend sei, ein frommes Verdienst. Minister Campomanes schätzte die Bettler in Spanien auf 140000.

Dann folgten die Lösungsvorschläge: Man unterscheidet – wie einst die Reformation – zwischen verschuldeter und schuldloser Armut. Man sieht, daß die Bevölkerungsvermehrung ohne Arbeitsbeschaffung zur Verelendung führt. Darum postuliert man einmal die Schaffung von Armenhäusern, von *Montepios* oder *Casas de Misericordia.* Aber die bisherigen Armenhäuser geben keine Erziehung und haben nicht die nötigen technischen Einrichtungen, um Arbeit zu verschaffen. Die Leute sind in den Häusern eingesperrt und können nicht heiraten. Also muß Arbeitsbeschaffung her, und für die Faulenzer braucht man eigentlich Zuchthäuser mit Arbeitszwang. Volksküchen sollen für die Ernährung bedürftiger Familien sorgen. 1779 errichtet man im königlichen Armenhaus von Madrid eine Textilspinnerei mit staatlicher Subvention, die der Leitung der Madrider *Sociedad* unterstellt wird. Nach drei Monaten Arbeit in Madrid sollten die Insassen in die Provinz versetzt werden, wo wiederum Arbeitshäuser errichtet werden sollten.

Aber die Schwierigkeiten zeigten sich bald. Man verfügte nicht über genügend Geldmittel. Die Armen zeigten zu wenig Fähigkeiten für die verlangte Arbeit. In Madrid mußten zu hohe Löhne ausbezahlt werden, und da die Rohmaterialpreise Schwankungen unterworfen waren, war der Verkauf unsicher. (Im übrigen hatte Pestalozzi zwischen 1774 und 1780 die gleichen negativen Erfahrungen mit seiner gescheiterten Armenschule im Neuhof bei Brugg machen müssen.)

Darum postulierte man mehr, und dies hätte teils Systemveränderung bedeutet: Änderung der Zunftordnung, d. h. eine erweiterte Lehrlingsausbildung, Aufhebung der Zunftmonopole, Schaffung von Fonds für Krisenzeiten, Ersparniskassen für die Armen. Vor allem verlangte man stärkere Industrialisierung, wobei den Unternehmern Steuererleichterungen zu geben wären. Die *Sociedades* sollten vermehrt werden und derlei Unternehmungen unter ihre Führung nehmen. Das Endziel war die *ocupación honesta y útil,* ehrliche und nützliche Beschäftigung.

In allen Ländern zeigten sich nun die Probleme, die im 19. Jahrhundert und bis weit ins 20. Jahrhundert zu meistern waren und die heute Probleme der Entwicklungsländer sind.

Ein Sonderfall war die immer noch existierende Leibeigenschaft, d. h. der Besitz der Person durch den Herrn, die wie ein Gegenstand behandelt werden konnte: Kutscher, Pferd und Wagen stellten eine politisch-ökonomische Einheit dar. Allerdings war in Westeuropa die Leibeigenschaft nur noch ein Relikt mittelalterlicher Zustände und in der Regel in eine Personalsteuer umgewandelt worden. Aber als Rechtszustand widersprach sie allen aufklärerischen Prinzipien. Hart und selbstverständlich war die Leibeigenschaft in Rußland und im östlichen Europa, beginnend mit Ostpreußen. In diesen Ländern hatte man die Bauern im Laufe der Zeit «gelegt». Teils mußte man bis ins mittlere 19. Jahrhundert warten, bis die Leibeigenschaft wenigstens formell aufgehoben wurde.

Die tiefste Erniedrigung des Menschen war die Sklaverei. Sie betraf vor allem die Schwarzen in Amerika. Wir haben gesehen, daß sie zu Ende des 18. Jahrhunderts Gegenstand öffentlicher Diskussion wurde. Auch in diesem Bereich erfolgte die Befreiung erst im Laufe des 19. Jahrhunderts.

2. Emanzipation der Juden

Einen ganz besonderen Fall der Emanzipation stellt das Judentum dar. Hier ging es um eine doppelte Emanzipation – die äußere im Zusammenleben mit der andersgearteten herrschenden Welt christlich-mittelalterlicher Tradition und die innere aus der Orthodoxie der jüdischen Gemeinden. Zeiten der Verfolgung wechselten mit solchen friedlicher Koexistenz. Zu Beginn des 18. Jahrhunderts präsentierte sich das Judentum immer noch in der Situation des Mittelalters, ungleich verteilt im Mittelmeerraum und in ganz Europa, sei es in Ghettos eingesperrt, dort auch einigermaßen geschützt, oder vereinzelt als Händler umherziehend. In der Regel verachtet, gefürchtet und verhaßt. Schließlich hatten die Juden seinerzeit Christus umgebracht, und außerdem waren sie so handelstüchtig und so viel klüger und so anders als ihre Umgebung. Und doch waren sie unentbehrlich für den kleinen und großen Handel, für das Geldwesen, die Staatsfinanzen und die Heereslieferungen. Das jüdische Gemeinwesen war besonders gut erhalten im östlichen Europa, wo es Sitte und Brauch archaisch bewahren konnte – dies aber in Isolation und Absonderung. Sogar in der Kaiserstadt Wien durften sie nicht einmal in einem Ghetto ihr Eigenleben führen. Sie unterlagen einem Sonderzoll beim Passieren der Stadttore, hatten hohe Toleranzgelder zu zahlen. Sie waren verpflichtet, besondere Kleidung zu tragen, mit dem gelben Fleck versehen, und durften nur in ihnen zugeschriebenen Häusern wohnen. An den christlichen Feiertagen mußten sie zu Hause bleiben und durften keinen Blick aus ihren Fenstern auf die vorbeiziehenden Prozessionen werfen. Das Betreten öffentlicher Lokale, der Besuch von Theater und Konzerten war ihnen untersagt. Mit Varianten waren sie fast überall solchen Restriktionen unterstellt. Da ihnen meist der Besitz an Boden nicht erlaubt war, waren sie eben auf andere Tätigkeiten angewiesen.

Freier bewegten sich die Juden in Westeuropa – wenn auch immer einer Sondergesetzgebung unterstellt. Die seit dem 15. Jahrhundert aus Spanien Vertriebenen hatten sich in den Niederlanden, in England und verschiedenen Handelsstädten niederlassen können. Typisch dazu eine Feststellung des durchaus modern-aufgeklärten Italieners Pilati: «Nur die portugiesischen Juden sind gleichzeitig arbeitsam und ehrlich und darum sind sie geneigt, der Öffentlichkeit ohne Schaden viele Vorteile zu verschaffen. Aber sie sind so klug, daß sie sich nur in Holland und in England niederlassen.»[4] In diesen beiden Ländern – ganz besonders im klassisch freien Holland – konnte sich ein jüdisches Großbürgertum entwickeln.

Doch die offene und weltweite Atmosphäre in den Handelsstädten des Westens blieb nicht ohne Wirkung auf die so geschlossenen Judengemeinden. Nun gingen die allgemeinen Entwicklungen nicht mehr an ihnen vorbei. Verschiedene Tendenzen mystischer Art – vergleichbar dem Pietismus – stellten die Gemeinden vor innere Zerreißproben. Einzelne Persönlichkeiten begannen aus der Gemeinde auszubrechen. Der Rationalismus der aufgeklärten Intellektuellen konnte sie nicht in Ruhe lassen. Ihre an die Wortinterpretation gewohnte theologische Tradition war – wie der Protestantismus – sehr gut geeignet, sich mit der Vernünftigkeit des Zeitalters zu vereinen. Das Ausbrechen aus der jüdischen Gemeinde signalisierte schon im 17. Jahrhundert der *Tractatus theologico-politicus* des Baruch Spinoza – Abkömmling einer aus Portugal nach den Niederlanden ausgewanderten Familie. Spinoza knüpfte an Descartes an, entwickelte aber ein radikaleres psychologisch-rationales System der Welterklärung, das ihn in den Ruf des Atheisten brachte, von welchem ihn erst die spätere Aufklärung befreite. Spinoza war nicht nur für die beginnende Aufklärung ein Außenseiter – er war es natürlich auch für die Juden, aus deren Gemeinde er ausgeschlossen wurde. Isoliert standen seine Postulate von Freiheit, Gleichheit, Toleranz und Sittenlehre.

Erst die zweite Hälfte des 18. Jahrhunderts brachte die geistige Emanzipation. Das jüdische Großbürgertum war bildungsmäßig allmählich reif, die aufklärerische Bewegung anzunehmen, wenn die nötigen Vorbereitungen dazu vorhanden waren. Diese leistete der aus einer jüdischen Lehrerfamilie stammende Moses Mendelssohn, der im offen gewordenen Berlin in die Welt der aufklärerischen Schriftsteller und Akademiker aufgenommen wurde als hervorragender philosophischer Autor. Für ihn gehören auch die Juden zu der nun dem natürlichen Recht unterstellten Welt: «Die wahre göttliche Religion bedarf weder Arme noch Finger zu ihrem Gebrauch, sie ist lauter Geist und Herz.»[5] Mendelssohn bricht nicht mit den jüdischen Traditionen, aber er will sie vereinfachen und reinigen. Er bleibt ein frommer, praktizierender Jude. Aber die Orthodoxeren wollten das nicht verstehen, und Mendelssohn bedeutete für sie das gleiche wie die liberal denkenden Theologen für die beiden christlichen Kirchen.

Natürlich war dieser Jude in Berlin für die Aufgeklärten hochwillkommen. Nun hatte man sogar einen Juden als Helfer und Gesinnungsgenossen, intellektuell gleichwertig, wenn nicht überlegen und voll Geist und Witz. Außerdem einen Menschen, der in der Einfachheit und Schlichtheit seiner Lebensführung vorbildlich war, kein eitler großbürgerlicher Aufsteiger, sondern ein zeit seines Lebens bescheidener kleiner Kaufmann, berufstätig wie so viele Publizisten der Zeit. Verklärt wurde Mendelssohn, als der Schauspieler Iffland *Nathan dem Weisen* in Lessings Schauspiel die Züge dieses Juden gab.

Das Berlin Mendelssohns ist zum Muster der geistigen jüdischen Emanzipation geworden und strahlte nicht nur in Deutschland und gegen den Osten aus. Jüdische Gemeinden begannen ihre Schulen zu modernisieren, Rabbiner vertraten moderne Ideen. Oft aber ging der aufgeklärte Jude zum Christentum über, denn nur das ermöglichte die volle Integration. Dennoch blieben viele der Synagoge treu, wo die Schriftauslegung nun eben zeitgemäßer wurde und (wie bei den Calvinisten) das Orgelspiel eingeführt wurde. Kluge Jüdinnen – wie Rahel Varnhagen und Henriette Herz – eröffneten ihren Salon, emanzipiert als Frauen und Liebhaber des philosophischen Gesprächs. Die aufgeklärten Juden verstanden es virtuos, auf zwei Instrumenten zu spielen: Offenheit der bürgerlichen Welt gegenüber, Rezeption aufklärerischer Mentalität und gleichzeitig Heimat in der alten Gemeinde, immer noch solidarisch mit der weitverzweigten jüdischen Welt. So konnte etwa ein deutscher Jude jederzeit sowohl in den südfranzösischen wie in den polnischen Gemeinden warme Aufnahme finden.

1781 publizierte Christian Wilhelm Dohm – von Mendelssohn angeregt – die Schrift *Über die bürgerliche Emanzipation der Juden.* Die Frage trat in die Öffentlichkeit, wurde zum politischen Postulat.

Aber schon 67 Jahre vor Dohm hatte in England John Toland seine Abhandlung *Reasons for Naturalising the Jews in Great Britain and Ireland* publiziert. Man sollte den Juden einen bürgerlichen Status geben, nicht zwar die volle Gleichberechtigung. Ohne große Umstände kam es in England zu einer allmählichen Befreiung, der dann im 19. Jahrhundert die juristischen Sanktionen folgten. Schon 1740 konnten die Juden in den britischen Kolonien von Nordamerika das Bürgerrecht erhalten. Bis 1820 war die Gleichberechtigung in allen Gliedstaaten vollzogen. In den festländischen Monarchien – wo sich Friedrich II. sehr zurückhaltend zeigte – brachte die Reformgesetzgebung Josephs II. für Österreich und seine Dependenzen den Beginn der rechtlichen Emanzipation. Das war ein Bruch mit der judenfeindlichen Haltung seiner Mutter, der Kaiserin Maria Theresia, und traf eine hüben und drüben dazu schlecht vorbereitete Öffentlichkeit. Kurz darauf zog die Französische Revolution die politischen Konsequenzen. 1787 publizierte Abbé Grégoire seinen *Essai sur la régéneration physique, morale et politique des juifs* und Mirabeau die Schrift *Sur Moses Mendelssohn (et) sur la réforme politique des juifs.* Mendelssohn konnte auch für Frankreich Vorbild sein! Wo in den nächsten Jahren Frankreich die Dinge bestimmte, da wurden die Juden voll befreit. Auch hier brachte die Restauration weitherum den Rückfall. Die Leidensgeschichte sollte noch nicht zu Ende sein. Emanzipation blieb weiterhin Postulat. Heine schrieb 1823: «Was ist (...) die große Aufgabe unserer Zeit? Es ist die Emanzipation. Nicht bloß die der Irländer, Griechen, Frankfurter Juden, westindischen Schwarzen und dergleichen gedrückten Volkes, sondern es ist die Emanzipation der ganzen Welt, absonderlich Europas, das mündig geworden ist.»[6]

3. Der Diskurs über die Rolle der Geschlechter: Auf dem Wege zur Emanzipation der Frau

Wenn Heine von der Emanzipation spricht, so denkt er an die Befreiung unterdrückter Nationen, an diejenige der Juden und der Sklaven. Hat er etwa die Frauen vergessen? Frauenemanzipation ist grundsätzlich anderer Art als die Emanzipation bestimmter sozialer, ethnischer oder politischer Gruppen. Sie ist ein Problem, das alle betraf, es geht um eine uralte anthropologische Frage, gleich welcher Nation, Religion oder Hautfarbe. Es geht vorderhand auch nicht um die politisch-rechtliche Problematik.

Das Jahrhundert, in welchem viele Frauen – weil es der Zufall der Erbfolge wollte – als Kaiserinnen, Königinnen, Fürstinnen das Zepter über große und kleine Reiche führten, wird zum Jahrhundert eines ersten Diskurses über die Rolle der Frau. Seitdem Poulin de la Barre schon 1673 seine Untersuchung *De l'égalité des deux sexes* publiziert hatte, gab es eine Theorie über die Gleichheit der Geschlechter. Dieser Cartesianer postulierte erstmals aufgrund der Trennung von Geist und Körper, daß der körperliche Unterschied zwischen Mann und Frau keine Auswirkung auf den Verstand haben könne: *L'esprit n'a pas de sexe* – der Verstand hat kein Geschlecht. Bis dato war die gültige These eben, daß das Gesetz des Mannes zu gelten habe, gemäß dem biblischen «Dein Wille soll dem Manne unterworfen sein und er soll dein Herr sein» (1. Mose 3, 16). Zwar gab es seit jeher eine weibliche Domäne, das Innere des Hauses. Dort waltete die Frau als Bäuerin und war unumschränkte Herrin. Sie besorgte den Kleinhandel mit häuslichem Spinnen und Weben, mit den Früchten ihres Gartens, unabhängig vom Manne. Auch in kaufmännischem Milieu konnte die Frau eine bedeutsame Rolle spielen, wie dies ein Beispiel aus der Stadt Zürich des 17. Jahrhunderts bezeugt: «Die Haushaltungsgeschäfte wurden ganz der treuen Sorge der Frauen überlassen; Reinlichkeit, die aber nicht bis zur Beschwerde für Hausgenossen und Freunde getrieben ward, Sparsamkeit mit Ehrenfesten verbunden, Anstalten, daß jedes Ding zu seiner Zeit, und in Ordnung geschehe, daß viel durch die Haushaltung selbst gearbeitet und Lohn an Mietlinge erspart werde, daß alles Nötige im Überfluß, und Bequemlichkeiten nach Maß und Ziel vorhanden seien, Kenntnisse und Geschicklichkeit in jeder häuslichen Arbeit von der Küche bis auf die künstlichsten Werke mit der Nadel, und eine etwelche Übung in der Tonkunst, zu ihrem eigenen und des Mannes Vergnügen, war ihre Lust: daß ihr Mann geehrt, und die Kinder als wohl gezogen, beliebt seien, ihm in den Berufsgeschäften behilflich zu sein, in seiner Abwesenheit seine Stelle zu vertreten, und es in manchen Dingen so gut zu machen als er, war ihr höchster Ehrgeiz. Die Erziehungssorgen teilte sie mit dem Mann, aber sie befolgte darüber dieselben Pläne und Anstalten.»[7] Die Domänen waren mehr oder weniger getrennt, die Oberherrschaft des Mannes aber unbestritten. Von der bürgerlich-männlichen Aktivität in der Stadt war die Frau ausgeschlossen. Erstaunt stellt denn auch zur gleichen Zeit ein englischer Besucher der Schweiz fest: «Die Frauen gehen in den Hausgeschäften auf. Die Gattinnen sogar der ersten Magistraten in Bern kümmern sich um alle Dinge des Hauses und der Küche nicht minder als die einfachste Bäuerin. – Männer und Frauen pflegen unter sich nicht Geselligkeit. Die Frauen finden so viel Befriedigung im Haushalt und lassen sich so wenig auf Liebeshändel ein, daß unter ihnen, wie mir ein bedeutender Arzt versicherte, die anderswo üblichen Vapeurs, die er dem Müßiggang und den Liebeleien zuschrieb, unbekannt sind.» In Zürich «verkehren die Frauen nicht mit Männern, ausgenommen mit solchen aus ihrer nahen Verwandtschaft. Selbst auf der Straße erwidern sie nicht die Höflichkeit der Fremden, die allein den Hut vor den Frauen ziehen.»[8] Was da in der Schweiz beobachtet wird, gilt wohl auch in andern städtisch-bürgerlichen Verhältnissen Europas.

An Höfen, im Adel (und im Großbürgertum) war das anders. Als Poulin de la Barre über die Gleichheit der beiden Geschlechter schrieb, war eben der Typus des *gelehrten Frauenzimmers* im Entstehen. Madame de Sévigné versammelte in Paris kluge Männer und Frauen um sich zum philosophischen Diskurs. Der Salon war an seinem Beginn! Frauen fingen an, mit andern Frauen und Männern in Korrespondenz zu treten, ja Bücher zu publizieren. Nur ein Beispiel unter andern ist Luise Kulmus, die Gattin des Literaturkritikers Gottsched in Leipzig. Zu Ende des Jahrhunderts ist in höheren Gesellschaftskreisen die gebildete und diskutierende Frau eine Selbstverständlichkeit.

Natürlich war diese neue Rolle der Frau nicht gefeit vor Spott und Ironie. Molières *Les précieuses ridicules* wurde immer wieder auf Bühnen gespielt. Aber andererseits priesen so und so viele Männer die Intelligenz und die spezifische Klugheit von so und so vielen Frauen – nicht nur als Romanfiguren. Im übrigen entwickelte der Pietismus seine eigene Wertschätzung der Frau – gestützt auf neutestamentliche Auslegung. Die Frau konnte durch alle sozialen Klassen hindurch in den Konventikeln führend sein – der Pfarrherr war nicht mehr entscheidend.

Um die Mitte des Jahrhunderts war es möglich, daß Frau Nordenflycht eine repräsentative literarische Gesellschaft Schwedens präsentierte. Ein österreichischer Diplomat kann selbst aus dem sogenannten rückständigen Spanien 1785 berichten: «Am 6. des letztverflossenen Monats hat die siebzehnjährige Tochter des Marqués de Montealegre ... nach vorhergehenden ... Prüfungen von Alcalá auf Magistri und Philosophiae Doctoris bei der Universität von Alcalá auf die feierlichste Art erhalten. In den verschiedenen Prüfungen hatte die Kandidatin ihre Kenntnisse nicht allein in der Metaphysik, Physik und Moral, sondern auch in der Geometri, Geographie und Mythologie, imgleichen in der griechischen, lateinischen, französischen, italienischen und Muttersprache dargetan.»[9]

Eine Akademiepräsidentin und eine Doktorin der Philosophie, das waren zwar Ausnahmen. Doch sind sie Zeichen dafür, daß Frauen begannen, Anspruch auf gleichwertige Bildung zu erheben. Dies war allerdings nur außerhalb des offiziellen Schulbetriebs zu erreichen, sei es durch Selbststudium oder Privatunterricht. Tatsächlich hatte sich der Privatlehrer im Schloß fortan auch um die Töchter zu kümmern, die ja oft lebendigeren Geistes als die Söhne des Adels waren. Der Weg war von der zweiten Jahrhunderthälfte an freigelegt für die Gründung von eigentlichen Mädchenschulen, die es unternahmen, den an sich üblichen Elementarunterricht durch höhere Mädchenbildung zu ergänzen. Diese Schulen gaben sich allerdings bewußt weiblich mit Handarbeiten, Singen – aber sie führten weiter mit dem intellektuell anspruchsvolleren Unterricht in muttersprachlichem Schreiben und Lesen und mit dem Erlernen einer Fremdsprache, zumeist Französisch.

Gegen Ende des Jahrhunderts war es soweit, daß der Pariser

Akademiker Condorcet *Sur l'admission des femmes au droit de cité* (1788) und der Königsberger Stadtpräsident Theodor Gottlieb Hippel *Über die bürgerliche Verbesserung der Weiber* (1792) schreiben konnten. Da wurde festgestellt, daß die Frauen wie Negersklaven nicht zum Verband der Vollbürger gerechnet würden. Durch Bildung hätten sie aber eine Gleichheit im Lebensstil erreicht. Sie könnten mitdiskutieren. Beide postulieren die volle Gleichheit im privaten wie im politischen Bereich. Dies war noch Utopie, denn selbst die Konstitutionen der Französischen Revolution wollten nicht so weit gehen.

Als sie schrieben, war die Frage der Emanzipation der Frau schon abgebremst worden. Der Rationalismus der ersten Jahrhunderthälfte hatte seine Grenzen erreicht. Inzwischen war die *natürliche Beschaffenheit* der Frau entdeckt worden. Jeder Mensch – das wußte man nun – war zwar ein *vernünftiges Tier,* biologisch jedoch einfach unterschiedlicher Natur, je nach Geschlecht. Die Entdeckung des Gefühlslebens, der Sensualismus löst den reinen Rationalismus ab. «Den Frauen wird jetzt zwar eine rasche Auffassungsgabe und lebhafte Phantasie zuerkannt, gleichzeitig aber eine physiologisch bedingte, mit der nervlichen Konstitution des weiblichen Geschlechts begründete Unfähigkeit zu vertiefter Reflexion und Vernunft diagnostiziert. Rationale Reflexe und geistige Anstrengungen sind demnach dem kräftigeren männlichen Organismus vorbehalten. Dieser erkenntnistheoretischen Argumentation entspricht eine soziale: die physiologische Beschaffenheit weist der Frau ihren gesellschaftlichen Platz als Mutter und Gattin zu. Die Folge davon ist eine Sexualisierung weiblichen Lebens.»[10]

Solch neue Theorie fand ihre Verbreitung und gewann Allgemeingültigkeit vor allem durch Rousseau mit seiner *Nouvelle Héloise.* Er griff auf jene merkwürdige weibliche Gestalt des 12. Jahrhunderts zurück, auf die Freundin Abaelards, des großen Theologen. Die neue Héloise sollte den Naturzustand des goldenen Zeitalters wieder heraufführen, das die *männliche Vernunft* zerstört hatte. Mit ihrer spontanen Mitmenschlichkeit wird fortan die Frau zur Trägerin einer neuen Moral in der Welt der Konkurrenz, der Gewalt, des Militärischen. Die Vernunft habe eben zu jenem rücksichtslosen und grenzenlosen Streben nach Macht und reiner Nützlichkeit geführt. «Die Festschreibung der Frau als moralisches Geschlecht findet auch Eingang in die zahlreichen Schriften über die weibliche Erziehung aus der Zeit nach Rousseau. Hier wird nun die Widersprüchlichkeit dieses Konzepts deutlich. Einerseits sind die Bemühungen um weibliche Bildung eine Folge dessen, daß den Frauen endlich ein Recht auf Wissen konzediert worden ist. Anderseits wird durch die Vorstellung von einer angemessenen weiblichen Bildung, die ihre Erfüllung nur bei gebührender Distanz zum Wissen erreicht, dieses Recht auf Wissen gleich wieder beschnitten. Weibliche Bildung – umgehend in den Dienst der Moral gestellt – darf nie Selbstzweck sein. Sie wird lediglich als Geistesübung, als Ablenkung von gefährlicher Langeweile und als Bedingung für die moralisierende Einflußnahme der Frauen auf ihre Familie akzeptiert.»[11]

Es geht nun zweigleisig weiter: Frauen des Adels, der Höfe und auch des Großbürgertums können sich weiterhin intellektueller Diskussion widmen, aber die Frau des aufsteigenden Bürgertums wird zwar in Mädchenschulen und Pensionate geschickt, ihre Bildung soll jedoch dem engsten Kreis, der Familie, zugute kommen. Gebildete Mütter erziehen Söhne zu ihrer späteren Bestimmung in führenden Funktionen. Sie vermitteln ihnen eine erste Welt, in der schon alles, was zu erwarten ist, keimhaft vorgegeben ist, die Aufgaben und Verantwortungen im Beruf, in der Gesellschaft, im Staat. Sie überwachen das Soldatenspielen, denn der Vater hat doch zu wenig Zeit für seine Kinder, da er ja außerhalb des Hauses tätig sein muß. Die Mütter führen in die Welt der Religion ein, lehren die Kinder beten und erzählen biblische Geschichten. Natürlich nehmen die Töchter auch daran teil. Auch sie können mit Zinnsoldaten spielen, und im Spielzeugkrämerladen wissen sie oft besser Bescheid als ihre Brüder. Sie können die *Ilias* und die *Odyssee,* den *Telemach,* Richardsons *Pamela* und den *Robinson* lesen. Die Lektüre ist oft die gleiche für Söhne und Töchter, auch wenn je nachdem bewußt selektioniert und ausgesprochene Mädchenlektüre verlangt wird.

Was im 18. Jahrhundert dergestalt verbreitet wird, führt das 19. zur Vollendung. Der Frau sind endgültig die Funktionen in Staat und Wirtschaft, in der Welt höherer akademischer Bildung versagt. Aber auch die Arbeiterfrau, die gleich wie ihr Mann in den Berufsprozeß eingebaut ist, strebt nun nach bürgerlicher Existenz. Aufstieg bedeutet es, wenn sie nicht mehr arbeiten muß und dafür dankbar ihren Mann allein bestimmen läßt. Kaiserinnen und Königinnen sind im 19. Jahrhundert auf ihre weibliche Rolle beschränkt. Vergeblich evoziert Condorcet zu Beginn der Französischen Revolution das Beispiel der Elisabeth von England, der Maria Theresia von Österreich, der Katharina von Rußland. Er prangert die Haltung der Männer – selbst der aufgeklärtesten – an: «Haben nicht alle das Prinzip der Gleichheit der Rechte verletzt, wenn sie ganz ruhig die Hälfte des Menschengeschlechts des Rechts berauben, an der Ausarbeitung der Gesetze mitzumachen.»[12]

Das 19. Jahrhundert wird Männer- und Frauenwelt säuberlich trennen. Es zwingt die Männer – ob sie es wollen oder nicht, ob sie dazu geeignet seien oder nicht – in ihre Männerrolle des Herren im Hause, des Staatsmannes und des befehlenden Offiziers. Wie viele Knaben sind da nicht zurechtgebogen und abgerichtet worden, wie viele haben darum später versagt. Die Frauenwelt jedoch lebt nach dem Bild des unschuldigen Mädchens, ist verpflichtet, die Reservate der Menschlichkeit zu erhalten, eine Oase der Reinheit zu behüten – erst romantisch-träumerisch, dann viktorianisch tätigkeitsbeflissen. Auf der andern Seite aber stehen die frei schaltenden und waltenden Pionierfrauen im amerikanischen Westen und später die engagierten Frauenrechtlerinnen auch in Europa, besonders in den angelsächsischen und den skandinavischen Ländern – Frauen, die das zu Beginn der Aufklärung von einer Elite erstmals Vorgetragene nun in einer bürgerlich und demokratisch gewordenen Umgebung weiterführen, nun aber im Sinn einer eigentlichen politischen Emanzipation.

VIII.
Die Radikalisierung der Aufklärung und deren Abwehr

1. Radikale Aufklärung

Die Frühaufklärung hatte sich – je nach Land früher oder später – vom ausgehenden 17. Jahrhundert an mutig zuerst einmal vom barocken Denken gelöst, eine freiere Anschauung postuliert und erste Marksteine für ein Zeitalter der Vernunft gesetzt. Solche Veränderung der Mentalität hatte in der traditionellen Umgebung stattzufinden. Veränderungen gingen unmerklich vor sich, in aller Stille, aber die Akzente verschoben sich.

Gegen Mitte des 18. Jahrhunderts konnte die Generation der Hochaufklärung auf diesen Grundlagen in Ruhe weiterbauen. Sie war mit dem neuen Geist schon in den Schulen vertraut geworden. Man konnte alte Vorurteile beseitigen, ohne Herkömmliches willkürlich zu zerstören. Regierungen begannen vorsichtig Neuerungen einzuführen. Das Signal gab Friedrich II. mit seinem Regierungsantritt 1740 im Königreich Preußen.

In der zweiten Jahrhunderthälfte – in der Spätaufklärung – schieden sich die Geister. Viele blieben der gemäßigten Aufklärung treu, andere aber ließen die Bewegung eskalieren. Dagegen regte sich eine Mentalität der Angst vor gefährlichem Ausufern des Neuen, und man rüstete sich zur Abwehr.

Ein erstes Zeichen für die Radikalisierung gibt Rousseau 1754 mit seinem *Diskurs über die Ungleichheit der Menschen.* Rousseau war für die einen der große Prophet einer natürlichen, freieren, gerechteren Welt, für die anderen ein utopischer Wirrkopf, wenn nicht ein gefährlicher Extremist. Schon wird Rousseau – zuerst in einer italienischen Gegenschrift – als «Sozialist» bezeichnet. Dieser Begriff ist dann im 19. Jahrhundert gängig geworden für alle, die für radikale Gleichheit eintreten wollten.

Bald nach Rousseaus Gleichheitsschrift zeigten sich unmittelbare politische Reaktionen. Der *Bürger von Genf* fand Anhänger in seiner Vaterstadt, und die *Genfer Wirren* wirkten publizistisch auf ähnliche Vorgänge in Nordamerika und den Niederlanden.

Später erregte die Radikalisierung der Freimaurer durch die Gründung der Geheimgesellschaft des Illuminatenordens in Deutschland Aufsehen. Die Illuminaten wollten weiter gehen als die sich nun oft in reiner Spekulation oder Geselligkeit ergehenden Freimaurerlogen. Sie wollten als geheime Bruderschaft im jeweiligen Staat konkreten politischen Einfluß gewinnen. *«Der Endzweck des Ordens ist also, daß es Licht werde, und wir sind Streiter gegen die Finsternis, dieses ist der Feuerdienst.»*[1]

Im kurfürstlichen Bayern riefen von 1776 an der Ingolstädter Professor Adam Weishaupt und neben ihm bald der Freiherr Adolf von Knigge diesen Geheimbund der *Erleuchteten* ins Leben. Der Orden sollte, klarer als die Freimaurerei, für Aufklärung und Moral wirksam sein. Er fand bald Verbreitung, erst in den katholischen, dann auch in den protestantischen Territorien des Deutschen Reiches. Die Mitglieder – zuletzt gegen siebenhundert – rekrutierten sich aus der Beamten- und Professorenschaft, der Geistlichkeit sowie dem Adel.

Die Organisation war der Freimaurerei ähnlich. Die Hierarchie umfaßte Novizen, Minervale und als obersten Grad den *Illuminatus dirigens.* Ein Areopag – der selbst den Ordensmitgliedern geheim blieb – leitete die weitverzweigte Organisation. Die Geheimhaltung ging bis zur Verleihung von Decknamen: Weishaupt hieß *Spartakus,* Knigge *Philo,* der Herzog Karl August von Weimar *Aeschylos,* die in der Napoleonszeit eminenten Politiker Montgelas und Dalberg *Musaeus* bzw. *Baco von Verulam.* Pestalozzi hatte den Namen *Alfred.*

Geplant war – von Knigge – ein ganzes *Illuminaten-Ordens-Direktions-System.* Man teilte Deutschland in Ordensprovinzen ein, wieder mit Decknamen: Der bayerische Kreis hieß Griechenland und zerfiel in die Präfekturen Achaia (Herzogtum Bayern), Kalabrien (Erzbistum Salzburg), Chaldäa (Regensburg, Passau, Ortenburg etc.) und Delta (Oberpfalz). Die entsprechenden Direktorien in den Provinzen befanden sich in den Hauptstädten Athen (München), Nicosia (Salzburg), Korinth (Regensburg) und Theben (Freising). Die weiteren Provinzen sind Illyrien (Franken), Pannonien (Schwaben). Ganz Deutschland zerfällt in vier Inspektionen: Achaia (Süddeutschland),

Äthiopien (Rheingebiet), Abessinien (Sachsen) und Ägypten (Österreich), und so geht es phantasievoll durch die ganze alte Welt von Damiata (Stuttgart) über Delphis (Karlsruhe) bis nach Capua (Braunschweig). Das war zwar mehr nur Plan, weist aber auf die geographische Verbreitung des Illuminatenordens hin.

1778 hieß das Ziel in den Ordensstatuten: «... dem Menschen die Bemühung um die Verbesserung und Vervollkommnung seines moralischen Charakters interessant zu machen, menschliche und gesellschaftliche Gesinnungen zu verbreiten, boshafte Absichten in der Welt zu hindern, der bedrängten Tugend gegen das Unrecht beizustehen, auf die Beförderung würdiger Personen zu gedenken, und endlich vorzüglich verdienstvolle Männer, die entweder durch ihre Talente oder durch ihren Reichtum, oder durch ihr Ansehen dem Orden einigen Nutzen verschaffen, mit besonderer Achtung, Ruhm und Ehre sowohl in als außer der Gesellschaft zu belohnen».

Die Ordensoberen verfolgten allerdings ein weiter gestecktes Ziel als die Wirkung des selbständigen Menschen in seinem Wirkungskreis. Sie planten so etwas wie eine Unterwanderung des bisherigen Staates im Sinn einer radikaleren Aufklärung. Der Geheimbund der Illuminaten entstand kurz nach der offiziellen Aufhebung des Jesuitenordens und war gegen die weiter dauernden Einflüsse der katholischen Reaktion gerichtet. So stellt der Illuminatenbund eine Mischung aus bürgerlichem Moralinstitut, gelehrter Gesellschaft und politischem Geheimorden dar.

Mit der Absicht politischer Durchdringung der maßgebenden staatlichen Funktionen geht der Orden weiter als die üblichen Freimaurerlogen, die doch mehr allgemein philanthropisch, gemeinnützig tätig sind, den Staat und die Gesellschaft nicht verändern und sich in der Regel der eigenen Loge und der individuellen Vervollkommnung widmen wollen. Die Illuminatenaktivität fällt in die Zeit der sich polarisierenden Grundsätze kurz vor dem Ausbruch der Revolution in Frankreich, im sich deutlicher abzeichnenden Konflikt zwischen Revolution und Gegenrevolution.

Die Illuminaten wissen, wo der Gegner steht: «Bei diesem Vorhaben aber stehen uns Pfaffen und Fürsten und die heutigen politischen Verfassungen sehr im Wege. Was sollen wir also tun?

Revolution begünstigen, Alles umwerfen, Gewalt mit Gewalt vertreiben, Tyrannen mit Tyrannen vertauschen? Das sei fern! Jede gewaltsame Reform ist verwerflich, weil sie die Sache nicht besser macht, so lange die Menschen mit ihren Leidenschaften bleiben, wie sie sind, und weil die Weisheit solches Zwanges nicht bedarf.» Nach noch nicht 10 Jahren Existenz erreichten die klerikalen Gegner der Illuminaten das Verbot des Ordens. Daraufhin setzte eine allgemeine und relativ harte Verfolgung in ganz Deutschland ein, die auch die Freimaurerlogen traf – mit denen die Illuminaten wohl in persönlicher, aber nicht organisatorischer Verbindung standen.

Das Auftreten des Illuminatenordens ist nur ein Beispiel dafür, daß die Aufklärung so und so viele überkommene Werte in Frage stellte. Das kalte Licht der Vernunft entlarvte nun all das, was die Orthodoxie festgemacht hatte, durchleuchtete alte Autoritäten wie das Königtum von Gottes Gnaden und die Exklusivität von Adel und Patriziat, enthüllte die barocke Draperie bisheriger Grundsätze in Wissenschaft und Philosophie und machte weltlichen und kirchlichen Aberglauben sichtbar. Was bei den Aufklärern der mittleren Generation noch vorsichtig angedeutet worden war, wird bei vielen späteren volle Gewißheit. So etwa beim Theologen Andreas Riem, dessen Schrift *Über die Aufklärung* – 1780 in Berlin veröffentlicht – großes Aufsehen erregte. Für ihn ist Aufklärung «nichts anderes als die Bemühung des menschlichen Geistes, alle Gegenstände der Ideenwelt, alle menschlichen Meinungen und ihre Resultate und alles, was auf Menschheit Einfluß hat, nach Prinzipien einer reinen Vernunftlehre, zu Beförderung des Nützlichen, ins Licht zu setzen».[2] Dieses ins Licht setzen demonstriert er etwa an der *heiligsten aller Religionen,* dem Christentum: Da *es bei jedem neuen Licht der Aufklärung mit seinem Stifter in höherem Glanze* leuchtet und vernünftig ist. Ein Theologe ohne Aufklärung, ohne das Bestreben, jede Religion am Maßstab ihrer Rationalität, Moralität und Utilität zu messen, ist ihm eine Pestilenz der Menschheit. Die Reformation des 16. Jahrhunderts und besonders die reformierte Theologie Zwinglis wird von Riem als Aufklärung bezeichnet. Folgerichtig nennt er Christus *den weisen Aufklärer und seine Botschaft Aufklärung,* womit er wohl hauptsächlich die reine *Tugendlehre Christi* meint.

Hier wird das Licht der Aufklärung schon weit affirmativer betrachtet als der *sanfte Schimmer einer lieblichen Morgenröte.* Riems kirchengeschichtliche Betrachtung steht in der Nähe der neologischen, rationalistischen Theologie, welche die weit vorsichtigere aufgeklärte Orthodoxie des Jahrhundertbeginns abzulösen beginnt.

Manche gingen nun weiter. Sie wollten nicht nur einer vernünftigen Christlichkeit Bahn schaffen, sondern leugneten die Vorstellungen der Religion überhaupt. Nicht erst in der Aufklärung ist der Atheismus Gegenstand des menschlichen Denkens geworden. Atheismusstreitigkeiten hatten immer wieder zu erregten Auseinandersetzungen geführt, nun aber wurde diese Irrlehre offen vertreten. Naturwissenschaftler spielten da eine wichtige Rolle: Lamettrie zieht im *L'homme machine* 1748 aus der Mechanik die Konsequenz eines völlig gottlosen Materialismus. Holbach stellt in seinem *Système de la nature* 1770 eine Naturordnung vor, die den überlieferten Schöpfergott und Weltenlenker entbehren kann.

Condorcet ging über die vorsichtigen Formulierungen der französischen Philosophen hinaus und erklärte sich offen als Atheist. Die Idee Gottes ist überflüssig, die Einrichtung einer Kirche gefährlich, weil sie Vorstellungen festhalten, die dem Fortschritt schädlich sind. Condorcet verzichtet auf die Kirche, führt einen radikalen Kampf gegen den katholischen Klerus. In Frankreich war das schon vor der Revolution möglich. In der Regel blieb jedoch offener Atheismus ein nicht ungefährliches Unterfangen im katholischen wie im protestantischen Bereich.

Leichter war es, an überkommenen Geschichtsbildern zu rütteln. Die vernünftige Kritik konnte nicht vor Mythen, Sagen, Legenden haltmachen. Sie begann die liebgewordenen Vorstellungen einer erhabenen Vorwelt ihrer Kritik zu unterziehen. All die sagenhafte Herkunft der Könige und ihrer Völker wurde Zweifel unterworfen, besonders auch die ersten römischen Könige, Romulus, Remus und die andern. Voltaire mokierte sich über die Jeanne d'Arc und stellte sie als abergläubisches Bauernmädchen dar. Der weit über die Schweiz verehrte Wilhelm Tell wurde als *dänisches Märchen* entlarvt, da man seinen Apfelschuß beim Norweger Toko schon weit früher belegt vorfand. Zum Glück ließ die Urner Regierung das in Bern von Bernern verfaßte Büchlein durch den Henker verbrennen, womit die Ursprungssage der Eidgenossenschaft für einmal noch gerettet war.

Das juristische Diktum *quod non est in actis, non est in mundo* wurde zum Leitbild der Geschichtsschreiber. Nur was aktenmäßig mit schriftlichen Quellen sich belegen ließ, war existent, war historische Wahrheit. Die Mythenzerstörung sollte aber erst im 19. Jahrhundert, wo die Geschichtsschreibung sich primär mit Erscheinungen des Rechts und der Politik befaßte, richtig zum Zuge kommen.

Auf allen Gebieten hatte es ein vernünftiges Denken weit gebracht. Man befand sich nicht mehr im Mittelalter. Eine souveräne Verachtung traf alles, was nicht aufgeklärt war: Die aufgeklärten Protestanten schauten nun mit noch mehr Überheblichkeit auf die rückständigen Katholiken hinunter – auf die deutschen, die schweizerischen wie die irischen. Und die aufgeklärten Katholiken in Frankreich und auch in Italien bespotteten nach Noten ihre eigenen rückständigen Glaubensgenossen. Das ganze aufgeklärte Europa war sich jedenfalls einig, daß das einst so stolze Spanien nicht auf der Höhe der Zeit sei. Ein österreichischer Bericht hält fest: «Ist man in den Künsten hierorts noch nicht sehr weit gekommen, so sind die Fortschritte in denen Wissenschaften eben nicht viel beträchtlicher. Vor ein und anderen Schriftstellern, welche wirklich von großen Verdienste sind, hat man deren unzählbare, so kaum verdienen gelesen zu werden, und es möchte wohl in denen bekannten hohen Schulen Spaniens an jenen ersten Gründen der Gelehrtheit fehlen, welche man der zarten Jugend einflößet. Dessen ungeachtet tut sich zuweilen ein oder der andere mit kritischen Schriften hervor, die mit der Zeit zu Erleuchtung deren, denen nichts als die wahre Beurteilung und Geschmack fehlet, etwas beitragen dürften. Von neuen Erfindungen hört man meines Wissens wenig oder gar nichts.»[3]

Urteile dieser Art ließen sich natürlich auch auf den ganzen europäischen Osten transponieren ...

2. Verordnete Aufklärung

Es lag in der Bewegung der Aufklärung, die Menschen mit überzeugenden Argumenten «aufzuklären», zu warten, bis sie selbst sich von der Vernunft leiten ließen. Die neue Bewegung hoffte, daß mit der Zeit alle Menschen von selbst dank besserer Einsicht sich aus den Zwängen der Orthodoxie in die freie Luft der Aufklärung begeben würden. Ohne staatlichen Zwang kam man in der Regel in protestantischen Ländern aus sowie in Frankreich, wo jansenistisches und hugenottisches Erbe nicht auszutilgen war. Wie aber sollte man es anstellen, wenn (auch in gewissen protestantischen Ländern) der orthodoxe Klerus und ignorante Lokalbehörden die Bevölkerung nach wie vor in den Händen hielten. Da drängte es sich auf, Aufklärung zu verordnen, mit staatlicher Gewalt durchzusetzen zum Wohle der zurückgebliebenen Bevölkerung. Je nachdem konnten ein Thronwechsel und die entsprechende Erneuerung des Ministeriums entscheidend sein.

Ein Vorspiel gab schon Friedrich II., als er sich bei seinem Regierungsantritt vom konservativ-patriarchalischen Regierungsstil seines Vaters abwandte, Tür und Tor für moderne Gedanken öffnete, aber letztlich nicht mehr sehr viel an den Institutionen seiner Staaten änderte, da er Beamtentreue und Offiziersethos zu schätzen wußte. An der Tafel in Sanssouci, da konnte er sich fernab von seinen Untertanen als französischer Freigeist geben und mit seinen Randnotizen zu königlichen Erlassen allerhand Geistreiches von sich geben: Von jedem, der in seinen Staaten nach seiner Façon selig werden könne, oder von den Gazetten, die – wenn sie interessant sein sollten – nicht zensuriert werden sollen. Preußen war ein protestantischer Staat und damit in gewissen Belangen schon aufklärerisch eingespurt. Etwas anders sah es in den lateinisch-katholisch geprägten Staaten aus, etwa im Königreich Sardinien-Piemont, wo man vom Adel sagte, daß er sich vom französischen durch seine Frömmigkeit und Ignoranz unterscheide. Während aber in den meisten italienischen Staaten eine gewisse freie Art des Denkens existierte, die Tage der Renaissance nicht ganz vergessen waren, so waren Spanien und Portugal durch die disziplinierende Schule der Gegenreformation geprägt.

Als erster Staat brach Portugal aus der alten Welt aus, als um 1750 mit dem neuen König Joseph I. alle Macht an den Minister José de Carvalho e Mello, Marquis de Pombal, überging. «Er machte es sich zur Aufgabe, sein Land durch tiefgreifende Reformen zu modernisieren. Er reorganisierte das Geldwesen und die Flotte, förderte Manufakturen, Transportunternehmen, Papiermühlen, Landwirtschaft und Fischerei. Auch betrieb er den Wiederaufbau des im Erdbeben von 1755 total zerstörten Lissabon und die Gründung der reformorientierten literarischen Gesellschaft Arcádia. Zugleich beschnitt er die Verschwendungssucht des Hofes und reduzierte die Zahl von 80 königlichen Leibköchen auf 20. 1773 wurde im portugiesischen Mutterland die Sklaverei abgeschafft.

Der Reformeifer stellt indes nur die eine Seite von Pombals Charakterbild dar. Die andere ist durch Willkür und Grausamkeit geprägt. Im Fort von Junqueira, das in ein Spezialgefängnis umgewandelt wurde, saßen schließlich Tausende von politischen Gefangenen. Einige oppositionelle Jesuiten, deren Orden Pombal 1759 unter der nie bewiesenen Anklage, sie seien in das Attentat des Herzogs von Aveiro auf den König verwickelt gewesen, des Landes verwies, saßen über 19 Jahre im Kerker. Am 20. September 1761 erfolgte die Erdrosselung und anschließende Verbrennung des greisen Jesuitenpaters Malagrida. Der letzte Scheiterhaufen in Portugal verbindet sich so mit dem Namen eines Ministers, der sich als Anhänger der Aufklärung fühlte.

Pombal stürzte 1778, als Pedro III., Bruder und Nachfolger Josephs I., ihn fallenließ.»[4]

Pombal hatte der Welt vordemonstriert, daß Aufklärung von oben zwei Gesichter haben konnte: Fortschritt, Aufbau, Modernisierung einerseits – andererseits aber auch rücksichtslose absolutistische Gewaltherrschaft mit brutalen Zügen.

Im Nachbarland Spanien wurden unter Karl III. durch verschiedene Minister ebenfalls aufklärerische Reformen intendiert – aber ohne die Pombalsche Grausamkeit. Da ging es «nur» um Hüte und Mäntel ... als Graf Squilace, italienischer Herkunft, in Spanien Esquilache genannt, um dem organisierten Verbrechen begegnen zu können, die langen Mäntel – die Capa –, unter denen man Waffen tragen konnte, und die Sombreros, in deren

Schatten man die Gesichtszüge verbergen konnte, mit Verbot belegte. Beamte wurden mit Scheren ausgerüstet, um die gesetzeswidrigen Kleidungsstücke auf die legale Größe zu beschneiden. Die ungefährlichere Kleidung nach französischem Muster sollte getragen werden! Der Volkszorn – auch getrieben durch immense Teuerung – machte sich am 23. März 1766 im Esquilache-Aufstand Luft. Daraufhin nahm Karl III. die Kleiderverordnung zurück und ließ Squilace fallen. Capa und Sombrero werden hier zu Symbolen des Widerstands gegen Eingriffe in liebgewordene Traditionen: Freiheit der Kleidung gegen Polizeimaßnahmen, auch wenn sie im Interesse der Öffentlichkeit sind. Die Maßnahmen des Grafen Squilace waren nur ein Stück in der Modernisierung der Stadt Madrid gewesen, neben Straßenbeleuchtung und Müllabfuhr – und nur ein Teil der vielen Reformen und Reformversuche im Dienst des bourbonischen Zentralismus.

Zentralismus mußte an sich für den aufklärerischen Ordnungsgedanken willkommen sein. Es war gut, wenn eine straffe Staatsverwaltung aufklärerischen Modernisierungen dienstbar gemacht werden konnte. Ob das Volk dabei nachkam, war in dieser elitär bestimmten Gesellschaft sekundär.

Was sich in Spanien und Portugal zugetragen hatte, wurde in Europa am Rande vermerkt, zentrales Interesse aber zogen die Reformen auf sich, die Joseph II. vornahm, als er die Politik der Maria Theresia überstürzt zu beschleunigen begann. Auch hier ging es um einen ganzen Katalog von allgemeinen Reformen, wie man sie eigentlich in jedem Staate plante, wenn man mit der Aufklärung Schritt halten wollte: Zum Beispiel Aufhebung der Leibeigenschaft, Förderung von Manufakturen, Abbau von Zollschranken im Landesinnern, Straßenbau und allgemeiner Aufbau einer modernen Verwaltungsstruktur.

In erster Linie erstaunte die Grundsätzlichkeit der josephinistischen Kirchenpolitik: Nicht allein Toleranzedikte für Protestanten und Juden, sondern tiefe Eingriffe in die Organisation der römisch-katholischen Kirche, der nach wie vor herrschenden Kirche der österreichischen Lande. Die Jesuiten zwar mußte man nicht mehr verbieten, aber nun ging es gegen die zahllosen Klöster. Nur noch solche, die als Schulen oder Landwirtschaftsbetriebe dem Staate von Nutzen waren, sollten weiter bestehen, «unnütze» sollten aufgehoben werden. Hier wird das völlige Unverständnis der Aufklärung religiöser Meditation gegenüber offenbar. Nur noch Arbeit, Emsigkeit hatte Geltung. Die Klosterfrage war nur ein Teil der Reformen. Es ging ebenso um die innere Befreiung des einzelnen Katholiken wie um die durchgehende Reform der Strukturen. Selbst der Papst – der eigens nach Wien gereist kam – konnte Joseph II. und seine Berater nicht aufhalten. Erst etliche Jahre darauf haben sich dann die Belgier und die Ungarn in Aufständen gegen die neuen Maßnahmen Luft gemacht.

Als konkretes Beispiel einer Klosteraufhebung können wir die Säkularisation der Kartause Valsainte im schweizerischen Kanton Freiburg nehmen. Sie war schon fast ein halbes Jahrtausend alt, und die Republik Freiburg galt als ein fester Rückhalt des schweizerischen Katholizismus. Aber das Patriziat der Hauptstadt war aufgeklärt, so wie man es in Mailand, in Paris und in Wien war. Eine Kartause gehörte in die Kategorie der unnützen Klöster, nicht reden wollende Mönche waren ein Unding in diesem so redefreudigen Jahrhundert. 1778 wurde die Valsainte aufgehoben, ihr Vermögen nützlicheren kirchlichen Institutionen übergeben. Aber dann brach ein Volksaufstand los – motiviert auch durch andere Beschwerden der patrizisch-aufgeklärten Herrschaft der Stadt gegenüber –, ein Volksaufstand, der schließlich den ganzen Kanton erfaßte und zur Belagerung der Hauptstadt führte, die nur durch militärische Hilfe aus dem benachbarten protestantischen Bern gerettet werden konnte. Die Valsainte blieb natürlich aufgehoben, bis sie 1866 im Rahmen der allgemeinen katholischen Renaissance dieses Kantons wieder dem Kartäuserorden übergeben werden konnte.

Aufklärerischer Radikalismus gouvernementaler Art konnte nicht nur kirchliche Überzeugung treffen, sondern ebenso die angestammte Sprache. Aufklärerisches Schuldenken kämpfte überall gegen die Mundarten oder gegen Minderheitssprachen, die durch die eine Sprache der Zentralverwaltung ersetzt werden sollten. Einheitsdenken paarte sich hier mit der Verachtung volkstümlicher Ausdrucksart, die man als ein Stück Barbarei betrachten konnte.

Auch in diesem Bereich war Joseph II. Modell, wenn er als Amtssprache in seinem Gesamtreich die deutsche Sprache durchsetzte. Kultursprachen wie das Ungarische und das Tschechische wurden so auf den zweiten Platz verwiesen. Das Volk empfing die Befehle aus der kaiserlichen Zentrale in einer ihm fremden Sprache. Kleinen Sprachen drohte der Untergang. Dies war etwa der Fall für die Rätoromanen im Oberinntal, wo von altersher der ladinische Dialekt dieser lateinischen Sprache gesprochen worden war. Die österreichische Verwaltung war nun besorgt, daß in den Dorfschulen fortan nur noch deutsch unterrichtet wurde, und nach einigen Jahrzehnten war das Tal durchgermanisiert. Das Ladin konnte sich jedoch im schweizerischen Bereich des Inntals, im Engadin, durchaus halten, denn da entschied keine Zentralinstanz über den Sprachgebrauch. Sprache war Sache jeder Gemeinde für sich, und Rätoromanisch verfügte in Graubünden über eine eigene politische, literarische und kirchliche Kultur.

Radikale Aufklärung fegte wie ein eiserner Besen durch die Nationen, dort wo alter Verwaltungsabsolutismus sich mit Aufklärung paarte und den Postulaten Vernünftigkeit, Menschenfreundschaft, Offenheit, Arbeitsdisziplin seinen starken Arm lieh – und dies, trotz aller Menschenfreundschaft, ohne Rücksicht auf Tradition und Herkommen, denn das war Finsternis und Barbarei.

Anhänger der Aufklärung – wie Isaak Iselin – sahen sich genötigt, *Toleranz für den Aberglauben* zu postulieren, und Condorcet konnte formulieren: «Der Irrtum hat ebenso sehr Recht auf Freiheit wie die Wahrheit!»[5]

3. Die Frühromantik als antiaufklärerische Gegenbewegung

Die radikale Aufklärung sah in der nicht aufgeklärten Welt nur Irrtum, Aberglaube, Finsternis und Barbarei. Aber für viele wurde es allmählich schwer, in der Aufklärung noch wohltuende Sonnenwärme zu empfinden. Der deutsche Dichter Novalis kann vom *harten und kalten Licht* der Aufklärung sprechen, das mit *mathematischem Gehorsam ... alles Wunderbare und Geheimnisvolle* abtun will.[6] Eine oft trostlose Nüchternheit hatte sich ausgebreitet, die Welt war entzaubert worden. Für jüngere Leute wurde es allmählich langweilig: Solch eine radikale Aufklärung war doch im Grunde seicht, entbehrte eines Tiefgangs, erschöpfte sich in Kritik oder moralischem Geschwätz und ließ die Kräfte der Seele brachliegen. Nach dem philosophischen Kahlschlag der rationalistischen Epoche zeichnet sich in den sechziger und siebziger Jahren eine vorromantische Bewegung ab, gekennzeichnet auch durch eine Hinwendung zu wissenschaftlicher und parawissenschaftlicher Beschäftigung mit Okkultismus, Alchemie und Magie. Man könnte den Ausspruch *chassez le naturel, il revient au galop* – vertreibt das Natürliche, es kommt im Galopp zurück – in *chassez le mystique* – vertreibt das Mystische, es kommt im Galopp zurück – abwandeln.

Der erste Einbruch geschah relativ früh im so aufgeklärten, moralisierenden, ausgewogenen England. Shaftesbury, der Schüler Lockes und stark an Plato und den englischen Neuplatonikern orientiert, vertritt schon 1708 in seinem *Letter concerning Enthusiasm* einen *Enthusiasmus* neuer Art, eine Begeisterung für die göttlich geordnete, harmonische Natur. Eine Generation später schrieb in den vierziger Jahren der anglikanische Geistliche Edward Young seine *Night Thoughts,* jene Meditationen während neun Nächten. Die Nächte des Friedhofs – nicht mehr die hellen Tage der Betriebsamkeit – bargen das Mysterium der Natur, die Größe des Göttlichen, Liebe, Tod und Unsterblichkeit. Nicht die Triumphalisten radikaler Aufklärung, sondern die Leidenden fanden hier ihre Sprache. Youngs Nachtgedanken hatten vor allem ihre Wirkung auf Deutschland, zuerst durch Klopstock, der in seinem *Messias* eine ganze Generation zum Weinen brachte. Rousseau steuerte seinen Kulturpessimismus bei:[7] «Alles ist gut, was aus den Händen des Schöpfers hervorgeht, alles degeneriert unter den Händen der Menschen», selbst das Denken: «Unter allen Jahrhunderten gibt es keines in welchem man mehr gelesen hat als im gegenwärtigen – und keines in welchem man weniger gebildet war.» Ja, Lichtenberg steigerte dieses Urteil über die Plattheit des Jahrhunderts mit den Worten: «Das viele Lesen hat uns eine gelehrte Barbarei zugezogen.»[8] Man befand sich in einer *lendenlahmen* Zeit.

Die Jugend Deutschlands tobte sich von den siebziger Jahren an aus im *Sturm und Drang.* Da mußte man möglichst wild, möglichst frei, möglichst genial sein, nicht durchschnittlich brav wie die alten Aufklärer. Man berauschte sich, traumhafte

Mondnächte durchzechend, besang im Ton uralter Volkslieder die Lieblichkeit der einfachen Mädchen. Ritter- und Räuberdramen ersetzten die moralischen Rührstücke älterer Aufklärung. Man begab sich zurück ins Mittelalter. Das war die deutsche Reaktion auf allzuweit getriebene rationalistische Aufklärung. Sie ist später als romantische Bewegung in ganz Europa wirksam geworden. Erstaunt registriert noch Madame de Staël in ihrem Buch über Deutschland um 1810: «Der Geist des Rittertums regiert noch bei den Deutschen ... sie sind unfähig, jemanden zu täuschen und ihre Loyalität findet sich in all ihren intimen Verhältnissen ... Deutschland – wenn man ein paar Höfe, die unbedingt Frankreich imitieren wollten, ausnimmt – wurde nicht von dem Dünkel, der Immoralität und dem Unglauben erfaßt, der seit der Zeit der Régence den ursprünglichen Charakter der Franzosen verändert hat. Der Feudalismus bewahrte bei den Deutschen noch Grundsätze des Rittertums.»[9] So überhöht auch dieses Urteil anmuten mag, es verdeutlicht die Abwendung von jenem Frankreich, das sich ganz der Vernunft verschrieben hatte. Und nun kehrt man wieder zu Burg und Kloster zurück, verherrlichte in nostalgischer Manier ein Mittelalter, das man mit romantischen Augen sehen wollte.

Dennoch ist zu sagen, daß die romantische bzw. vorromantische Bewegung keineswegs reaktionär und reformfeindlich sein mußte. Sie ist es erst – und nur teilweise – im Zeitalter der Restauration nach der Napoleonischen Epoche geworden. Im ausgehenden 18. Jahrhundert finden wir viele, Frauen und Männer, die fähig waren, sowohl Voltaires bissige Satiren wie Youngs *Night Thoughts* mit luzider Intelligenz bzw. weichem Gefühl zu lesen. Man konnte sowohl aufgeklärt wie romantisch empfinden, radikale Aufklärung wie reaktionäre Romantik ablehnend. Das Jahrhundert war durch die Aufklärung so offen geworden, daß es in freier und pluralistischer Art Anregungen aufnahm, von woher sie sich auch anboten.

4. Traditionalistisch-gouvernementale Reaktion

Die Aufklärung brachte Unruhe in die festgefügte Welt der Kirchen, der Monarchen, der Ständeordnung. Wie jede neuartige

Bewegung hatte sie ihre Feinde. Aber in Früh- und Hochaufklärung war sie eher Modeströmung, nicht unbeliebt als neue Möglichkeit. Sie gab sich ja eher theoretisch-philosophisch und rüttelte kaum an politischen und sozialen Realitäten. In gewissen Milieus war jedoch durchaus ein Unbehagen festzustellen. Schon der Reformkreis um die so erfolgreiche Zeitschrift des *Hamburger Patrioten* war bei konservativen Bürgern suspekt als das *heillose Patriotenkollegium* mit seinen Senatoren und Syndici, *die der thomasianische Geist besessen und die indifferentistische Pest infiziert hat.*[10] Indifferentismus besonders in bezug auf religiöse Probleme, das regte nicht nur den Hamburger Hauptpastor auf.

Ein Schicksal wie das, welches den so berühmt gewordenen Aufklärungsphilosophen Christian Wolff traf, konnte auch andere treffen. Er war 1707 zum Professor an die Universität Halle gewählt worden und mit Empfehlung durch Leibniz. Aber als Religionsfeind und Determinist denunziert durch führende Pietisten, entließ ihn 1723 der preußische König Friedrich Wilhelm I. aus seinen Ämtern und verwies ihn des Landes. Doch die calvinistische Universität Marburg in Hessen berief diesen Lutheraner, der nun in aufgeklärter Umgebung erfolgreich weiter lehren konnte, bis ihn 1740 Friedrich II. mit einer seiner ersten Amtshandlungen wieder nach Halle zurückholte.

Nicht alle hatten das relative Glück Wolffs, anderweitig unterzukommen. So auch nicht vierzig Jahre später Jean-Jacques Rousseau. Nach der Publikation des *Contrat Social* traf ihn die Ausweisung aus Frankreich, dann aus seiner Vaterstadt Genf, dann aus dem Fürstentum Neuenburg und aus der Republik Bern, bis er schließlich in London definitives Asyl erhielt.

Zehn Jahre nach dem dramatischen Fluchtweg Rousseaus setzte die aufgeklärte Welt der Fall des Pablo de Olavide in Spanien in Erstaunen. Der spanische Intendant von Sevilla – der eben ein großes Siedlungsprojekt unternommen hatte – wurde 1776 verhaftet und 1778 vor ein Ketzergericht gestellt, seiner Güter verlustig erklärt und für acht Jahre zu Klosterhaft verurteilt. Die Anklagen betrafen den Besitz obszöner Bilder – er besaß Gemälde von Boucher –, das Vorkommen von jansenistischen Büchern in seiner Bibliothek, die Beschäftigung mit Voltaire und Rousseau und sein Bekenntnis zum kopernikanischen

Weltbild. Olavide gelang die Flucht nach Frankreich, wo er bleiben konnte. Erst 1798 kehrte er nach Spanien zurück.

Wolff, Rousseau und Olavide wären nur drei Beispiele unter vielen. Es kam eben darauf an, nicht gerade im falschen Land zu lehren und zu publizieren. Verbote trafen natürlich auch gesellschaftliche Zusammenschlüsse, insbesondere die Freimaurer, die sich zwar in Großbritannien ganz frei entwickeln konnten, in katholischen Ländern durch päpstliches Verbot eigentlich ungesetzlich waren, je nach Regierung aber doch frei existieren konnten. Aber das Jahrhundert endet mit der Aufhebung des Illuminatenordens, als es reaktionären Kreisen gelang, die bayerische Regierung 1784/85 zum Verbot dieses Geheimbundes zu bewegen, wobei es nicht nur beim Verbot blieb, sondern zu einer eigentlichen Verfolgung kam. Verfolgung bedeutete Entlassung von Illuminaten aus dem Staatsdienst. In einem kurfürstlichen Verbotsdekret heißt es: «Wir sind auch genau unterrichtet, und die untrügliche Erfahrung bestätigt es, daß sie in ihren Versammlungen gegen Religion, den Staat und die Regierung die gefährlichsten Projekte schmieden, ihr abscheuliches System je länger je mehr zu verbreiten und mitbei vorzüglich Unsre geheiligte Religion, Kirchengebräuche, und übrige dahin Bezug habende Sachen bei allen Gelegenheiten teils mündlich, und teils mit ihren heimlich zum Druck beförderten und verbreiteten Spott- und Schmähschriften in Verachtung zu bringen, und wenn es ihnen möglich wäre, ganz zu zernichten suchen, überhaupt aber sich zu Durchsetzung dieser und anderer bösen Absichten nach ihrem angenommenen Hauptgrundsatze aller Mittel erlauben.»

Das Verbot wurde auch auf alle bayerischen Lesegesellschaften ausgedehnt. Sogar Kaiser Joseph II. sah sich in diesem Zusammenhang genötigt, den Freimaurerorden staatlicher Aufsicht zu unterstellen: Da die Maurergesellschaften letztlich nur *Gaukelei* seien, heißt es im Freimaurerpatent vom 11. Dezember 1785, könnten sie ohne *Leitung* schnell in «Ausschweifungen, die für Religion, Ordnung und Sitten allerdings verderblich sein können, besonders aber bei Obern, durch eine fanatische engere Verknüpfung in nicht ganz vollkommene Billigkeit gegen ihre Untergebenen, die nicht in der nämlichen gesellschaftlichen Verbindung mit ihnen stehen, ganz wohl ausarten, oder doch wenigstens zu einer Geldschneiderei dienen».[11]

Selbst die aufgeklärten Fürstbischöfe von Mainz und Köln folgten mit Verboten für alle Gesellschaften, von denen man meinte, sie seien von illuminatischem Gedankengut infiziert. Die Aktion steht in der allgemeinen reaktionären Stimmung, wie man sie in jenen Jahren feststellen kann und die sich in der Abwehr des französischen Revolutionsgeistes fortsetzt. Verbote trafen etwa die Lesegesellschaften von Trier (1783); Düsseldorf (1794), Stäfa am Zürichsee (1795) und Siebenbürgen (1798). Köln wird 1792, Erfurt 1795 unter kurfürstliche Überwachung gestellt.

Man sieht, daß so etwas wie ein Assoziationsrecht, das Recht, frei von staatlicher Aufsicht einen Verein zu gründen, keineswegs selbstverständlich war. Noch weniger selbstverständlich war so etwas wie Pressefreiheit. Die Zensurbehörden waren noch überall Bestandteil der Staats- oder Kirchenverwaltung, immer die altfreien Niederlande und England ausgenommen. An vielen Orten allerdings saßen in den Zensurbehörden aufgeklärte Leute. Es gilt für viele andere auch, wenn 1786 ein Berner Historiker sagt: «Allerdings darf man bei uns freier schreiben als ehemals. Einige Erz-Ignoranten, mithin Verfolger der Aufklärung, sind gestorben. Es schreiben Personen, die man nicht leichtlich antasten darf und keine Brothilfe nötig haben ... Unsere ohnehin nicht scharfe Zensurordnung schläft ganz gelassen ein, requiescat in pace.»[12] Sie möge in Frieden ruhen – doch ist in dieser Feststellung nicht zu übersehen, daß kleine Leute und solche, die von ihrer Feder leben mußten, es nicht unbedingt ganz leicht hatten mit Zensur oder Beeinflussung von Publikationen.

Wenn Druckfreiheit schon in protestantischen und aufgeklärten Ländern – wo die *erzignoranten Verfolger der Aufklärung* das Zeitliche gesegnet hatten – nicht so ganz selbstverständlich war, so erst in gewissen katholischen Ländern, wie in Spanien.

Wie schwierig die Lage sein konnte, zeigt etwa das Verbot der spanischen Übersetzung des berühmten kriminalrechtlichen Werks des Beccaria. Ein diplomatischer Bericht nach Wien sagt: «Das Inquisitionsgericht läßt sich in der Fortsetzung seines Plans von nichts aufhalten. Ungeachtet jenes Widerstandes, so der Kastilienrat zur Verteidigung verschiedener von ihm selbst genehmigter Bücher ... angewendet, so ist doch dieser Tage das

Buch des Marchese Beccaria *von den Verbrechen und Strafen* nebst vielen anderen endlich verdammet und unter den strengsten Strafen verboten worden. Der Abbé D. Alvarez de Caballeria, welcher dieses Werk ins Spanische übersetzet und lange Zeit gerichtlich und schriftlich verteidiget hat, ... hat für ratsam gehalten, dem Gewitter zuvorzukommen und sich nach Rom zu retirieren.»[13]

Daß man vor dem spanischen Inquisitionsgericht ausgerechnet in Rom Zuflucht suchte und fand, zeigt, wie verschiedenartig auch die katholische Welt war und wie sehr die Lage in Spanien kontrovers sein konnte.

Aber nicht nur in Spanien. Man glaubte zwar allmählich in einem aufgeklärten Europa zu leben und wurde doch immer wieder durch Maßnahmen reaktionärer Obrigkeiten aufgeschreckt.

Daß die Ketzerprozesse noch nicht zu Ende waren, beweist 1762 überdeutlich der Fall der Hinrichtung des Calvinisten Jean Calas durch das Parlament, den Gerichtshof von Toulouse. Calas wurde verurteilt, weil er angeblich seinen Sohn – der Selbstmord begangen hatte – umgebracht habe, um dessen Übertritt zur katholischen Religion zu verhindern. Man hatte in Frankreich gemeint, die Zeit der Ketzerprozesse sei vorbei. Voltaires Protest führte dann tatsächlich zur Revision des Prozesses durch das oberste Parlament in Paris, das Calas 1765 posthum rehabilitierte.

Noch 1782 wurde in der Schweiz, im evangelischen Kanton Glarus, eine Dienstmagd wegen angeblicher Verhexung eines Kindes ihrer Dienstherrschaft als Hexe hingerichtet.

Zwei Jahre vorher war im ebenfalls protestantischen Zürich ein unbequem gewordener aufgeklärter Geistlicher, Heinrich Waser, als Landesverräter hingerichtet worden, weil er für Zürich nachteilige Tatsachen im Ausland publiziert und Geheimakten aus dem staatlichen Archiv nicht zurückgegeben hatte. Der Fall Waser war eine extreme Maßnahme populistisch-politischer Justiz.

Zehn Jahre vorher hatte Dänemark eine erschreckende Affäre erlebt mit der Hinrichtung des ersten Ministers des Königreiches, Johann Friedrich Struensee. Er war als Freund der Königin Karoline Mathilde – der König selbst war bekanntlich schwachsinnig – 1770 erster Minister geworden und hatte sofort große aufklärerische Reformen inszeniert: Abschaffung der Tortur, Freiheit des Drucks, Finanzreform, Senkung der Zölle, Aufhebung der Handelsprivilegien, Förderung des Bauernstandes. Das war aufgeklärt, antimerkantilistisch, ja physiokratisch. Aber es ging zu rasch und griff zu tief in die alte Welt ein. Der Hof – d. h. die alte Königinwitwe und der Adel – führten nach anderthalb Jahren Regierung schon den Sturz herbei, der – auch weil ja noch persönliche Motive im Spiel waren – die ungewohnte Form einer Hinrichtung des allzu mächtigen Ministers annahm.

Daß Minister gestürzt wurden, wenn sie allzusehr in die traditionellen Verhältnisse eingriffen, gehörte zu den fast normalen Vorgängen. Dennoch war die 1776 erfolgte Entlassung des physiokratisch beeinflußten Finanzministers Turgot durch den französischen König Ludwig XVI. besonders beeindruckend. Turgot hatte kühn Handels- und Gewerbefreiheit und Abschaffung der Zunftprivilegien dekretiert. Er erlag nach kaum zwei Jahren dem vereinten Ansturm aller Privilegierten aller Klassen. Die alte Gesellschaft hatte demonstriert, daß sie aller Aufklärung ungeachtet noch da sei und gewillt war, jede ernsthafte Reform zu verhindern.

Wenn in vereinzelten Fällen derlei Reformen Erfolg hatten, wenn durch innere Veränderungen eine moderne Regierung an die Macht kam, so griff die herrschende Ordnung zum Mittel der militärischen Intervention. Dies war in der zweiten Jahrhunderthälfte mindestens dreimal der Fall.

Man kann den Versuch der britischen Krone, die amerikanische Freiheitsbewegung zu unterdrücken, als Intervention einer konservativen Macht betrachten. Mit einer – hauptsächlich aus deutschen Soldaten bestehenden – Soldarmee versuchte man die Kolonien, die sich freie Verfassungen gegeben hatten, zur Räson zu bringen, was am hartnäckigen Widerstand amerikanischer Aufklärung scheiterte. Es ist aber nicht zu vergessen, daß die Englandtreuen, die Loyalisten, ihr Amerika verließen, um später als Emigranten in Europa für die konservative Sache einzustehen.

Ein weiterer Konflikt zwischen Konservativen und Fortschrittlichen spielte sich seit Jahrzehnten in der Republik Genf ab. Als schließlich die liberalen Kräfte die Macht übernommen hatten und an die entsprechenden Änderungen gingen, da riefen die Genfer Oligarchen 1782 die Schutzmächte zu Hilfe. Gerne leisteten diese drei Staaten, Frankreich, Sardinien-Piemont und Bern, die erbetene Hilfe und setzten mit militärischer Intervention die Patrizier wieder in ihre alten Rechte ein. Die Führer der Neuerung emigrierten und sollten teilweise eine nicht unwichtige Rolle in der Französischen Revolution spielen.

Ganz ähnlich wandten sich fünf Jahre darauf die reaktionären Kräfte in der Republik der Niederlande an die konservativen Regierungen von England und von Preußen, um die seit einigen Jahren herrschende Patriotenpartei zu stürzen. Dank Intervention von preußischen Truppen und dank diplomatischer Unterstützung durch England konnte die konservative Partei wieder an die Macht kommen und das antirepublikanische Regime der Oranier wieder eingesetzt werden.

Wie ein Schlußstück dieser Erfolge der Reaktion mutet schließlich die kirchliche Reaktion an, die in Preußen nach dem Tode Friedrichs II. einsetzte. Sein Nachfolger, Friedrich Wilhelm II., hatte im Sinn, die ganze aufgeklärte Politik des großen Königs zuschanden zu machen, indem er Johann Christoph Wöllner zum Minister des geistlichen Departements machte. Wöllner erließ 1788 sein *Religionsedikt.* Alle drei Hauptkonfessionen, die lutherische, die calvinistische und die katholische, sollten gegen *zügellose Freiheit* der Aufklärung durch Polizeimaßnahmen aufgrund der alten Bekenntnisse abgesichert werden. Hier aber zeigte es sich, daß die Aufklärung doch zu tief selbst Preußen erfaßt hatte. Die Widerstände waren so stark, daß der König nach neun Jahren 1797 das Gesetz und mit ihm Wöllner fallenlassen mußte. Dennoch war das Wöllnersche Religionsedikt ein Signal dafür, daß überall reaktionäre Kräfte am Werk waren. Der König und sein Minister gehörten beide dem Rosenkreuzerorden an, jener Sammlung reaktionärer Kräfte, die hinter die Aufklärung zu autoritärem Denken zurückgehen wollten.

Es ließen sich noch weitere repressiv-autoritäre Maßnahmen im Europa der zweiten Jahrhunderthälfte feststellen, die zeigen könnten, wie auf verschiedenen Gebieten bestimmte Obrigkeiten sich durch einen antiaufklärerischen Geist leiten ließen. Wie viele an sich harmlose, keinesfalls radikale Reformen in Verwaltung, Schule, Kirche und Ökonomie scheiterten nicht an den liebgewordenen Vorstellungen standesbewußter Adliger, konservativer Magistraten, klerikaler Kirchenmänner, traditionalistischer Professoren, altmodischer Handwerker und analphabetischer Bauern.

IX.
Der Weg ins 19. Jahrhundert

1. Nationalismus statt Kosmopolitismus?

Obschon der Nationalismus erst nach dem Ausbruch der Französischen Revolution politische Wirklichkeit werden kann und obschon die Idee des national einheitlichen Volkes erst mit der Romantik griffig wird – so liegen die ersten Auseinandersetzungen über diese Fragen im 18. Jahrhundert und können als Gegenbewegung zur Aufklärung verstanden werden.

Der Mensch des 18. Jahrhunderts lebte in seinem Dorf, auf seinem Schloß, in seiner Stadt oder in der Residenz. Seine Wohnstätte befand sich in einem bestimmten Staat, einem Land, und er gehörte damit einem bestimmten Volk an. Er war nicht allein Untertan seines Königs, sondern Glied einer – allerdings mehr imaginären als realen – Volksgemeinschaft. Der Einzelmensch war von Geburt in ein größeres Ganzes eingeordnet, das die Staatsgrenzen je nachdem sprengen konnte. Es gab ein Europa der verschiedenen Völker und nicht nur der verschiedenen Staaten. Der Begriff Volk war an sich unklar, sprach weniger den politischen Verstand als *das Gefühl* an. Man fühlte sich in etwas Uraltes eingebettet.

Eine Völkertafel[1] aus der Mitte des 18. Jahrhunderts kann uns über die *europäischen Völker* belehren. Sie stammt aus der Steiermark und gibt das populäre Bild Europas wieder, wie es im Volk verstanden wurde. Die Spanier sind hochmütig, männlich, klug und weise, großmütig. Die Franzosen sind leichtsinnig, gesprächig, unbeständig, vorsichtig. Die Italiener hinterhältig, eifersüchtig, scharfsinnig – sie vertreiben die Zeit mit Schwatzen. Die Deutschen sind offenherzig, witzig, verschwenderisch, machen alles nach, vertreiben ihre Zeit mit Trinken. Die Engländer sind wohlgestalt, liebreich, weltweise, unruhig, haben bald den, bald jenen als Herren, sie vertreiben sich die Zeit mit Arbeiten ... und so weiter noch über Schweden, Polen, Ungarn, Russen, Türken und Griechen. Dies ist die schlichte Sicht aus steiermärkischer Optik heraus. Für dieses einfache Volk gab es etwa zehn Völker in Europa, über deren Eigenschaften man im Bild war. Wie wir gesehen haben – eine Ansammlung von Klischees, von Vorurteilen, die allerdings nicht nur im Volke gängig waren, wenn etwa Rousseau davon spricht, daß der Engländer das Vorurteil des Stolzes, der Franzose das der Eitelkeit besitze.[2]

Die Völker Europas deckten sich teilweise mit den Staaten, im Fall der Deutschen, der Italiener und anderer aber nicht. Der Begriff Volk ist mehr als eine Variante des Begriffs Staat. Er ist von verwirrender Bedeutungsvielfalt. Volk ist in diesem Zusammenhang natürlich weit mehr als Unterschicht – es sind alle Klassen darunter zu verstehen. Volk ist primär ein Land, ein Gebiet, das in der Vorstellung der Einwohner und vor allem auch der Nachbarn seit jeher eine Einheit bildet, das unter einem König oder Kaiser steht und eine eigene Religion hat. Das Volk der Schweden ist zum Beispiel definierbar durch König und Luthertum, das Volk von Portugal durch König und Katholizismus, das Volk von Rußland durch den Zaren und die Orthodoxie, usw. Die gemeinsame Sprache scheint als Merkmal sekundär oder selbstverständlich zu sein. Sie zerfällt in eine Ansammlung von Mundarten, die unter sich meist nur schwer verständlich zu sein pflegen. Außerdem sprechen Hof und Oberschicht anders, sei es die Hochsprache oder das Französische, Akademiker und Rechtsgelehrte oft noch Latein. Das Königreich des dänischen Königs umfaßt zum Beispiel solche, die dänisch, plattdeutsch, norwegisch oder isländisch sprechen. Bis ins 18. Jahrhundert war hier ein friedliches Zusammenleben möglich. Gott und der König verstanden ja alle Sprachen. Integration in den Staat war auch ohne gemeinsame Sprache möglich. Das war auch in der Schweiz so, wie bei vielen Sprachminoritäten in Osteuropa, bei den französischen Bretonen, den spanischen Katalanen …

Im 18. Jahrhundert – dem Jahrhundert der Naturwissenschaften – lag es näher, das Volk von den natürlichen Bedingungen, besonders vom Klima her als Einheit zu begreifen. Selbst die Religionen schienen vom Klima bestimmt zu sein. Der Herrnhuter Graf Zinzendorf fand, Gott selbst habe die Völker geschaffen, um so «die Wahrheit und Liebe zu seinem Sohn an die Menschen zu bringen nach ihrer Faßlichkeit und nach des Landes Temperaturen und Luft. Zur englischen Luft schickt sich just die englische Religion, zur spanischen und portugiesischen Luft die katholische, zur französischen will sie schon nicht so passen, daher kommt ecclesia gallicana, ein Mischmasch von Katholischem und Reformiertem ... In Deutschland schickt sich's ziemlich zum Protestantismo und in den nordischen Ländern noch mehr. Daher sind auch diese Religionen in den Ländern.»[3]

Mit der stärkeren Erfassung der Einwohner durch den Staat begann man sich näher mit dem *Esprit des Nations,* mit dem Geist der Nationen und dem spezifischen *Nationalcharakter* zu befassen, so etwa im zentralistischer werdenden Frankreich. Nation bedeutet das Volk aller Franzosen, die eben schon seit langem in einem Staat und unter einem König zusammengeführt worden waren. Man transponierte mittelalterliche Vorstellungen vom Volk der Franken ins 17./18. Jahrhundert. Alle Franzosen waren Landeskinder, geschützt durch die königliche Verwaltung und die königliche Armee vor Aspirationen des Auslandes, vor ausländischer Konkurrenz. Vorbild für die Franzosen waren da die Engländer, die schon vorher zu einer geschlossenen Nation geworden waren, geschützt durch ihr insulares Dasein.

Von jedem Volk wurde fortan erwartet, daß es einheitlich denken und einheitlich fühlen sollte. Immer bedeutsamer wird dabei das Postulat der Vaterlandsliebe. Nicht nur Treue dem König gegenüber, sondern gefühlsmäßiges Einssein mit dem Land der Väter. Herder faßt diese Vorstellung in den Satz: «Jede Nation hat ihren Mittelpunkt der Glückseligkeit in sich, wie jede Kugel ihren Schwerpunkt.»[4] Wenn die Nation ihren Schwerpunkt in sich selbst hatte, so mußte sie ganz bestimmte Eigenschaften aufweisen, mußte andersartig sein als die andern Nationen.

Damit wurde plötzlich die Sprache zum einigenden und konstituierenden Element, oft anstelle der Religion. Leicht hatten es da zum Beispiel die Franzosen, bei denen die Religion sukzessive abgewertet und die Sprache des Kulturzentrums Paris immer mehr zum gemeinsamen Ausdrucksmittel wurde. Das Königreich Schweden gründete eigens seine Akademie zur Pflege der Landessprache. Vorausgegangen waren die Niederlande, die eine einheitliche Schriftsprache entwickelten und damit nicht nur bündische Einheit waren. Bezeichnend ist, daß zu Beginn des 19. Jahrhunderts die Hugenotten in Deutschland ihr Französisch aufgaben, um sich besser in der deutschen nationalen Welt integrieren zu können. Aber nicht nur Fremdsprachige machen da mit. Die Gebildeten begannen sich im Laufe des 18. Jahrhunderts der Schriftsprache zu bedienen. Wenn man sozial aufsteigen wollte, so hatte man die Mundart zu verlassen. Sprachnationalismus war vor allem Sprache der oberen Schichten. Gebildete Italiener waren zum Beispiel schon längst im Besitz des köstlichen Guts einer Literatursprache, während einfache Sizilianer und Lombarden sich ebensowenig verstanden wie schwäbischsprechende Süddeutsche und plattsprechende Niedersachsen. Aber gerade mit dem Mittel der Hochsprache konnte das Volk aus seiner Beschränktheit und Dummheit erlöst werden. Das war aufklärerische Konzeption.

Andererseits glaubte man in romantischer Verzückung, daß gerade im Volk die Schätze der Nation noch zu Hause seien. Dort fanden sie die Dichter, die nun – natürlich in der Hochsprache – begannen, das Vaterland zu besingen, seine einzigartige und erhabene Natur und seine heroische Geschichte.

Je weiter zurück, desto echter. Die Deutschen fanden ihre historische Identität in den Germanen – so wie sie Tacitus beschrieben hatte. Für Großbritannien und Irland schuf der Schotte James Macpherson den *Ossian* mit seinen altkeltischen Liedern nachgebildeten Heldengesängen. Die nordischen Völker suchten ihre Helden in der *Edda* und den Sagas, die nur noch in Irland ein versponnenes Leben weiterführten. Die Götterwelt Wotans, Donars, der Freia stieg wieder herauf, und die alten Helden Dietrich von Bern, Hildebrand, Siegfried, Brunhild und Kriemhild erlebten ihre Wiedergeburt. Neben die allgemein verbindliche griechische Mythologie trat nun eine neue, nationale, eine eigenständige Vorzeit.

Zusätzlich konnte man aber die historisch nachweisbare Vergangenheit mit neuen aufklärerischen Methoden besser in den Griff bekommen. Dänemark gründete gar eine königliche Gesellschaft für nordische Geschichte. Was Reformation und Gegenreformation verdunkelt hatten, wurde neu ins Zentrum gestellt. Die fränkisch-französischen Könige, die Hohenstaufen oder die Heldenschlachten der alten Schweizer – und weniger weit zurückliegend die Seesiege der Dänen und der Niederländer, die Heldentaten der Schweden im Dreißigjährigen Krieg. Die Briten konnten sich außerdem noch auf die Verherrlichung ihrer Herrschaft über die Meere werfen. Das Lied *Rule Britannia, Britannia rules the waves* spricht dies überdeutlich aus.

Bald verfügte jede Nation über ihr festes Geschichtsbild, das Wirklichkeit beanspruchte, nicht Sage war. Es ging stets um die Vorstellung eines großartigen, heldenhaften, guten und mächtigen Volkes, das immer wieder über seine minderwertigen Feinde zu siegen pflegt. Die Nation war mehr als Gegenwart. Sie war die Gemeinschaft der Toten und der Lebendigen.

Diese Verherrlichung und Rückprojektion der Nation scheint wenig mit Aufklärung zu tun zu haben. Wenn man jedoch die Vorfahren als tugendhafte Menschen darstellen konnte, als gerechte Könige, als opferfreudige Krieger, als uneigennützige Bürger, so gab man einfach dem aufklärerischen Tugendbegriff das historische Leitbild. Außerdem entsprach die innerlich, mentalitätsmäßig geschlossene Nation dem Wunsch eines starken Staates, der befähigt war, die modernen, aufklärerischen Postulate durchzuführen. Die Nation ist effizienter als die Monarchie.

Waren aber die Vorstellungen des Nationalismus nicht eigentlich Widersprüche zum ursprünglichen Kosmopolitismus der Aufklärung? Fand da nicht ein Rückfall in das 16. und 17. Jahrhundert, wenn nicht ins Spätmittelalter statt? Wurden da nicht die Feindbilder alter Zeiten, die man zu überwinden trachtete, erneut belebt? Die Auflärung hatte sich doch bemüht, mit einheitlichem Naturrecht, mit ethnischer Philosophie für alle Menschen – gleichviel welcher Nation – eine neue gemeinsame Basis zu schaffen. Die Menschheit als Gesamterscheinung hatte doch an die Stelle der verschiedenen Staaten mit ihren Ideologien zu treten.

Man konnte den Kosmopolitismus retten, wenn man den Begriff der Vaterlandsliebe mit dem aufklärerischen Begriff des Patriotismus verband. Man mußte nur – wie dies Montesquieu und andere taten – den Menschen richtig in den Kosmos hineinsteuern. Ein erster Wirkungskreis des Menschen ist dann die engste Heimat, die Familie, das Dorf, die Stadt. Den Rahmen für diese patriotische Wirksamkeit im kleinsten Kreis steckt die

Nation ab, die so und so viele Energien wecken kann, die über das engere Dasein hinausgehen. Die Nation aber ist wiederum nur als Teil der gesamten Menschheit zu betrachten. Eine Nation ist nur glaubhaft, wenn sie sich in den Dienst der Humanität stellt. Solche Ziele strebt der aufklärerische Patriot an. Dazu zwei Äußerungen der späten Aufklärung: «Genügt es, daß ein aufgeklärter Mensch nur seine Mitbürger kenne oder sollte es ihm nicht wichtig sein, die Menschen im allgemeinen zu kennen?»[5] Oder: «Der wahre Patriotismus ist nichts anderes als ein Ausfluß der reinsten Menschenliebe. Sie schränket sich nicht in die engen Grenzen eines Landes und einer Nation ein.»[6]

2. Von der Aufklärung zu den Revolutionen

Die Möglichkeit einer Revolution in Europa lag in der zweiten Hälfte des Jahrhunderts in der Luft. Im Jahr der Unabhängigkeitserklärung der Vereinigten Staaten von Amerika schrieb der von uns so oft zitierte und wie als Reiseführer durch das Jahrhundert der Aufklärung betrachtete italienische Beobachter Carlantonio Pilati aus Paris: «Aber wie die Ereignisse dieser Welt dauernd von einem Zustand zum andern wechseln, sobald sie bis zur Perfektion gebracht worden sind, beginnen sie zu zerfallen. Die Ausländer spüren nur allzusehr, daß diese Revolution schon begonnen hat und in Frankreich sogar schon sehr weit fortgeschritten ist.»[7]

Man stellte sich darunter allerdings eine mehr oder weniger friedliche Umwälzung vor, etwa im Stil der Glorreichen Revolution Englands. Ein Dutzend Jahre nach diesem Brief Pilatis brach tatsächlich das aus, was man erwartet hatte. Die ersten Zeiten der Französischen Revolution hatten wirklich noch den Charakter einer gewaltlosen Umwälzung, um dann aber endgültig im Jahre 1792 zu eskalieren, wobei die Reaktion der alten Regierungen Englands, Preußens und Österreichs das ihrige zur Radikalisierung beitrug. Es ging nun einfach um Revolution oder Gegenrevolution. Die Spaltung erfaßte alle Staaten und alle Klassen. Diese Polarisierung sollte das ganze 19. und weitgehend auch das 20. Jahrhundert kennzeichnen und bestimmt jedenfalls bis heute unser Urteil über die ganze Aufklärung.

Die Konservativen schoben die Verantwortung für die Revolution der Aufklärung zu, zumindest der Radikalisierung in der zweiten Jahrhunderthälfte. Wahrscheinlich sind es eher die Gegenkräfte der Reaktion, der Ewiggestrigen, der Ängstlichen, der Ultrakonservativen gewesen, die nicht rechtzeitig merken wollten, daß man endlich mit tiefgreifenderen Reformen beginnen sollte. Sie haben die Aufgeklärten, die Reformwilligen in die Radikalisierung getrieben. Deren Geduld war überall – nicht allein in Frankreich – zu Ende.

Ein treffendes Beispiel für die Macht und Taktik der Gegenrevolution ist die Polarisierung der katholischen Welt. Als das katholische Frankreich auf dem Höhepunkt der Jakobinerrevolution die Priester zu verfolgen begann und schließlich Kirche und Religion überhaupt aufhob, da konnte man diese Exzesse der Aufklärung ganz allgemein zur Last legen. Zwar hielt sich noch für einige Jahrzehnte die aufgeklärte Richtung. Aber die Jesuiten waren wieder da. Ihre Aufhebung war nur vorübergehend gewesen. Sie hatten sich nach dem Verbot von 1773 aufs neue gesammelt, vor allem in Bruderschaften der Herz-Jesu-Andacht, und mancherorts mußten sie – weil ja niemand anders da war – die Schulen als gewöhnliche Geistliche weiterführen. Es handelte sich um ein Weiterexistieren im Geheimen. Schon nach weniger als 30 Jahren wurde der Orden 1801 in Rußland, 1804 in Neapel und schließlich 1814 durch Papst Pius VII. für die ganze Welt in unveränderter, alter Verfassung wiedererrichtet. Und nun konnte das Werk der Restauration überall beginnen, mit einem unversöhnlichen Rachegefühl gegenüber der Aufklärung in all ihren Spielarten, besonders aber der katholischen!

Im 19. Jahrhundert sollte zwar ein liberaler Katholizismus als Minorität das Werk der Aufklärung weiterführen, aber weit härter, kompromißloser und unversöhnlicher, als dies der eben mehrheitliche liberale Protestantismus tat und als es die humanen Geistlichen des 18. Jahrhunderts getan hatten. Erst das zweite Vatikanische Konzil konnte in der Folge schließlich ein natürlicheres Verhältnis zur Aufklärung und zu deren katholischer Komponente finden.

Andererseits gelang es gerade in den kleineren Staaten Europas, in Skandinavien, Belgien, den Niederlanden, der Schweiz, die Experimente, die man zu Beginn des Jahrhunderts zwischen

Revolution durch Frankreich und Gegenrevolution durch Österreich und Großbritannien hatte machen müssen, in der Zeit der europäischen Revolution von 1848 zur Staatswirklichkeit werden zu lassen, aufgeklärte Reformen auf allen Gebieten durchzuführen und – sogar in monarchischen Verhältnissen – demokratische Zustände zu schaffen.

An sich schien die Aufklärung zu Ende zu sein, als die Zukkungen der Französischen Revolution in den Imperialismus Napoleons übergingen und als 1815 der Wiener Kongreß die Restauration der alten vorrevolutionären Zustände einläutete. Aber man konnte dennoch so vieles nicht mehr rückgängig machen. Selbstverständlich waren für aufgeschlossenere Konservative wie für gemäßigte Radikale Grundsätze der religiösen Toleranz, der Freiheit der Menschenrechte, der Mündigkeit des Menschen, der kritischen Methode des Denkens. Anderes mußte zurückbuchstabiert werden: Der einseitige Kult der Vernunft sowie der naive Glaube an den immerwährenden Fortschritt. Die zwei Weltkriege, der Faschismus, der Nationalsozialismus und der Stalinismus brachten schließlich ein Erwachen voller Grauen. Trotz solchen Rückschlägen blieb Hoffnung. Und wenn Hoffnung, dann immer noch im Rückgriff auf die Aufklärung des 18. Jahrhunderts, in eine Welt von Vorfahren, deren Bilder wir noch besitzen und deren Bücher wir noch in die Hand nehmen können. So weit zurück liegt diese Zeit doch nicht, die Zeit, in welcher soviel Hoffnung wach geworden war. Die Aufklärung bleibt «ein dynamisches Element der modernen Welt und eine Herausforderung zur Menschlichkeit in finsteren Zeiten».[8]

Im Grunde war die Menschheit durch die Aufklärungsbewegung überfordert worden. Dieses neuartige, starke Licht blendete allzusehr, kam oft allzu rasch und unvermittelt in die barocke Dunkelheit hinein. Eine Elite von Denkern und Aristokraten war der oft naiven Meinung, es genüge der Appell an die *ratio,* um der Menschheit segensreiche Erkenntnisse schmackhaft zu machen. Es gab zwar Länder und Regionen, wo man damit in der Regel auf Verständnis stieß und wo man ohne harten Bruch die besonders auf sozialem Gebiet notwendigen Reformen vorbereiten und durchführen konnte, in andern aber war die Aufgabe viel schwerer, und die aufgeklärte Elite war sich in ihrer Ungeduld zu wenig bewußt, welche Widerstände man nun erst recht aufschreckte. Dennoch bleibt man bis heute beeindruckt von der Summe von Intelligenz, die in diesem Jahrhundert hervorbricht und ohne deren Wirksamkeit ein menschliches Dasein in Dumpfheit und – sagen wir es offen – in Dummheit ungestört hätte weitervegetieren können. Daß gewisse Gefahren der Übertreibung in der Bewegung an sich lagen, haben schon viele damals erkannt, nicht nur ein Swift in seinem *Gulliver* oder ein Voltaire in seinem *Candide.* Beide aber öffneten mit vielen andern zusammen die Welt für neue Horizonte, für die Freiheit, die es immer wieder neu zu gewinnen galt, die immer neu vor Rückfällen zu schützen war. Sogar Lavater, der dem religiösen Spiritualismus nicht ferne stand, sagte – als er mit der Bewegung der neupietistischen deutschen Christentumsgesellschaft konfrontiert war –: «Sie mögen's gut meinen, aber Licht fehlt und freie forschende Erkenntnis.»[9]

Diese *freie forschende Erkenntnis* war ja die primäre Aufgabe, die sich die Aufklärung stellte; eine Aufgabe, die der ganzen Menschheit von Nutzen sein sollte. In diesem Sinn schloß Montesquieu seine Autobiographie mit einer knappen Analyse des Verhältnisses vom Ich zur Familie, zur Nation und zur Menschheit. Die drei Sätze sind ein persönliches Bekenntnis zur Ethik der Aufklärung: «Wenn ich etwas kennen würde, das mir persönlich von Nutzen, jedoch von Nachteil für meine Familie wäre, würde ich es aus meinem Gesichtskreis verbannen. Wenn ich etwas kennen würde, das für meine Familie nützlich wäre, nicht aber für mein Vaterland, würde ich versuchen, es zu vergessen. Wenn ich etwas kennen würde, das nützlich für mein Vaterland wäre, jedoch von Nachteil für Europa, beziehungsweise nützlich für Europa und gleichzeitig von Nachteil für die Menschheit, würde ich es als ein Verbrechen betrachten.»[10]

Anhang

Anmerkungen

Das vorliegende Buch stützt sich partiell auf meine 1982 im Verlag C. H. Beck, München, erschienene Untersuchung *Das gesellige Jahrhundert. Gesellschaft und Gesellschaften im Zeitalter der Aufklärung.*

I. Das Zeitalter

1 Zum Kapitel *Das Zeitalter,* Im Hof, *Licht,* S. 119–121.
2 Willey, *Background,* S. 5.
3 Lope, *Madrid,* S. 38.
4 Montesquieu, *Caractère,* S. 7.
5 Vierhaus, *Prozeß,* S. 6.

II. Die Gesellschaft im Wandel

1 Zum Kapitel *Die Gesellschaft im Wandel,* Im Hof, *Geselliges Jahrhundert,* S. 17–68.
2 Pilati, *Voyages,* I, S. 62.
3 Goethe, *Venezianische Epigramme* (1790).
4 G. Maugras, *Le Duc et la Duchesse de Choiseul,* Paris 1903, S. 108/109.
5 Lope, *Madrid,* S. 36.
6 G. Maugras, *Le Duc et la Duchesse de Choiseul,* S. 106.
7 Pilati, *Voyages,* I, S. 2.
8 ebenda, I, S. 2.
9 Voltaire, *Louis XIV.,* S. 1048.
10 Braunbehrens, *Mozart,* S. 12.
11 Im Hof, *Geselliges Jahrhundert,* S. 38.
12 ebenda, S. 68.

III. Europa und seine Staaten

1 W. Altwegg (Hg.), *J. P. Hebels Werke,* Zürich 1943, Bd. 2, S. 80/81.
2 H. Davenson, *Le livre des chansons,* Neuchâtel 1943, S. 218–220.

3 Pilati, *Voyages,* I, Préface.
4 Flugblatt *Politisches Barometer im Jahre 1785,* in: W. Killy (Hg.), *Zeichen der Zeit.* Ein deutsches Lesebuch, I, Frankfurt/Hamburg 1962, S. 25.
5 Pilati, *Voyages,* I, S. 201.
6 ebenda, II, S. 45.
7 ebenda, I, S. 74.
8 P. Coulmas, Weltbürger, *Geschichte einer Menschensehnsucht,* Hamburg: Rowohlt, 1990, zit. bei U. Bitterli, «Zur Geschichte des Weltbürgertums», *Schweizerische Monatshefte,* September 1990, S. 786.
9 P. Ochs, *Geschichte der Stadt und Landschaft Basel,* Basel 1822, 8, S. 6.

IV. Die Träger der Aufklärung

1 Zum Kapitel *Träger der Aufklärung,* Im Hof, *Geselliges Jahrhundert,* S. 216–225.
2 *The Spectator,* Nr. 68, 18. Mai 1711.
3 Lope, *Madrid,* S. 38.
4 H. H. Müller, *Akademie und Wirtschaft im 18. Jahrhundert,* Berlin 1975.
5 Zum Kapitel *Der Salon,* Dierse, *Philosophie,* S. 826–831.
6 Bödeker, *Aufklärung,* S. 93/94.
7 Braunbehrens, *Mozart,* S. 167.
8 Zum Kapitel *Die Lesegesellschaften,* O. Dann, *Lesegesellschaften und bürgerliche Emanzipation. Ein europäischer Vergleich,* München 1981.
9 J. Dierauer, *Die toggenburgische Moralische Gesellschaft,* St. Gallen 1913.
10 Im Hof, *Geselliges Jahrhundert,* S. 134–157.
11 *The Royal Dublin Society 1731–1981,* J. Meenan/D. Clarke (Hg.), Dublin 1981.
12 R. E. Schofield, *The Lunar Society of Birmingham,* Oxford 1963.
13 Shafer, *Societies.*
14 N. Chomel/de la Mare, *Dictionnaire œconomique,* 1767, S. II.
15 J. Meyer, *La Noblesse Bretonne au XVIII siècle,* Paris 1966, S. 576–585.
16 K. Guggisberg/H. Wahlen, *Kundige Aussaat, köstliche Frucht. Zweihundert Jahre Ökonomische und Gemeinnützige Gesellschaft des Kanton Bern 1759–1959,* Bern 1958.
17 Zinzendorf, *Schweiz,* S. 303.
18 Im Hof, *Geselliges Jahrhundert,* S. 164–166, 249.
19 L. von Köchel, *Chronologisch-thematisches Verzeichnis sämtlicher Tonwerke Amadeus Mozarts,* Wiesbaden 1965/7, S. 724–726.

20 *Die Basler Christentumsgesellschaft,* hg. v. M. Brecht, *Pietismus und Neuzeit,* 7, Göttingen 1982.
21 Im Hof/de Capitani, *Helvetische Gesellschaft.*
22 *The Specator,* S. 882–897.
23 Pilati, *Voyages,* II, S. 327.
24 H. von Greyerz, *Nation und Geschichte im bernischen Denken,* Bern 1953. S. 24.

V. Utopie und Reform

1 J. Huizinga, *Naturbild und Geschichtsbild im 18. Jahrhundert,* in: Parerga, Basel 1945, S. 160. Zum Kapitel Utopie und Reform, Im Hof, *Geselliges Jahrhundert,* S. 75–102.
2 ebenda, S. 245.
3 Chorherr F. Ph. Gugger in Solothurn (Schweiz), zit. in: Im Hof/de Capitani, *Helvetische Gesellschaft,* I, S. 145.
4 I. Kant, *Was ist Aufklärung?, Berlinische Monatszeitschrift,* Dezember 1783.
5 M. Vorhees, *The history of Phi Beta Kappa,* Washington 1946.
6 S. Werenfels, *Opuscula theologica, philosophica et philologica,* Basel 1782/2–II, S. 376.
7 Für das Folgende, Lindt, *Pietismus,* S. 152, 146, 158.
8 G. E. Lessing, *Erziehung des Menschengeschlechtes,* § 81–91. Lessings Werke, Rille (Hg.), Bd. 8, S. 611 f.
9 J. Barbeyrac (Hg.), *De Juri Belli ac Paris de Grotius,* Amsterdam 1729, Préface, S. XXXIV.
10 Pilati, *Voyages,* I, S. 302, II, S. 37.
11 Badinter, *Condorcet,* S. 19.
12 Voltaire, *Traité de la Tolérance,* Lausanne 1959, S. 152/153.
13 Fénelon, *Télémaque,* 10. Buch, S. 165.
14 F. Venturi, *Settecento riformatore da Muratori a Beccaria,* Torino 1969, S. 709.
15 Hazard, *Crise,* II, S. 66/67.
16 J. Locke, *Two treatises on government,* Art. 95, Art. 89.
17 Pilati, *Voyages,* I, S. 77, 82, 83.
18 Voltaire, *Louis XIV.,* S. 610/611.
19 P. Hersche, *Die französischen Physiokraten – Vorläufer der Grünen oder Bahnbrecher des Agrobusiness?, Zeitschrift für Agrargeschichte und Agrosoziologie,* 38 (1990), S. 147/148.
20 Im Hof, *Geselliges Jahrhundert,* S. 94.
21 ebenda, S. 96–102.
22 Montesquieu, *Caractère,* S. 7.
23 J. W. Goethe, *Maximen und Reflexionen.*

24 Im Hof, *Geselliges Jahrhundert,* S. 102.
25 A. Staehelin, *Geschichte der Universität Basel 1632–1818,* Basel 1957, S. 437.
26 H. Böhning, *Vielfalt der literarischen Formen, Alltag und «Volk» in der Publizität von Gebrauchsliteratur der deutschen Aufklärung, Weimarer Beiträge* 11, 1990, S. 1754, 1758/1759, 1759/1760, 1763.
27 Bödeker, *Religiosität,* S. 114f.
28 Kopitzsch, *Hamburg,* S. 98.
29 Bitterli, *Welt,* S. 132.
30 *Abhandlungen und Beobachtungen der ökonomischen Gesellschaft zu Bern,* 3. Jahrgang, Bern 1762, Vorrede, S. XXVII/XXVIII.
31 Kopitzsch, *Hamburg,* S. 193.
32 ebenda, S. 72f.
33 Im Hof, *Geselliges Jahrhundert,* S. 159.

VI. Die große Öffnung in die weite Welt

1 Zum Kapitel *Die große Öffnung in die weite Welt,* Bitterli, *Welt,* S. 130, 190, 167, 193, 177.
2 Hazard, *Crise,* I, S. 17/18.
3 Lindt, *Pietismus,* S. 154.
4 Buffon, *Histoire naturelle,* 1756, Bd. 6 (Einleitung).
5 A. v. Haller, Rezension der «Sammlung neuer und merkwürdiger Reisen zu Wasser und zu Lande» (1750), in: *Göttinger Gelehrte Anzeigen* 1755 (nicht paginiert).

VII. Emanzipation – die Befreiung aus alten Zwängen

1 G. Forster (1792), zit. bei Vierhaus, *Prozeß,* S. 10.
2 Voltaire, «Jeanot et Colin», in: Voltaire, *Romans et contes,* Hg. v. F. Deloffre et J. van den Heuvel, Paris 1979, S. 274.
3 Shafer, *Societies,* S. 88f.
4 Pilati, *Voyages,* II, S. 98/99.
5 Greive, *Juden,* S. 141.
6 ebenda, S. 150.
7 Im Hof, *Geselliges Jahrhundert,* S. 49.
8 G. Burnet, *Some letters containing an Account ... of Switzerland, Italy and some parts of Germany,* London 1724, S. 21, 51.
9 Lope, *Madrid,* S. 48.
10 B. Schnegg, *Weiblicher Geist und Moral, Zeitschrift* (Reformatio), 1. Februar 1990, S. 72.

11 ebenda, S. 74.
12 Badinter, *Condorcet,* S. 296.

VIII. Die Radikalisierung der Aufklärung und deren Abwehr

1 van Dülmen, *Illuminaten,* S. 41, 34/35, 212.
2 Stuke, *Aufklärung,* S. 274/275.
3 Lope, *Madrid,* S. 38.
4 Ziechmann, *Panorama,* S. 834/835.
5 Badinter, *Condorcet,* S. 85.
6 Im Hof, *Licht,* S. 116, 131.
7 Rousseau, *Emile,* S. 145, 826.
8 Zitiert bei R. Vierhaus, *Leseerfahrungen – Lebenserfahrungen, Euphorion* 81, 1987, S. 13.
9 G. de Staël, *De l'Allemagne,* 1810/14, S. 48, 43.
10 Kopitzsch, *Hamburg,* S. 74.
11 van Dülmen, *Illuminaten,* S. 93.
12 H. von Greyerz, *Nation und Geschichte im bernischen Denken,* Bern 1953.
13 Lope, *Madrid,* S. 42.

IX. Der Weg ins 19. Jahrhundert

1 *Völkertafel* (Steiermark), Österreichisches Museum für Völkerkunde, Wien (ohne Datum).
2 Rousseau, *Emile,* S. 828.
3 Lindt, *Pietismus,* S. 157.
4 Bitterli, *Welt,* S. 197.
5 Rousseau, *Emile,* S. 827.
6 Isaak Iselin, zit. bei Im Hof/de Capitani, *Helvetische Gesellschaft,* S. 21.
7 Pilati, *Voyages,* II, S. 330/331.
8 Vierhaus, *Prozeß,* S. 7.
9 A. Lindt, *200 Jahre Christentumsgesellschaft in Basel, Basler Stadtbuch* 1980, S. 146.
10 Montesquieu, *Caractère,* S. 15.

Bibliographie

B. Baczko, *Rousseau, Einsamkeit und Gemeinschaft,* Wien/Frankfurt a. M. 1970.

B. Baczko, *Lumières de l'Utopie,* Paris 1978.

E. Badinter/R. Badinter, *Condorcet (1743–1794), un intellectuel en politique,* Paris 1988.

E. Balács u. a. (Hgg.), *Beförderer der Aufklärung in Mittel- und Osteuropa,* Berlin 1979.

I. Berlin, *Wider das Geläufige. Aufsätze zur Ideengeschichte,* hg. v. Henry Hardy, Frankfurt a. M. 1982.

U. Bitterli, *Alte Welt – neue Welt. Formen des europäisch-überseeischen Kulturkontakts vom 15. bis zum 18. Jahrhundert,* München 1986.

H. E. Bödeker, *Aufklärung als Kommunikationsprozeß,* in: *Aufklärung,* 2 (1987).

H. E. Bödeker, *Die Religiosität der Gebildeten,* in: *Wolfenbütteler Studien* (1988).

H. Böning, *Die Genese der Volksaufklärung und ihre Entwicklung bis 1780,* Stuttgart/Bad Cannstatt 1990.

C. Borghero (Hg.), *La Polemica sul lusso nel settecento francese,* Turin 1973.

V. Braunbehrens, *Mozart in Wien,* München 1986/2.

O. Brunner, *Adeliges Landleben und europäischer Geist,* Salzburg 1959.

J. B. Bury, *The Idea of Progress: An Inquiry into its Origin and Growth,* (1920), New York 1987.

E. Cassirer, *Die Philosophie der Aufklärung,* Tübingen 1932.

R. Chartier, *Les origines culturelles de la révolution Française,* Paris 1990.

P. Chaunu, *La Civilisation de l'Europe des Lumières,* Paris 1971.

M. Crampe-Casnabet, *Condorcet, lecteur des Lumières,* Paris 1985.

O. Dann/J. Dinwiddy (Hgg.), *Nationalism and the Age of the French Revolution,* London 1988.

R. Darnton, *The Business of Enlightenment: a publishing history of the Encyclopédie, 1775–1800,* Cambridge, Mass./London 1979.

F. Daz, *Voltaire storico,* Turin 1958.

R. Dellsperger, *Frauenemanzipation im Pietismus,* in: *Zwischen Macht und Dienst. Beiträge zur Geschichte und Gegenwart von Frauen im kirchlichen Leben der Schweiz,* Bern 1991.

U. Dierse, *Philosophie. Institutionelle Formen,* in: *Historisches Wörterbuch der Philosophie,* Bd. 7, Basel 1989.

M. Duchet, *Anthropologie et Histoire au siècle des Lumières,* Paris 1971.

R. van Dülmen, *Der Geheimbund der Illuminaten. Darstellung, Analyse, Dokumentation,* Stuttgart/Bad Cannstatt 1975.

R. van Dülmen, *Die Gesellschaft der Aufklärer. Zur bürgerlichen Emanzipation und aufklärerischen Kultur in Deutschland,* Frankfurt a. M. 1986.

J. Ehrard, *L'idée de nature en France dans la première moitié du XVIII*[e] *siècle,* 2 Bde., Paris 1963.

J. Ehrard, *La politique de Montesquieu,* Paris 1965.

E. Erne, *Die schweizerischen Sozietäten. Lexikalische Darstellung der Reformgesellschaften des 18. Jahrhunderts in der Schweiz,* Zürich 1988.

J. Fabvre, *Stanislas-Auguste Poniatowski et l'Europe des Lumières,* Paris 1952.

Fénelon, *Les aventures de Télémaque, fils d'Ulysse,* Toulouse 1804.

E. François, *Sociabilité et société bourgeoise en France, en Allemagne et en Suisse (1750–1850),* Paris 1986.

C. Frankel, *The Faith of Reason: The Idea of Progress in the French Enlightenment,* New York 1948.

F. Furet (Hg.), *Livre et Société dans la France du XVIII*[e] *siècle,* 2 Bde., Paris/La Haye 1975.

B. Gagnebin/M. Raymond (Hgg.), *J.-J. Rousseau. Œuvres complètes,* Bd. 4, Paris 1969.

P. Gay, *The Enlightenment,* New York 1967–69; Bd. 1: *The Rise of Modern Paganism,* 1967; Bd. 2: *The Science of Freedom,* 1969.

L. Gershoy, *From Despotism to Revolution 1763–1789,* New York/London 1944.

J. Godechot, *La Contre-Révolution, doctrine et action 1789–1804,* Paris 1967.

J.-M. Goulemot/M. Launay, *Le Siècle des Lumières,* Paris 1968.

G.-G. Granger, *La mathématique sociale du marquis de Condorcet,* Paris 1956.

G.-G. Granger, *Condorcet mathématicien, économiste, philosophe, homme politique,* colloque international, hg. v. P. Cripel/Ch. Gilain, Paris 1989.

H. Greive, *Die Juden, Grundzüge ihrer Geschichte im mittelalterlichen und neuzeitlichen Europa,* Darmstadt 1980.

A. R. Hall, *The scientific revolution 1500–1800. The formation of the modern scientific attitude,* London 1954.

N. Hammerstein, *Aufklärung und katholisches Reich. Untersuchungen zur Universitätsreform und Politik katholischer Territorien des Heiligen Römischen Reichs Deutscher Nation im 18. Jahrhundert,* Berlin 1977.

N. Hampson, *The Enlightenment. An interpretation,* Bd. 4 der Pelican History of European Thought, New York 1966.

P. Hazard, *La crise de la conscience européenne (1680–1715)*, 3 Bde., Paris 1935.

P. Hazard, *La pensée européenne au XVIIIe siècle de Montesquieu à Lessing*, 3 Bde., Paris 1946.

P. Hoffmann, *La Femme dans la pensée des Lumières*, Paris 1977.

U. Im Hof, *Das gesellige Jahrhundert. Gesellschaft und Gesellschaften im Zeitalter der Aufklärung*, München 1982.

U. Im Hof, *Enlightenment – Lumières – Elluminismo – Aufklärung – Die Ausbreitung eines besseren Lichts im Zeitalter der Vernunft*, in: M. Svilar (Hg.), *«Und es ward Licht». Zur Kulturgeschichte des Lichts*, Universität Bern, Kulturgeschichtliche Vorlesungen 1982/1983, Bern 1983.

U. Im Hof/F. de Capitani, *Die Helvetische Gesellschaft. Spätaufklärung und Vorrevolution in der Schweiz*, Frauenfeld/Stuttgart 1983.

M. C. Jacob, *The Radical Enlightenment. Pantheists, Freemasons and Republicans*, London 1981.

T. Janson, *The Age of associations. Principles and Forms of Organization between Corporation and Mass Organization. A Comparative Nordic Survey from a Swedish Viewpoint*, in: *Scand. J. History* 13.

E. Kaufmann, *Architecture in the Age of Reason. Baroque and Post-Baroque in England, Italy and France*, Cambridge 1955.

F. Kopitzsch, *Die Hamburgische Gesellschaft zur Beförderung der Künste und nützlichen Gewerbe (Patriotische Gesellschaft von 1765) im Zeitalter der Aufklärung. Ein Überblick*, in: *Wolfenbütteler Forschungen* 8, München 1980.

F. Kopitzsch (Hg.), *Aufklärung, Absolutismus und Bürgertum in Deutschland*, München 1976.

R. Laufer, *Style rococo, style des Lumières*, Paris 1963.

A. Lindt, *Pietismus und Ökumene*, in: *Pietismus und moderne Welt*, 12 (1974).

H. J. Lope, *Das kulturelle Leben in Madrid zur Zeit Karls III. (1759–1788) im Spiegel österreichischer Gesandtenberichte*, in: *Spanisches Kulturinstitut in der Residenz 8*, München 1987.

J. Lough, *The Contributors of Encyclopédie*, London 1973.

R. Mauzi, *L'idée de bonheur dans la littérature et la pensée française au XVIIIe siècle*, Paris ²1965.

Ph. Meylan, *Jean Barbeyrac (1674–1744) et les débuts de l'enseignement du droit dans l'ancienne Académie de Lausanne. Contribution à l'histoire du droit naturel*, Lausanne 1937.

Montesquieu, *Caractère de*, in: *Pensées et fragments inédits de Montesquieu*, Bd. 1, Bordeaux 1899.

S. Moravia, *Il tramonto dell'Illuminismo. Filosofia e politica nella società francese 1770–1810*, Bari 1968.

C. A. Pilati, *Voyages en differents pays de l'Europe en 1774, 1775 et 1776 ou*

Lettres écrites de l'Allemagne, de la Suisse, de l'Italie, de Sicile et de Paris, 2 Bde., 1778.
R. Pomeau, *La Religion de Voltaire*, Paris 1956.
R. Pomeau, *Politique de Voltaire*, Paris 1963.
R. Pomeau, *L'Europe des lumières. Cosmopolitisme et unité européenne au XVIIIe siècle*, Paris 1966.
J. Proust, *Diderot et l'Encyclopédie*, Paris 1963.
H. Reinalter (Hg.), *Freimaurer und Geheimbünde im 18. Jahrhundert in Mitteleuropa*, Frankfurt a. M. 1983.
D. Roche, *Le siècle des lumières en province. Académies et académiciens provinciaux, 1680–1789*, 2 Bde., Paris/La Haye 1978.
J. Roger, *Buffon: un philosophe au Jardin du Roi*, Paris 1989.
J. Roger, *Les Sciences de la vie dans la pensée française au XVIIIe siècle. La génération des animaux de Descartes à l'encyclopédie*, Paris 1963.
J.-J. Rousseau, *Emile ou de l'éducation*, in: *Œuvres complètes*, Bd. 4, hg. v. B. Gagnebin/M. Raymond, Paris 1969.
J. Rykwert, *The first moderns. The architects of the 18th century*, Cambridge, Mass./London 1980.
J. Sarrailh, *L'Espagne éclairée de la seconde moitié du XVIIIe siècle*, Paris 1954.
R. Shackleton, *Montesquieu. A critical biography*, London 1961.
R. J. Shafer, *The economic societies in the Spanish World (1763–1821)*, Syracuse 1958.
The Spectator complete in one Volume, London 1832.
J. Starobinski, *Jean-Jacques Rousseau. La transparence et l'obstacle*, Paris 1958.
J. Starobinski, *Die Erfindung der Freiheit: 1700–1789*, Frankfurt a. M. 1988.
H. Stuke, *Aufklärung*, in: *Geschichtliche Grundbegriffe. Historisches Lexikon zur politisch-sozialen Sprache in Deutschland*, Bd. 1, Stuttgart 1972.
H. R. Trevor-Roper, *Religion, Reformation und sozialer Umbruch*, Frankfurt a. M. (u. a.) 1970.
F. Venturi, *Settecento riformatore*, 5 Bde., Turin 1969–1990.
F. Venturi, *Utopia e Riforma nell'Illuminismo*, Turin 1970.
R. Vierhaus (Hg.), *Aufklärung als Prozeß*, in: *Aufklärung* 2 (1987).
R. Vierhaus (Hg.), *Deutsche patriotische und gemeinnützige Gesellschaften*, in: *Wolfenbütteler Forschungen 8*, München 1980.
Voltaire, *Le siècle de Louis XIV.*, in: R. Pomeau (Hg.), *Voltaire œuvres historiques*, Paris 1957.
H. Vyverberg, *Historical Pessimism in the French Enlightenment*, 1958.
B. Willey, *The Eighteenth Century Background. Studies on the Idea of Nature in the Thought of the Period*, London 1950.
J. Ziechmann (Hg.), *Panorama der Fridericianischen Zeit: Friedrich der Große und seine Epoche – ein Handbuch*, Bremen 1985.

K. von Zinzendorf, *Bericht des Grafen Karl von Zinzendorf über seine handelspolitische Studienreise durch die Schweiz 1764*, Hg. v. O. E. Deutsch, in: *Basler Zeitschrift für Geschichte und Altertumskunde*, 35, 1936.

S. Zurbuchen, *Naturrecht und natürliche Religion. Zur Geschichte des Toleranzbegriffs von Samuel Pufendorf bis Jean-Jacques Rousseau*, Würzburg 1991.

Zeittafel

(Daten und Werke der Aufklärung)

1685	Revokation des Edikts von Nantes. Vertreibung der Hugenotten
1688	Glorreiche Revolution in Großbritannien
1689–1725	Peter der Große, Zar von Rußland
1690	Locke: Two Treatises on Government
1695/97	Bayle: Dictionnaire historique et critique
1701–1714	Spanischer Erbfolgekrieg
1709–1712	Steele und Addison: The Tatler /The Spectator
1712–1725	Wolff: Deutsche Schriften
1713	Saint-Pierre: Projet de paix perpétuelle
1719	Defoe: Robinson Crusoe
1725	von Muralt: Lettres sur les Anglais et les Français
1726	Swift: Gulliver's Travels
1733	Pope: Essay on Man
1740–1780	Maria Theresia, Herrscherin von Österreich
1740–1786	Friedrich der Große, König von Preußen
1742	Hume: Essays
1748	Lamettrie: L'homme machine
1748	Montesquieu: Esprit des lois
1751–1780	Diderot und d'Alembert: Encyclopédie
1756	Voltaire: Essai sur les mœurs et l'esprit des nations
1756–1763	Siebenjähriger Krieg
1762	Rousseau: Contrat social
1762–1796	Katharina die Große, Zarin von Rußland
1764	Beccaria: Dei delitti e delle pene
1769	Patentierung der Dampfmaschine des James Watt
1774	Goethe: Werthers Leiden
1775–1783	Unabhängigkeitskrieg der nordamerikanischen Kolonien
1776	Smith: Wealth of Nations
1780–1790	Joseph II., Deutscher Kaiser, Herrscher von Österreich
1781	Kant: Kritik der reinen Vernunft
1789	Beginn der Französischen Revolution

Personenregister

EUROPA BAUEN

Die nächsten Bände:

Massimo Montanari
Der Hunger und der Überfluß
Kulturgeschichte der Ernährung in Europa
1993. Etwa 300 Seiten
Leinen

Werner Rösener
Die Bauern
in der europäischen Geschichte
1993. Etwa 250 Seiten
mit etwa 10 Abbildungen
Leinen

Charles Tilly
Die europäischen Revolutionen
1993. Etwa 280 Seiten mit 2 Karten
Leinen